之江崛起——纪念改革开放40周年系列丛书

U0871517

中国MALL

浙商市场崛起之路

"之江崛起"丛书编委会　编

中国市场出版社
China Market Press
·北京·

《中国MALL——浙商市场崛起之路》编辑部

策　　划：许丽萍

主　　编：叶建华

副 主 编：吴　军

执行主编：于　倩

编纂人员：陶　力　吴　军　邱小华　陈　彤
何　颖　于　倩　夏　燕　安　宇
柴　丹　梅雪风　陈余玉　潘玮琳

“之江崛起”
系列丛书

总序

繁华的真谛

王永昌　文

历史，总是在一些特殊年份给人们以汲取智慧、继续前行的力量。2018年，就是这样一个特殊的年份，改革开放40周年，人们回顾过往，继往开来。

1978年，在邓小平同志倡导下，以中共十一届三中全会为标志，中国开启了改革开放历史征程。从农村到城市，从试点到推广，从经济体制改革到全面深化改革，40年众志成城，40年砥砺奋进，40年春风化雨，中国人民用双手书写了国家和民族发展的壮丽史诗。

一滴水可以照映出太阳的光芒，一个地方可以体现一个国家的风貌。

浙江是中国共产党红船的起航地，是中国改革开放的重要先行地，也是习近平新时代中国特色社会主义思想的重要萌发地。浙江自古人杰地灵，一条之江，从西向东，横贯全省，哺育两岸人民。改革开放40年来，浙江人民沐浴着阳光雨露，踏着滚滚之江大浪，开启了一轮又一轮改革，创造了一个又一个的“之江奇迹”。浙江以自己的创造性实践，形成诸多鲜活的实践经验，在之江大地上波澜壮阔地展示出了中国道路、中国理论、中国制度、中国文化、中国经济的强大力量，踏踏实实地打造出了当代中国发展的鲜活浙江样本。

这其中，不得不说的是中国共产党领导下的浙商群体。他们与改革开放的历史进程同呼吸共命运，取得了惊天动地的历史性成就。

40年间，浙商和中国企业家群体一起，参与创造了当今中国的变革时代；浙商参与创造了当代中国的基本经济制度，浙江民营经济的成长和发展，为中国特色社会主义制度注入了新的时代活力，进而形成了以公有制为主体的多种所有制经济共同发展的格局；浙商参与创造了一个全面小康的浙江，为浙江经济社会发展实力的较快提升、人民生活水平的较快提高作出了较大贡献；浙商不仅参与创造了浙江精神和浙商文化，助推浙江现代文明的发展，而且形成了一个具有国际影响力的群体。

改革开放40年，浙商是怎么崛起、成长的？浙商发展之路是一条怎样的路？

浙商之路是一条人类生命力量的搏击之路。

人类的生命、生存本性是人类活动和发展的最为深层和最为基础的动因，这是唯物史观的生存需求论。

浙商的发展之路，从最深层的意义上讲，就是人性的本质使然。因为人们总是要千方百计地去满足自己生存和发展的基本需要，让自己生活得更美好。这就是人的生命的冲动，就是社会生产力的呼唤。

浙商要对中国未来充满信心，要遵循习近平同志“让人民生活得更幸福更美好”的要求，大胆地往前走，不断开拓创业，去寻求新的发展。

浙商之路是一条浙江人顽强拼搏奋斗之路。

一方水土养一方人。浙江人的精神特质与浙江的地域、历史、文化、地理、资源等多种因素息息相关。由历史和现实造就的浙江人的优秀品行，让浙江人用勤劳的双手和智慧的头脑去改变自己的命运，创造自己更美好的生活。

无论是过去还是未来，浙商都需要传承浙江人身上的那种特别能吃苦、特别能创业、特别能忍耐、特别能冒险、特别能发现商机、特别能合作创新等内在品格，并在时代的实践中不断去丰富和光大浙江人身上特有的拼搏奋斗的品质。

浙商之路是一条走向现代工商文明之路。

浙商40年发展之路，是由农民草根创业走向工商业企业家的成长之路，也是资本从单纯原始积累走向多元集聚的拓展之路。

浙商是在做小商小贩生意和为城市经济代加工的过程中，逐步走向工商资本发展之路的。40年风雨兼程，从过去的乡镇企业中走出了一大批以股份制为特性的现代企业，过去“农民式”工商业主或者说“草根阶层”，如今已成长为搏击商海的现代企业经营者（企业家）。这充分说明现代工商文明是现代经济的必由之路，而市场经济与工商资本的有机结合，会不可避免地迸发出巨大的发展动能。

浙商40年发展之路，实质上是走向工商文明之路，是市场与资本融合的发展之路，也是一条凤凰涅槃的转型之路。

浙商之路是一条永无休止的创新之路。

浙商40年之路，从来就不是顺风顺水的，他们经历了一次次的创新洗礼。

经历生产产品的更新、企业制度的变革、科技进步的浪潮、产业结构的调整、国际市场的竞争等种种考验，正是在这种变革创新中，浙商才能赢得生存和发展的机遇。浙商的发展过程，也是由创业求生存再到更多地依靠变革创新求发展的过程。

浙商40年成长之路，始终面临着“成长的烦恼”“发展的炼狱”的挑战。浙商在磨难中前进。他们是“涅槃”的“凤凰”，是“突围”的“勇将”。现在的浙商，更多依靠和追求的是创新红利、人才红利、科技红利。

浙商之路是一条不断完善自我的嬗变之路。

浙商40年发展轨迹证明，他们是社会财富、社会文明和现代文明人（主体）的创造者，他们在改变世界的同时，也改变了自己——使自己不断成长为现代浙商。

正如改革开放需要再出发那样，浙商们也需要再提升再完善再出发：变革创新再出发，创业发展再出发，完善自我再出发，贡献社会再出发。

无论是总结回顾过去40年还是展望未来的岁月，我们对浙商群体都充满信心，也充满了期待，相信浙商的未来会更加美好，国家的未来也会更加阳光灿烂。

在举国同庆改革开放40周年的重要历史节点，欣闻市场导报社策划编纂了“之江崛起”系列丛书。这家伴随着1992年小平同志南方重要讲话而诞生的报纸，由浙江省工商局创办，长期报道浙江经济，特别关注浙江民营经济发展。这些年，经过改革创新和全新改版，成功实现了从传统媒体向融媒体的转型发展。市场导报社积累了大量人气和内容资源，并缔造了“浙商女杰”等大众耳熟能详的企业家品牌。

为认真贯彻落实习近平总书记“要隆重纪念改革开放40周年”的指示，以党的十九大精神和习近平新时代中国特色社会主义思想为指引，以“八八战略”为总纲，干在实处，走在前列，弘扬企业家精神、劳模精神和工匠精神，推进“四个强省”“六个浙江”建设，大力宣传驰骋商海、勇立潮头的浙商军团在改革开放40年中取得的突出成就，展示浙商的独特风采，市场导报社联合全省相关部门，与中国市场出版社共同策划推出“之江崛起”系列丛书编纂工程。

“之江崛起”丛书聚焦浙江经验以及浙江经济建设的主力军——600万市场主体、1000万浙商，将陆续推出小微企业成长样本、浙商品牌样本、浙商市场样本、浙商女杰样本等在改革开放历程中取得可喜成就、值得讴歌的经验、群体、企业家等，以书籍的形式公开出版发行。

浙商群体作为中国改革开放弄潮儿的形象，那种善于吃苦创业、敢于搏击市场风浪、勇于变革创新、富有时代责任感的坚强形象跃然纸上，屹立于之江大地，成为带动浙江高质量发展的精神内核。

之江崛起，繁华的真谛就在这里。期待“之江崛起”系列丛书震撼上市，特为之作序。

2018年10月28日于杭州

（作者系第十二届浙江省人大常委会副主任、
浙江省文史馆馆长、浙商发展研究院院长）

前言

浙江市场“莫名”有“其妙”

习近平同志在任浙江省委书记时，曾用“莫名”却有“其妙”来形容义乌市场的崛起。其实，放在之江的版图上，这四个字何尝不是对浙江市场最精准的概括？

领改革开放之风气，商品市场在浙江大地上成燎原之势。它们与块状经济互为因果，与民营企业互为依托，服务于人民美好生活所需，创造浙江经济崛起的奇迹。

改革开放以来，浙江专业市场经历了从无到有、从少到多、从弱到强的发展历程。截至2017年，浙江全省共有3824家商品市场，其中网上市场169家；在省外的浙商市场规模达2000多家。全省商品市场实现成交总额2.15万亿元，年成交额超亿元的市场共1302家。其中，义乌中国小商品城、柯桥中国轻纺城年成交额甚至超过千亿元。全省市场年成交总额、超亿元市场数等指标连续25年居全国首位。

“办一个市场，促一门产业，活一片经济，富一方群众，兴一个城镇。”这是浙江商品市场发展的生动写照。

经过改革开放40年的发展，市场已经成为浙江加快产业发展、促进商贸流通、培育浙商群体、拓展发展空间、加快城市化进程的重要载体，成为推动浙江经济社会持续发展的中坚力量。

浙江商品市场发展历程

萌芽和初步发展阶段

（1978—1985年）

1978年12月，党的十一届三中全会指出，集市贸易是社会主义经济的必要补充部分。1979年4月，国务院转国家工商行政管理局《关于全国工商行政管理局长会议的报告》，决定放宽对城乡集市贸易的管理。浙江城乡集市贸易迅速恢复发展。

1979年8月，永嘉县桥头镇自发形成以桥西街为中心的桥头纽扣批发市场，成为改革开放后浙江省首个工业品专业市场。1982年9月，义乌国际商贸城开始发轫。

1983年，根据国务院发布的《城乡集市贸易管理办法》，浙江进一步调整和放宽城市集市贸易政策，通过政府组织，工商管理部门牵头，筹集资金，逐步新建、扩建和改建了一批规模较大、设施完善、服务配套的商品交易市场，集市贸易开始由农村向城市延伸。

1985年，国务院取消对农副产品的统购派购制度，浙江市场发展趋向活跃，在商业、供销、物资等系统建立了148个各种类型的市场。至1985年年底，全省集贸市场总数2345个，年成交额44亿元。

快速和成熟发展阶段

（1986—1995年）

1986年9月，浙江省政府发布《关于发展山区商品生产若干经济政策规定的通知》，推动全省各地掀起市场建设高潮，加快传统露天市场向棚顶市场、室内市场的转变。

1991年7月，省政府下发《关于进一步办好城乡市场的通知》，要求各地坚持“统筹规划、合理布局、发挥优势、讲究实效”的原则，巩固和提高现有各类市场。

1992年年初，省政府在绍兴召开市场建设现场会，推动全省市场建设。

1994年10月，浙江省人大常委会通过《浙江省商品交易市场管理条例》，在全国率先以地方性法规的形式，把商品交易市场管理纳入规范化的法制轨道。1995年年底，全省已有各类商品交易市场4349个，年成交额2165.7亿元，全省商品交易市场年成交额位居全国第一，“市场大省”声名远扬。

企业化和规范化发展阶段

（1996—2005年）

1995年，国务院提出“工商行政管理机关与所办市场管办分离”，商品交易市场管理机制日益企业化和规范化。

1996年，省政府提出市场发展由“量的扩张”向“质的提高”转变的思路，确立了建设市场强省的发展目标。

1999年，省政府确定20家省重点市场和40家区域性重点市场。

2001年11月，省政府下发《关于规范商品交易市场管理的意见》，提出“政府引导、统一规划、多方投资、加强监管”的方针和“以管助办、以管促兴”的思路，推进市场“二次创业”。

2004年，浙江省人大常委会重新修订并颁布《浙江省商品交易市场管理条例》。至2005年年底，全省有各类商品交易市场4008个，年成交总额达到7173亿元。

转型和创新发展阶段

（2006年至今）

2005年，按照浙江省委“推动专业市场经营业态创新”要求，各地市场引入或对接电子商务交易模式，拓展和提升市场展销、物流配送和商务服务等功能。

在互联网时代，浙江大力发展网上商品市场。2008年，省工商局出台全国首份《关于大力推进网上市场快速健康发展的若干意见》，并配套出台《浙江省网上交易市场管理暂行办法》，推动市场的“触网”行动。

2017年，全省3824家市场实现成交总额2.15万亿元，年成交额超亿元的市场共1302家。

浙江现代商品市场基本特征

历经改革开放40年的风云激荡，浙江现代商品市场在变通中创新发展，在阵痛中转型升级。

线上线下互动交融

线上线下融合发展，成为浙江现代商品市场转型升级的必由之路。大量实体市场纷纷打造自己的网络平台，如义乌国际商贸城的“义乌购”、中国科技五金城的“尚五金”、浦江中国水晶城的“水晶购”。市场电子商务不仅打破原有实体市场物理空间的限制，而且有效整合国内、国外两个市场资源，极大地拓展市场的辐射半径。现在，全国近75%的日用百货类网货直接或间接来自金华市场或企业。2017年，全省169家网上市场实现成交总额3.7万亿元。

市场与会展经济比翼齐飞

依托市场优势，培育会展经济，是浙江各地扩大对外交流、促进产业升级、提升市场品位的重要棋局。中国科技五金城市场半年时间就要举办20多场展会，发生交易额近50亿元。从1995年开始，义乌每年都举办中国小商品博览会。到如今，义博会成为国内最具影响、最有成效的日用消费品类综合展会之一，它瞄准全球消费品市场和中低价产品采购需求，和义乌中国小商品市场互为补充，形成生产、供应、渠道、销售完整供应链一体的服务模式。2018年，义博会吸引来自美国、俄罗斯、德国等200多个国家和地区的20万以上全球优质采购商和专业客商参会，有力地促进了地方经济的发展。

产业引领功能日趋明显

浙江现代专业市场不再是纯粹的商品交易中心，还成为信息发布、设计研发、流行趋势发布、物流接驳等中心。它对地区产业的凝聚、提升作用日趋显著。

在浙江，不少专业市场已成为集各种功能于一体的“MALL”，它们通过构筑产业生态圈，在市场与产业的互动中，不断提升市场的生命力。

这些年来，海宁皮革城市场不断创新，发力时尚、效益、品牌、氛围及产业链，资源、人才、企业源源不断流入，硬是将一张小皮子做成一个大市场。在中国科技五金城，永康五金生产力促进中心已经成为引领永康五金不断创新的引擎。这里，已经聚集产品开发、工业设计、技术创新、品牌策划、电商服务等高端服务机构，帮助永康五金制造企业提升研发技术、产品设计、管理创新和品牌影响，为打造先进制造业基地提供有力的支撑。

浙江商品市场基业长青密码

尊重人民的首创精神，发挥有形之手的推动作用。这是浙江商品市场长盛不衰的不二砝码。有研究专业市场的资深学者认为，实践表明，以人民为中心推动市场与政府“两只手”相结合，是浙江经济社会发展取得巨大成就的要诀，而专业市场在浙江的持续繁荣正是这一要诀实践的成果。

历届省委、省政府坚持走富民强省之路

1978—1998年，以富民强县（强镇、强村、强企、强户）为特征的全民创业；

1998—2002年，同步推进工业化、城市化和农业农村现代化；

2002—2007年，实施富民强省的“八八战略”；

2007—2017年，以“八八战略”为总纲，先后提出“两创、两富、两美”战略；

2017年至今，提出坚定不移地沿着“八八战略”指引的路子走下去，高水平谱写“两个一百年”奋斗目标的浙江篇章。

政府的有为善为与人民的创业创新贴面共舞

改革开放后，蕴藏在浙江民间的人与资本的活力得到充分释放，政府部门因势利导、因地制宜，不断推进浙江商品市场转型升级。从马路市场到星级市场，从现货市场到期货市场，从散乱无序市场到诚信规范市场，从省内市场到省内、省外联通市场，从实体市场到线上线下融合的现代立交市场，在有形之手与无形之手的“双手互搏互助”之下，浙江商品市场走在一条循环向上的正确道路上。

最饶有兴味的一个典型是，在义乌，一个普通农妇与县委书记面对面“拍桌子”的真实故事，催化了义乌市场的诞生。从1982年义乌县委、县政府发布“四个允许”的决定、创办第一代小商品市场，到现在五星级标准化市场的创建，近40年时间，有形、无形两股力量合二为一，干部、群众心往一处使，一张蓝图绘到底，让“鸡毛换糖”的义乌成就了现在的市上之城、世界超市。

2002年，“信用浙江”战略开始启动。浙江工商管理部门在市场上广泛开展信用监管，倡导“诚信兴商”和现代“商业文明”理念。2006年，义乌小商品城分别被国家工商总局和浙江省工商局授予“全国‘守合同重信用单

位’”和“浙江省信用示范市场”荣誉称号。这是全国首家获得这一称号的市场。“信用是实体市场与网上市场互动共进的基石。”义乌市场管理者如是说。

从2005年开始，浙江开始举办中国商品市场峰会。峰会目的非常明确，就是立足浙江，面向全国，把政府要员、专业市场经营者、专家学者捏合在一起，进行一次次的头脑风暴，助推商品市场转型升级、创新发展。“创新是市场发展的永恒主旋律。”绍兴轻纺城市场经营户如是坦诚。

2006年，“义乌·中国小商品指数”横空出世。中国茧丝绸交易市场的“茧丝绸价格指数”、余姚中国塑料城的“中国塑料价格指数”和“现货指数”、绍兴中国轻纺城的“中国·柯桥纺织指数”、丽水浙南茶叶市场的“绿茶价格指数”接踵而至。这些价格指数成为国内外客商、国际客商间经济洽谈的主要价格参标，确立了市场在各自领域的中心地位和行业话语权。有专家总结说，进入21世纪，浙商市场逐渐形成“千方百计提升品牌，千方百计繁荣市场，千方百计自主创新，千方百计改善管理”的新“四千”精神。

党的十八大以来，以马云为代表的“新浙商”，更擅长商业模式创新和国内外资源整合，为引领和推动浙江专业市场的转型发展、创新发展提供新理念、新动力，使浙江专业市场的现代化转型升级走在全国前列。

在隆重纪念改革开放40周年之际，市场导报社与浙江省市场协会联合编纂《中国MALL——浙商市场崛起之路》一书，解析40个浙江市场的典型样本，探索商品市场在转型升级中的普遍规律，书写在改革开放的洪流中，浙江人民解放思想、实事求是、与时俱进的好故事，传递这个时代的好声音。

目录（排序不分先后）

CONTENS

杭州四季青服装市场
“中国服装第一街”的改革传奇

“江边苍龙背负天，蟠踞千载常蜿蜒；其前横辟为大川，高城鼓角声隐然；龙庙于山家于渊，世为吾州作丰年。”旅居杭州的南宋诗人陆游在《乌龙庙》中的诗句,寓意神灵保佑的地方世世代代繁荣丰饶。

现实中，乌龙庙原址就位于现杭州市江干区老杭海路上——相传这是一条由老杭州城钱塘江堤坝改建而成的旧国道。顺此一路向北，可途径钱塘江入海口海宁盐官，直抵上海金山。而老杭海路自北向南的尽头，便是今天四季青服装市场的所在地。

原四季青地名取自中药材冬青叶的别名,《本草纲目》用苦、涩、凉三字概括其药性，若概括四季青的创业史，同样贴切。

在一座弃用的停车场上起步，开业3天即遇冷，7天后遭遇商户全面退租。经受过金融危机的洗礼，遭遇过网络经济的夹击，在整体搬迁的流言中沉浮……是谁力挽狂澜将它拯救于危局？又是谁一次次将它推向更高的巅峰？

改革开放40周年，四季青，早已经成为杭州专业服装市场的著名商标，一张代表天堂杭州闪光的“金名片”，所有杭州人身上撕不掉的“身份签”——无论走到哪一个城市，人们都会说，杭州我知道，东有四季青，西有美西湖。没到过四季青，就不算到过杭州！

“红黄赤橙青蓝紫五彩缤纷，东南西北中万商云集”，凌晨4点的车水马龙、在网络疯狂传播的华服倩影，不知承载着多少有志者的拼搏与未来？

这是一个有关繁荣的故事，一部关于“中国服装第一街”的改革传奇。

一个契机

停车场停办，四季青市场蹒跚起步

如果要说四季青服装市场的故事，就要从那个叫“四季青”的停车场说起。

改革开放的春风吹拂神州大地，杭州市杭海路一带发展尤其迅猛。1988年年底，清江路立交桥建成通车，原来的15亩停车场要改作他用。为推动集贸和商品经济的发展，促进城乡物资交流，1989年2月，经杭州市江干区人民政府同意，在原四季青停车场剩余土地上开办杭州四季青综合交易市场，并于10月1日开张。市场由江干区工商局和四季青乡政府共同筹建，联合管理。市场管委会由祝浩泉、吴锦富、王阿泉组成，杭州人祝浩泉任主任。

浙商创市历来都是无中生有，从零起步，祝浩泉的创市之路更具典型意义。市场刚营业，困难迎面而来。当时，市场百余摊位主要经营机电五金、土特产、干鲜果品、服装百货等四大类商品，什么都卖。多元经营，造成市场主业不突出，人气不旺，生意清淡，很快难以为继。

怎么办?以祝浩泉为首的市场管委会班子成员食不甘味，心急如焚。通过分析现状，查找原因，研究取经，管委会很快找到症结，但市场不搞“大杂烩”，搞什么？于是，祝浩泉反复进行市场调查，向个体户讨教，请工商部门帮助……

我国经过十年的改革开放，人民群众已初步解决温饱问题，随着刘晓庆等影视剧明星的走红，大众对服装需求迫切！几经讨论，祝浩泉最后决策：搞服装专业！并将其定位在中低档，面向工薪阶层和广大农村。

决心下定，立即行动。十几天后，市场组成招商组，急赴温州招商。为什么去温州招商？因为当时的温州妙果寺服装市场全国知名、一铺难求，聚集了全国最时尚的服装和最有经营头脑的服装商人。通过当地报纸宣传，温州鹿城工商局极力帮助，妙果寺市场支持和第一个报名的个体户林金松牵线搭桥，终于以优惠条件引进赵金凤等45位服装个体户。他们大都有较新的经营观念、较强的经营能力和一定的资金实力，给早期四季青注入活力。

11月26日，市场经调整后重新开业。价廉物美的温州服装吸引众多顾客，生意日渐兴隆，四季青服装马上在杭城打出名气。

为了不辜负这批温州业主，祝浩泉左思右想，想出一个至今都让人称奇的“金点子”。在当时杭州市政府的关心和支持下，短短数天后，市场引进与人们日常生活相连的清泰门农贸市场，安排在四季青服装市场两侧。凡是

初建市场

来买菜的人都会顺便来服装市场，家庭妇女对服装市场的印象大大加深，市场里的人气与商机来了！这种交叉模式，既互为干扰，又互为作用，不花钱做广告，效果特别好。

为进一步突出主业，1990年9月7日，经江干区人民政府同意，市场更名为“杭州四季青服装市场”。当年成交额即达到6000万元，以后几年都是成倍增长。这期间，经过全体经营户全力经营，市场逐步形成“品种多，款式新，价格低，质量好”的特色，国内外客商纷纷加盟，省内外客户纷至沓来。市场逐步成为华东地区服装批发中心和重要集散地。

亲历者说：

市场风风雨雨近30年，什么苦都吃过，犹记得1989年国庆节开张，就当天热闹了一下，10月3日就没有人了。到10月8日，商户们都来退摊位了。四季青生于忧患，在各种危机中一步一个脚印走到今天。如果没有昨天的只争朝夕，勇于改革，今天也听不到老百姓说：中国13亿人口，人均有一件衣服来自“四季青”。

——四季青服装集团有限公司董事长祝浩泉

一次飞跃

以质建场，“中国服装第一街”崛起

市场的快速兴旺，并没有让祝浩泉一班人感到满足。“1992年邓小平南方谈话和党的十四大后，杭州市进一步明确社会主义市场经济体制建设目标，我们真切地感受到市场加快发展的机遇。咬定青山不放松，发展才是硬道理。一种强烈的干事业、求发展的创业精神，时时激励着我们。”

1993年至1995年这3年，市场全力以赴扩大规模，走上发展快车道。这一年内，市场两次扩建，先在老市场加层(二楼)，两个月时间增加300个摊位。后建服装城，奋战80天，又增加摊位400个。就在这一年，市场成为全国百强市场之一(列38位)。1994年，市场在原乡政府地址建起建筑面积1万平方米、有三层营业房的新大楼。乡政府为支持市场发展，毅然搬迁，让出土地，从而使市场得以向东延伸，一年之间又增加630多个摊位。1995年，继续挖潜后，又增加近100个摊位。三年大扩容，至1995年，市场摊位从500多激增到1800多，年成交额也从6.4亿元提高到38亿元，由此迎来第一次飞跃。

市场规模的快速扩大，对管理提出了新要求。与快速扩容同步，祝浩泉在市场制度化、规范化上下足功夫。在市场工商所的帮助下，制定、充实一系列规章制度，编印出《规章制度汇编》(36个制度)、《经营入场须知》等，全市场人手一册。这期间，市场先后获“全国乡镇企业供销系统先进单位”“浙江省规范化市场”“浙江省文明市场”等称号。

1996年起，国家实行宏观调控，经济竞争加剧。面对新困难，祝浩泉引领市场根据中央“两个根本转变”方针，提出以质建场和品牌经营的新路子。这对市场来说，无异于第二次飞跃。

以质建场集中表现在不断完善、提高软硬件水平上。市场制定“四年规划”，四年中一一拆建一到六区，市场整个营业区面貌为之一新，2000多间

现在市场

集团（大钟）

营业房初上标准，营造出整齐、洁净的购物环境。与此同时，市场累计投入千余万元，增添电子监控系统、自动报警系统、自动喷淋灭火系统等设施，后又建立消控中心，开通市场局域网，使硬件建设不断上水平。

在软件建设上，着重于质量管理。除制订并贯彻质量管理责任制，健全质量管理系统，签订《不销售假冒伪劣商品责任书》，建立户均500元的质量保证金(预赔基金)，建立并充分发挥市场质监站作用的同时，加大打假力度，积极配合工商等部门查处假冒名牌等经济案件，切实保护消费者的合法权益。随着我国加入WTO，祝浩泉带领四季青进一步通过IS09002质量体系认证，成为国内首批通过IS09002国际质量体系认证的专业市场。

这还不够，祝浩泉对市场经营永远有更长远的打算。“没有品牌，服装款式再新潮，质量再过硬，四季青与杂货铺没有甚大区别。”“有了品牌，才会有源源不断的回头客。”

如何树品牌？祝浩泉提出，“要提高优质品牌服装比例，在四季青造一条名副其实的‘中国品牌服装第一街’”。此后，四季青开始有意提高招商门槛，新商户必须要有品牌，并有三年以上经营经验。与此同时，开始在“仿名牌”上画圈落墨，严查假冒现象，并帮助经营户分析市场，引导他们走健康的经营之路。

在市场的引导下，不少经营户开始自创品牌。市场里一位普通经营户从服装贩销做起，如今已然买断蓝威龙、老合兴等世界知名品牌，并以顶级“量体裁衣”为特色，大步走向高端市场。目前，不仅拥有自己的工厂，还开了品牌形象店，一套西服售价可达3000元到5万元。

立足于市场的成功经营，四季青尝试对外战略扩张。祝浩泉把国内具有品牌输出合作潜力的服装市场进行分类，分别采取特许经营管理和输出管理模式等不同模式，进行品牌输出，让四季青倡导的“生活时尚化”大众流行时尚服务更多的中国老百姓，开创主流时尚的新纪元。

消息一放出，全国各地市场纷纷主动找上门来，要求加盟经营，江苏、安徽等多个省市均开启合作。随着影响力的扩大，四季青与国际市场的交流合作也日益加深，日本、美国、新加坡等多国投资者看中其品牌美誉与资源，积极前来寻求合作。

“发展服装行业没有科学技术不行，没有基础研究不行，没有规模优势也不行。”2004年4月，总投资5亿元、建筑面积13万平方米的中国四季青服装集团研究发展中心开通运营，各大知名品牌如法国品牌“将军剑”、中国知名品牌“德尔惠”等纷纷入驻研发中心。截至目前，四季青共汇聚1100余家服装生产企业、900多个品牌的服装，种类涵盖服装成衣的各个类型，产品细分十分完善。

从被动引进到品牌自我造血，四季青走出一条全新的道路。

亲历者说:

邓小平同志说，先富带动后富，最后达到共同富裕。30年来，四季青积极贯彻落实邓小平思想路线。四季青市场30年，造就300多个亿万富翁，三四千个千万富翁，也带动地方经济和杭州服装产业的发展。一个人富，不算真的富，要带动大家富，才是真的富。作为企业家，存在的意义就是要承担更多社会责任。

——四季青服装集团有限公司董事长祝浩泉

一场新征程

二次创业，拥抱新时代！

繁华之上，何以复加？时代的车轮滚滚向前，杭州城市化推进摧枯拉朽，不断成长的四季青逐渐面临空间逼仄，犹如被困的巨人难以动弹。杭州市委、市政府适时提出“决战东部”重大战略决策。面对一个全新的开始，不少市场迟疑、观望，但四季青二代掌门人、杭州四季青服装集团总裁祝慧良带头响应，主动拥抱新时代。

2008年10月，建筑面积12万平方米、总投资6亿元的四季青服装大市场在九堡正式亮相。作为杭州市与江干区“十一五”规划项目和浙江省重点工程，市场所在九堡四季青服装交易中心的启航促进了杭州服装产业链的升级。杭州从此从西湖时代迈向钱塘江时代。

地处杭州城东交通要地的新四季青时尚、现代、大气，其率先入驻引领整个九堡区块的变革和发展，加快城市东部商业繁荣的进程，承担服装行业枢纽重任。以打造全国最大的服饰交易中心为目标，祝慧良从市场布局入手，通过4个正门和52部电梯打造“无死角”市场，使每一个摊位都毗邻电梯方便商客往来。同时，提高市场科学利用率，为本地加工服饰、广东服饰、服装经营大户和品牌服饰区域代理准备充裕空间，后者拥有30～300平方米不等的大开间，以便品牌展示和新品发布。

由此，四季青两代掌门人一个地处城区，着眼以窗口看样订货为主，走中高档、精品化路线；一个地处九堡，秉承“中国服装第一街”传统，立足本地，对外辐射，不断完善现代市场的多种功能，以期实现新老市场完美的错位经营。

为保证经营户质量，大市场还在招商中设置门槛，只接受具有一定服饰销售经验的成熟经营户报名登记，并收取高额定金。“一方面筛选掉大部分不成熟的商户，另一方面也杜绝炒商铺现象。”

转眼十年，孜孜以求专业化、品牌化、商场化，大浪淘沙，去粗取精，大市场集中了一大批实力商家，他们基本都是一级批发、原创设计男装等，高雅的格调堪比杭州大厦、万象城等杭城顶级商场。

十度春秋，经过祝慧良为首的市场团队的筹谋运营，“中国男装看九堡”

已经声名鹊起。在大市场3楼的“九盛男装”，汇集了来自老四季青、中纺、置地、延安路、龙翔、凤起路、环北等一大批服装精英，以“品质为本、设计为新”的理念打造中国品牌男装集聚地，致力于为中国品牌男装提供销售、展示、交易、推广的优质平台。目前，已入驻尚总裤业、花雨伞、新时代、帝洛卡蒙等几十个业内知名男装品牌。另一旗舰区块MU2 中国原创男装中心，在2万余方广阔空间里，集原创男装、设计师品牌、时尚潮牌于一体，工业风、创意园风、英伦风、极简风，四个区块内，除以、布集、上序、迈稻等知名品牌发展如日中天。

“希望让更多品牌商可以零距离接触到优秀男装公司，希望让更多优秀男装公司服务更多连锁企业，让大家可以更多地分享资源，真正做到‘入一家，看千家’，真正做成一站式平台，实现互惠互利！”祝慧良表示，“在这里，每个品牌都是品味和品质的较量，每间店铺都有自己的理念，每件衣服都有自己的故事。”大市场以此为追求目标和最大特色，一步一步，让“中国男装何处寻，尽在九堡四季青”成为现实。

亲历者说：

从市场仅四五家经营户开始到现在，四季青打造出金字招牌。说到底，如果没有党委政府和职能部门的重视，没有政策的开放，没有广大经营户和当地百姓的支持，我们纵然有天大的本事，也是一事无成。这是我创业30年来发自心里的体会和感受。我45岁开始创业，到现在74岁，人不能昧着良心说话。

——四季青服装集团有限公司董事长祝浩泉

一种贡献

冲浪者，网络经济的N种姿势

在经历传统市场的黄金发展期后，电子商务逐渐兴起。人们的消费习惯一夜之间开始转变。尤其是杭州作为移动支付之城，电子商务的发展何其迅猛。在网络冲击下，传统线下服装行业难免受到冲击。

实际上，早在2002年，四季青就开始网络经济的探索，多年来经历自主开发中外服装网、四季青服装网、四季青卖家摩街版、四季青买家分销版等电商平台工具。通过电商平台工具，开展电子商务应用，打造O2O模式，解决在线展示交易、远程采购结算、商户交易管理等综合需求管理。

2008年，在前期电子商务的探索基础上，四季青集团开始与时俱进、主动出击，组建四季青网络科技有限公司。2016年下半年起，四季青网上市场发展开始服装行业互联网化的深入在线直播的合作及尝试，2017年，公司整合四季青服装一条街的有效资源，通过对服装业态的划分，街区内资源（货品及人员）的合理利用，并最终融合到以“网红直播”为主的营销渠道中，为四季青服装产业的流通提供新的血脉。

祝慧良表示，经过四季青人的不断探索、不懈努力，2018年4月，公司取得“四季青”淘宝直播机构的资质，从直播项目规划开始，四季青建立一支专业团队承接直播业务运作，包含招商、运营、客服、仓储等淘宝直播业务所属的所有电商岗位。到目前为止，市场内拥有10个直播间、3000平方米的物流仓储中心、800平方米的商品样衣展示中心。在四季青老市场和大市场采访期间，各路淘宝直播正如火如荼地进行。据介绍，不少勤奋的“网红”年收入超过200万元，也为经营户带来数以亿计的增收。

因四季青网上市场的探索成就，据统计，公司已拥有24项软件著作权，近些年，相继荣获浙江省高新技术企业、杭州市十佳电子商务示范企业、2014浙江省电子商务百强、全国电子商务示范市场创建标准、浙江省“十二五”电子商务百强等荣誉。

经过几十年的艰苦铸剑，经过服装专业市场、网络科技等产业的成功积淀，四季青服装集团终于形成以“实体市场+电子商务”相融合的创新型商业模型。一个拥有3250多万网商，海量信息和交易量的充满想象力的大市场，一个全年、一天24小时无休的专业服装市场，让越来越多经营户享受到新时代改革创新带来的红利。

亲历者说：

互联网时代，必须有互联网思维。市场服务理念必须随着时代的发展而不断延伸，"客户是上帝，是我们的衣食父母"，市场就是要最大程度满足顾客的不同需求。

——四季青服装集团有限公司总裁祝慧良

一个人物

祝浩泉：人生因奋斗而精彩

四季青从无到有，从小到大，一步一个脚印走到"中国服装第一街"，离不开一个人，那就是和市场风雨相伴29年的祝浩泉。

四季青综合市场初建6天，因为人气低落，一大批摊位撤走。为了挽救残局，乡政府决定，让原四季青乡三叉村村委会副主任兼工办主任祝浩泉接任市场总经理。

闯荡市场多年的祝浩泉坚信一个经营理念：创办一个市场，兴盛一个市场，绝不能步别人的后尘，一定要走一条与众不同的经营之路，反之，市场将举步维艰。

1989年10月8日，正是祝浩泉走马上任最难熬的一天。突然，一位温州客人来到他的办公室，劝他把综合市场改为服装市场。这位温州人准备"吃"下三分之一的摊位，同时要求在"两年内给予免税"。祝浩泉虽然没有答应他的苛刻要求，但也由此触发了扭转残局的"灵感"。

于是，他先后找到温州地方工业供销公司驻杭州的经理，找到工商局、税务局的负责人，请他们出主意；继而又一鼓作气地考察温州、义乌、绍兴等市场，寻找市场"起死回生术"。

终于，命运之神对他绽开了笑容：在税务局"讨"到了"税收包干""放水养鱼，培养税源"的优惠政策。之后，他通过《温州日报》的招商广告，当年就换来45家温州业主进场杭州"四季青"的成功喜悦。

市场“第二次开业”至1993年，祝浩泉领导的“四季青服装市场”二期、三期工程先后建成，其市场的营业面积从原来的7000平方米扩展到5万平方米，摊位由45个增加到2600多个，经营服装的品种达5000多种。原来被义乌人、绍兴人看不起的“先造庙，再招和尚”的四季青模式，不仅营造出大规模的服装市场，还成为华东地区最大的服装专业市场，并跻身“全国百强市场”行列。

如今，在四季青42万平方米的经营面积上，已拥有1万余个摊位和近5万名市场从业人员，年交易额120亿元，日均客流量达到7万至10万人次。被称作代表天堂杭州的“金名片”，十分贴切。而依靠坚实的实体市场基础，插上网络经济翅膀的四季青更是一飞冲天，谱写出新时代专业市场发展的续曲。

往事悠悠，浙商造市脸谱式的人物值得人们铭记，那种不畏艰难、不懈追求，事事争先、不甘落后，虚怀若谷、和善友爱的创市特质如同涓涓细流，淌过岁月奔腾的大河，终汇集成如海般高深无涯的四季青精神，以励当下，以励时代，以励来人。

站在第一代老市场人伟岸的肩膀上，四季青二代、三代市场人已然锵锵出发，英姿勃发。四季青传奇，未完，待续。

文：于倩

浙江汽配城
汽配业的市场“航母”

27年前，在杭州城东旅馆附近的艮山路、凯旋路上，星罗棋布着四五十家汽配店，虽然数量多、生意好，散兵游勇，成不了气候。浙江汽配城的第一代创始人——朱财宝用敏锐的眼光捕捉到这个难得的商机，带领团队，进行充分的市场调研，将附近一带零星杂乱的汽配经营户集中起来，率先创办杭州乃至华东地区第一家集贸型汽配专业市场。

2010年，当古稀之年的朱财宝退居二线，他的继承者、现任掌门人朱培忠适时接过市场的指挥棒。在他的创新领航下，如今的浙江汽配城发展成为以经营汽配件集散性专业市场为主，兼营饭店旅游、商业经营房开发为辅的综合性企业集团，55万平方米的主体市场创造出180亿元的年成交额，税收达到1亿多元，而成功复制市场模式的市外汽配市场集群，2017年经营额已超过母市场。

在这艘市场“航母”背后，数千家经营户梦圆创业，数万人致富奔小康，红火的汽车后市场产业更带动了市场所在的多个地域经济繁荣。时势造英雄，改革开放40周年，浙江汽配城携手市场经营户，一路创新，一路领航，在汽配行业走出一条黄金大道。

一个契机

华东最大汽配市场“创世纪”

从无到有，从弱到强，关键在于一个生发的契机。

市场第一代创办者朱财宝是土生土长的杭州人。当改革开放的春风从中国南海边吹起，20世纪80年代初，他以“旅馆办工厂，以厂壮大旅馆”的思路，经营起杭州城东饭店。饭店业风生水起，他忙着寻找更大的市场空间。

静下心来细细分析，朱财宝发现，社会上东欧产汽车空调设备性能差、配件缺，修理厂家又少。于是，在经营饭店的同时，1986年，朱财宝在城东饭店附近创办东欧汽车修配厂，专治“东欧制造”的疑难杂症。办厂当年，利润达到20万元。

20世纪80年代的“万元户”，在杭州乃至浙江都数凤毛麟角，更别说后面还加了个“零”，这在当时是一件轰动性的大新闻。让朱财宝惊喜的是，

历史照片

汽修厂的成功经营，给城东饭店注入活水。因来往客商频繁，饭店入住率显著提高。初尝创业甜果，第二年，朱财宝即在东欧汽修厂的基础上，又创建城东汽车配件总公司，当年再次创下36万元利润的佳绩。

两度开拓的成功，极大地鼓舞着颇具“野心”的朱财宝。自发现汽配业广阔的发展空间，他再也抑制不住奔腾的脚步。1991年10月18日，他以惊人的魄力转战专业市场，利用城东饭店部分场地，率先在杭州城东艮山门凯旋路这个人流集聚地创办杭州汽配市场。这是华东地区第一家汽配专业市场，当时很多举措都创下浙江乃至全国“第一”。

古人说，打江山易守江山难，打下一片江山的朱财宝为了经营好市场，倾注了心血和智慧。

据介绍，市场初创时，朱财宝以“店多隆市”的传统经营理念确定自我特色。为吸引经营户入驻，朱财宝果断提出“三先三后”经营思路，即“先筑金巢后引鸟，先服务后管理，先满小河后涨大河”。市场出台了一系列优惠政策，并辅之以优良服务。得民心者得天下，市场经营面积、经营户和成交额实现三年三级跳：经营面积从1991年的5000平方米发展到1994年的2.6万平方米；经营户从1991年创办时的48家发展到1994年的236家；成交额从1991年的6000万元发展到1994年的8.33亿元。

此时，杭州汽配市场初具规模，形成集聚性汽配专业市场的形象。这年，朱财宝将市场更名为“浙江汽配城”。

亲历者说:

要说汽配城取得了一些成绩的话,首先应归功于这个时代给我们创造的发展机遇。改革开放的春风席卷全国，邓小平的南方谈话像一声春雷，极大地刺激和鼓舞着我们这代人的创业神经。抢喝头口水，敏锐地捕捉商机，夜以继日地去开拓创新，才有了浙江汽配城的诞生。设身处地地为经营户服务，为更多人带去发展机会，先富带动后富，才有了市场第一批忠实追随者。好的开始是成功的一半，浙江汽配城这艘大船由此加足马力，驶向明天。

——市场第一代掌门人朱财宝

一次飞跃

“全息服务就是生产力”的魔力诠释

20世纪90年代，假冒伪劣产品缠身。在杭州市武林门广场，当杭州市下城区工商局将在全省范围查获的5000多双劣质温州鞋付之一炬，“火烧温州鞋”事件在全国引发围剿假冒伪劣的风暴。在全国打假中，温州柳市的劣质低压电器、慈溪的小家电等如同过街老鼠，而一批原本名不见经传却将质量视同生命的南存辉、胡成中等有识之士，他们引领的企业迅速崛起，成为质量大战的胜利者。

质量问题同样困扰着朱财宝。市场初具规模，质量低下、举报投诉恶性循环，如何将市场一把拖出质量泥淖？经深思熟虑，朱财宝提出“全息服务就是生产力”的经营思路，从增强汽配市场竞争力上狠下功夫，走品牌之路。期间，浙江汽配城做了两件大事。

第一件事：从建大市场出发。1995年12月，以浙江汽配城为主体，建立浙江宝马汽配集团公司，实现汽配市场与饭店旅游和其他市场并进发展。将“鸡蛋”放在不同的筐子里，化解经营风险，同时多方回血，市场品牌化之路有了坚实的后盾和经济基础。

海宁市场

第二件事：做大浙江汽配城品牌。以“服务就是生产力”的经营理念，制定“商品齐全，质量第一，服务全面”的品牌建设战略。面对第一批经营户文化素质偏低、品牌素养较差的现状，朱财宝通过专家培育、开培训班、上质量课等多种方式，刺激他们发育壮大。

在内部管理上，朱财宝采取“三管齐下”的措施：一是市场创造性地引进政府质管部门，建立质量管理科，严格实施品质管理。市场严格执行明码标价，亮证经营，让消费者放心。二是建立经营者协会，实行同业管理，自我监督。三是实施政策倾斜，提出“哪里有汽车，哪里就有我们提供的配件”，全力引进稀有配件经营商，确保不同消费者需求，确保市场不可替代性的地位。

朱财宝极为重视舆论影响力。在苦练内功的前提下，他先后召开全国性新闻发布会、市场管理研讨会及经营管理现场会，传达出致力于创建高品质市场的重要信息。《经济参考报》《浙江日报》《文汇报》等先后报道市场品牌事迹，其中《文汇报》在头版以《全息服务：使浙江汽配城成为华东老大》尤为吸睛，形成一波舆论攻势，浙江汽配城在消费者心中赢得较高的知名度和美誉度，市场占有率快速提升。

至1999年，商城经营户数量虽比1994年只增加102家，但成交额却猛增到30亿元，是1994年的3.5倍，商城各项指标均位居华东汽配专业市场业的最前列。

亲历者说：

自1998年进入市场就深受朱财宝服务思想感染，那种一心扑在市场建设中，全心全意为经营户着想的精神，是宝贵而可敬的。在市场二十年，先后在管理部、市场部就职，还负责海宁市场筹建，从始至终都围绕“服务”二字。以前市场条件差，产品问题也多，经营户不管有什么需求，只要一个电话，我们都在第一时间赶到现场。市场先于同业设立投诉站，工商（现市场监管）部门给予极度信任，315投诉也由市场处理。积极配合消防部门，严格做好消防工作，保证经营户的财产和人身安全……市场是舟，经营户是水。水可载舟，亦可覆舟。市场对经营户诚信诚心诚意，回报自然到来。

——浙江汽配城总经理夏春龙

一场涅槃

将挑战视为机遇，实体市场与虚拟市场比翼双飞

20世纪末，随着中国加入WTO以及市场经济深入发展，汽配行业竞争激烈，加上汽配城受空间限制，竞争力首次面临挑战。打虎亲兄弟，上阵父子兵。1999年，历经商海历练的市场二代掌门人朱培忠加盟，为市场的再次腾飞注入动力。

面对市场形势，两代创业者在谋划市场发展中形成一致意见：要保证市场持续发展，必须从市场环境、经济结构、经营方式等方面进行全方位调整。为此，市场抓住杭城东扩、跨江发展的机遇，主动出击，实施整体搬迁。

在两代市场创办者的努力下，在杭州市江干区委、区政府及工商等部门的倾心帮扶下，二代汽配城建设项目列入江干区当年重点建设工程。经半年多的立项、用地、规划、设计，1999年7月,经反复论证，位于杭州市新塘路353～361号的二代市场破土动工。朱培忠深深记得，为早日开业，开启80多天不分日夜的艰苦奋战。终于在21世纪到来的前夕，1999年12月16日，市场整体搬迁。

"新商城一期主体工程建有500余摊位、200间仓库，建筑面积 3万平方米。从此，汽配城告别陈旧棚户式农贸市场型业态，形成现代化商贸市场业态"。至2013年，二代汽配城建筑面积扩大到8万平方米，并形成现代化经营环境和经营管理。汽配城内配备一应俱全的现代化消防器材设施设备、音响监控、数字网络系统，经营户也全面使用计算机管理。

与此同时，面对浙江网络经济的发端萌芽，朱培忠敏锐地意识到，一场巨变即将席卷而来。在大多数市场对网络经济嗤之以鼻的时候，他开始实施人才、业态和管理三大创新，早于同类市场，率先建成网上与实体两大市场。

2005年，浙江汽配城与浙江电信合作开发，成立汽配专业市场汽配商务网，这是汽配城网络市场的初步尝试。之后，与金融、物价、工商、技术监督及中汽总公司联网，建成真正意义上的汽配电子商务网站。至2008年，网站平均日点击率达2000余人次，累计实现网上交易20多亿元。2009年年初，

经杭州市工商局批准，浙江汽配城网上交易市场正式成立。

据介绍，网上市场利用3D动画技术，采取实体店铺与虚拟网络店铺结合，帮助市场内3000余家实体经营户在网上平台各注册一家虚拟店铺，并全国联网，也让市场覆盖面扩大至全国范围。在实现网上汽配交易功能的同时，市场做到信息流、资金流、物流为一体，形成网络市场与实体市场相结合的汽配交易体系，成为华东乃至全国品牌汽配的交易平台。

2004年，浙江汽配城配送中心组建，直接服务于市场经营者，为经营户缩短物流环节，减去重复、多次运输成本。配送中心建立仅半年时间，承揽配送额达到近20亿元。如今，配送中心线路覆盖华东地区各县市近70个物流配送点，已基本覆盖和满足浙江汽配城总部市场、三个连锁市场以及三个协办市场所有经销商的配送需求。

随着市场业态的更新换代，浙江汽配城采取措施提高商户综合素质。杭州市交管部门、配件行业管理部门、工商、消防、银行、劳动保障部门经常为商户培训，经营户足不出户，业务素质得到提升。商城还成立质量投诉受理站，帮助调解各类汽配质量纠纷，并以“质量保证金”实施“预先赔付制度”，保证消费者合法权益，确保商城的质量品牌。

二代汽配城开业

亲历者说:

与时俱进，才能让市场立于不败之地。面对网络市场冲击，市场不仅未雨绸缪开辟网上市场，形成网上网下两大市场水乳交融日月争辉的良好局面，也独辟蹊径地树立了网络竞争中无可替代的市场特色。

——浙江汽配城信息中心经理林春

一种漩涡效应

浙江专业市场模式输出的生动实践者和领航者

浙江是市场大省。至2017年年底，浙江省内3926家实体市场共实现成交总额2万亿元，而在省外，浙江人更创造了5000多个专业市场。浙商市场已经成为举世瞩目的奇迹。其中，朱培忠是浙江专业市场模式输出的生动实践者和引路人。早在2005 年，浙江汽配城推行品牌输出，先后在广东佛山，山东曲阜、日照授权托管三地汽配市场，以专业的人做专业的事，取得双赢。

与此同时，朱培忠带领浙江宝马汽配集团走连锁市场之路。在调研苏州汽配流通业态后，2005年年底，朱培忠在苏州创办连锁市场，立志于改变苏州汽配业散乱、结构单一的现状。事实证明，朱培忠不仅有这样的能力，而且效果惊人。苏州江南汽配市场的建立，填补了苏州没有汽配专业市场的空白。2006年，市场创建后，商城应用自身品牌优势，积极引进周边汽配经营户300多家，市场商铺开业率达100%，有力推动了苏州汽配业朝专业化、市场化的方向发展。

此后，海宁百汇海隆广场、池州百汇综合大市场、新疆北疆国际汽车机电贸易园相继成功创建。连锁市场与杭州基地实行连锁经营，统一管理、统一配送，呈现中心市场向连锁市场辐射，各连锁市场向周边辐射的汽配配送格局，实现了汽配流通业集聚化，快速提升了市场竞争力。

2010年，集团公司在确保连锁市场持续发展的基础上，开始向商用房产业进军，将苏州江南汽配市场的三期建成综合商品市场，把海宁百汇海隆的二期建成综合写字楼，还收购余杭区鸬鸟镇一家破产的电子企业，以文化创意产业园建设拓展全新产业链。朱培忠还带领集团公司实施“互联网+”的

苏州汽配市场

汽配物流业态，投入1000多万元，开发专业的汽配物流网络交易平台，并上线运行。平台为汽配行业商户提供全程可视的平台化交易运输解决方案，为汽配业提供广阔的流通渠道。在此基础上，朱培忠还整合整个汽车后市场，致力于将汽配生产企业、维修业与汽配供应与流通业纳入一体化运作，形成快捷、畅通的汽车“大后市场”，将汽配业做成适应现代化环境的大产业。

2017年，浙江汽配城成交额180多亿元，上缴税收1亿多元，成为杭州乃至华东最大的集贸型汽配专业市场，而全国多个汽配市场经营总额超过杭州市场。为此，浙江汽配城先后被评为中国商品市场最具竞争力50强、中国优秀品牌汽配市场、中国购物放心示范汽配市场、中国十强汽配市场、浙江省精神文明单位、浙江省20强重点市场，并获得中国商品市场百强榜汽车及生产资料类第一名的佳绩。

专业市场的成功经营带动公司整体发展，市场所属的浙江宝马汽配集团有限公司已发展成为以运营汽配专业市场为主业，兼营商业房产、电子商务、物流配送、汽配经营、金融、酒店和旅游为一体的综合性企业集团。除了汽配市场集群，集团公司下辖的浙江汽配城经营有限公司、浙江汽配网上交易市场、杭州宝马物流公司等十几家企业辐射配套产业链，带动数万人就业奔小康，也为当地社会经济发展打下坚实基础。

就在举国同庆改革开放40周年的2018年12月，浙江汽配城顺利实施二次整体搬迁，位于九堡地块的新汽配城营业面积从原先的8万平方米扩大到了25万平方米，数千经营户“喜迁新居”，目前的新汽配城彩旗飘扬，人流涌动，好一派旺盛景象。

一个人物

朱培忠：一路创新，一路领航

“建一方市场，兴一方产业，富一方百姓，是父亲朱财宝的初衷和梦想。站在巨人的肩膀上，我一刻不敢忘却父亲的嘱托，从杭州到数千公里外的新疆，从皮革之都海宁到曾经一穷二白的安徽池州，从实体市场到网络市场，一座座汽配专业市场的崛起，改变着很多人的命运，网上网下市场齐头并进也让很多人的梦想照进现实。看着他们安居乐业，看着他们致富增收，我一边感到欣慰，一边不敢懈怠。是的，改革开放给了我们创业机会，这是一种幸运，更是一种责任。使命之下，我更将奔跑不止，奋斗不息。”

朱培忠，1969年生人，中共党员，自小立志报效祖国，曾在部队服役三年，转业后自食其力，从一线干起，曾任杭州西梯装饰装潢公司总经理，现担任浙江宝马汽配集团总经理，还是全国汽配市场联合会副秘书长、杭州市总商会汽摩配业商会会长。

自小对父亲创业精神耳濡目染，并深受军旅生活的历练和塑造，朱培忠生活中吃苦耐劳、艰苦朴素，一件衬衫、一双皮鞋，一穿就是数年。他还让家人在闲暇时间开垦出两分地，家里的菜自给自足，还能给市场食堂提供原生态的蔬果。

在经营户眼中，他是个贴心“大哥”。不管多忙，他始终将经营户挂在心头。每天早上6点，他和精神矍铄的老父亲一样，准时到市场工作。第一件事就是到市场各处转一圈，看看市场经营情况，与经营户拉拉家常。如经营户有困难，他总是二话不说，立马帮助。有时，他还亲自帮经营户搬东西。如果不认识他的人在市场见到他，还以为他是某个经营户的亲戚。

然而，在市场管理层眼里，他又极具创新开拓精神，有着极强的执行力。汽配城的繁荣，离不开第一代掌门人朱财宝打下的基础，但若没有朱培忠的实力加盟，市场绝没有现如今的繁盛。

从网络经济的冲击到国际国内复杂多变的经济形势，以朱培忠为首的二代掌门人与时俱进地迎接挑战，提出了两条腿走路的思想。

专业的人，做专业的事，办专业的市场。朱培忠坚持以人才队伍建设带动商城发展的思路，这支知识结构和梯队合理的人才队伍，不仅满足商城发展需要，打造出网络经济的市场全新增长点，同时还输出品牌，创造出一方方各地缺之不可的汽配市场集群。

打出市场品牌的朱培忠还积极奉献社会事业，秉承“促进行业内外交流，推动行业发展，维护行业整体利益，保护行业企业合法利益”的宗旨，创建杭州汽配商会。这个杭州市“先进商会”充分发挥桥梁和纽带作用，主动当好政府部门的参谋和助手，反映会员的愿望和要求。商会网站实时宣传报道行业信息、商会活动，连续9年出版内部刊物《杭州市汽车配件用品采购指南》，不定期举办各种培训班，赴各地举办汽车配件展，赴贫困地区开展“希望工程”活动，引领会员自觉承担社会责任。

长风破波会有时，直挂云帆济沧海。市场何以壮大？市场何以长青？底气来自与时俱进的创新思维，来自多年铸就的品牌影响力，来自直抵肺腑的信任感，来自改革开放以来先富带动后富的领航精神。浙江汽配城两代创业者一生只做一件事。昨日，他们筚路蓝缕，一路创新；今日，他们乘风破浪，勇立潮头。今后，他们将驾驶着汽配界的航空母舰，在市场经济的大海中锵锵而行。

文：于倩

海外海杭州汽车城
“中国汽车贸易第一街”的坚强和梦想

从杭州城北的一片不毛之地，到年交易额超过300亿元的大型综合性汽车交易市场，海外海杭州汽车城只用了短短十多年时间。

夏国良，海外海集团有限公司董事长，浙江省汽车专业浙江省汽车市场协会会长。历经十几年的艰苦创业，他打造的海外海杭州汽车城已经跃升为浙江省乃至华东地区规模最大、功能最全的集新车、旧车及汽车配件装潢为一体的大型综合性汽车交易市场。2017年，市场年交易额超300亿元，新车交易量9.1万辆、二手车交易量15.2万辆，被业内称为浙江乃至华东地区车市的晴雨表和风向标，其规模和品牌影响力居长三角第一。

一个契机

创意，往往就是不经意间的石破天惊

从最初的几间简易工棚、几台草编木工、五金加工机械起家，海外海集团在波澜壮阔的中国改革开放进程中最初也是跌跌撞撞、一波三折。从为生产冰箱、洗衣机、电风扇等市场畅销“龙头”产品的国有大中型企业配套，到进军酒店业、房地产业等第三产业，在夏国良的带领下，海外海集团及时抓住机遇，调整产业结构、拓宽经营领域，到20世纪90年代初，形成了以第三产业为龙头，工业、商贸综合经营、全面发展的新格局。

而进入汽车专业市场，既有机缘巧合，更离不开以夏国良为核心的经营团队对市场行情的判断。

彼时，海外海集团企业所在的杭州德胜地区正迅速与老城区融为一体，第三产业方兴未艾，前景光明。而在这一区片内，有几家化工、机械、汽修企业要搬迁，选址成为一个大问题。恰好，海外海集团通过村级集体经济土地置换，在杭州城北的石祥路附近购置近百亩土地。

一切似乎顺理成章，让这些企业搬迁到石祥路新购置的土地，仿佛是一个双赢的局面。但夏国良心里却有着另外一番盘算，“随着城市化进程的加快，日后石祥路沿线繁华了，这些刚刚迁入的工业企业很可能面临再次搬

杭州市国际会展中心

迁，而且可能这种局面用不了多长时间”。

那到底这近百亩土地拿来做什么比较好？

夏国良当时留意到一个细节，那就是在20世纪90年代，杭州人的消费重心出现向商品房、私家车转移的趋势。要实现从自行车到汽车的跨越，结合国内其他一线城市的商业模式特征，以当时杭州原有的几家不成规模的专业市场、国有物资口汽贸公司来承载全民汽车消费，显然是不够的。一个大胆的创意渐渐成型，“杭州，需要一个让汽车从计划经济模式中的生产资料向市场经济条件下的消费商品蜕变的平台；汽车生产厂家和经销商，需要一个营销推广汽车产品、比拼售后服务的平台；而广大消费者，则需要一个享受一站式服务、实现货比三家的采购平台！”

有了思路之后，夏国良马上与集团班子成员开始调查研究的论证工作，并马不停蹄地通过对无锡、济南、北京等城市的汽车市场进行深入调研和考察，结合杭州业内专家的意见，一个极富冒险性的跨产业发展计划渐渐清晰起来，那就是在城北这百余亩土地上，兴建一个集汽车缴税、办证、检测、保险、上牌等功能于一体，浙江乃至华东地区最大的汽车城！

1996年，杭州市委、市政府专设的“专业市场领导小组”以“1号文件”批复了汽车城项目。

1999年10月28日，汽车城正式开业。

一次飞跃

承办西博车展，开启杭州汽车消费“元年”

2000年，未满一周岁的杭州汽车城嗷嗷待哺，步履蹒跚。此时的城北石祥路沿线，虽已是旧貌换新颜，但仍脱不开城乡接合部的杂乱，一座虎踞在汽车城正门外的绕城祥符公路收费站，把城北莫干山路一线和睦、小河、三墩等居住区的人流拒之门外。那时候，不管你从哪边来，想要畅快地往返汽车城，几乎都必须通过上塘路过北星桥进出。

而较之阻塞的道路布局，由“9”字头私家车牌照限量拍卖且3万元/辆、微型小货车牌照限量审批、公司购车审批等一系列带有明显计划经济色彩的

杭州汽车城内景

汽车消费政策坚冰，更是让人望而却步。如何破解这些消费壁垒，成了摆在夏国良和海外海杭州汽车城的经销商们共同的难题。

恰在此时，杭州要恢复举办西湖博览会的消息传来，让夏国良心里有了破局脱困的希望。通过展会来拉动市场的人气，汽车城开一场西湖博览会的汽车展览！但质疑声随之而来，刚刚才开了一年的汽车市场竟然要承办国际车展？！

但事实证明，夏国良的选择是对的。

2000年10月20日上午，首届西博车展在海外海杭州汽车城正式开幕，尽管开幕前下了一场大雨，依旧阻挡不了络绎不绝检票入场的参观人流。望着石祥路首尾相接的滚滚车流，夏国良感到如释重负，那颗忐忑的心也渐渐踏实下来……

首届西博车展的成功举办，让汽车城一炮打响。当年，汽车展成交各类汽车4595辆，成交额7.16亿元，参观人数达15.2万人次。第二年，也就是2001年，汽车展成交各类汽车7493辆，成交额11.4亿元，参观人数达19.7万

外景

人次。到了2002年，汽车展成交各类汽车7716辆，成交额12.12亿元，参观人数近22.74万人次。

除了成交量和成交金额的节节攀升，更让夏国良感到兴奋的是，2002年，继第一届西博车展期间“9”字头私家车牌照降价（3万元降为2万元）增量竞拍后，私家车上牌限制最终取消；继第一届西博车展期间小货车上牌指标增量发放后，小货车上牌限制取消；继第一届西博车展期间杭州市控办现场审批企业购车后，这项审批又被取消。

因此，2002年被业界公认为是杭州市场的汽车消费“元年”。在夏国良看来，这一年也恰恰是海外海杭州汽车城初具规模、形成特色的一年。正是在这一年，“北有北京亚运村，南有杭州汽车城”，渐渐成为业内的口头禅。

从2000年开始，海外海（杭州）汽车城连续举办16届“中国杭州国际汽车工业展览会”，这个展会也已发展为国内大型的顶级车展，成为海外海集团对外的一张“金名片”！

一场涅槃

新建杭州市国际会议展览中心，打造汽车服务全产业链

连续三届西博车展的成功举办、一条龙服务的经营特色、新旧车两翼齐飞格局的形成，让经销商、消费者蜂拥而至，也为杭州汽车城赢得最初的喝彩。然而，繁忙的场景背后，暴露出的却是空间场地的局促。一切瓶颈的焦点，都指向一个症结——场地。原有的那一百来亩土地资源，此时已是见缝插针，很有些杭州民谚“螺蛳壳里做道场”的味道。

怎么办？

一时间，空间拓展成了横在杭州汽车城面前的一道“坎”。

在此期间，杭州市委、市政府主要领导相继来到杭州汽车城视察，并提出要打造具有杭州特色的汽车物流园区、拉动汽车产业链集聚升级的宏大设想。于是，筹建杭州汽车工贸园区的一揽子方案应运而生，该方案的总体布局是：位于石祥路以南、轻纺路（今湖州街）以北、西塘河以东、十字河以西，规划用地达1200亩，建筑面积为100万平方米，绿化率达35%，分国际会展馆区、品牌专卖服务区、集中交易服务区、业务配套服务区、生活配套服务区、旧车交易区、维修装潢服务区、配件交易服务区等6大区域。

2003年1月25日，第一根预制水泥管桩打入地下，标志着杭州汽车工贸园区的核心主体，占地6万平方米、建筑面积达13万平方米的杭州市国际会议展览中心项目正式启动。

当年10月，在克服非典在内的种种困难后，杭州市国际会议展览中心顺利竣工。当年的西湖博览会国际汽车展和第54届全国汽配交易会，也在全新的杭州国际会议展览中心精彩亮相。

2004年4月28日，按照汽车工贸园区的规划，国际会展中心内的杭州汽车城汽配市场开业。自此，在杭州市国际会议展览中心13万平方米的巨大身躯内，汇聚了新车、旧车、汽配三大市场和车购税完税服务大厅、公安验车办证大厅及检测线、环保尾气检测线以及日后撤销的养路费征缴服务大厅等完整的服务机构，并涵盖车贷金融、保险理赔、整备维修等汽车消费后市场的所有环节。这是汽车城自1999年成立以来所作的最大改变，也使杭州汽车

物流业呈现东城北移之势。而杭州首家集整车销售、汽车零配件供应、汽车装潢、汽车快修于一体的大“4S”汽车卖场也就此诞生。这也是当时国内规模最大功能最齐全的汽车大卖场！

全新的场馆条件和集聚的商气人气，让历经三年培育的西博车展如虎添翼，精彩纷呈。2005年，西博车展成交各类汽车12650辆，成交额逾15.18亿元，参观人数近26.39万人次，连年蝉联西博会金奖、银奖，成为立足杭州本土、辐射长三角并享誉国内的金牌会展项目。

2005年年初，海外海杭州汽车城以新车、旧车、汽配累计上百亿元的骄人业绩，被国家统计局和中国商业联合会评为“2004年度全国机动车交易市场前三强”，这一具有业界标杆意义的桂冠，让海外海杭州汽车城在全国声名鹊起。

一个人物

夏国良：企业没有永远的成功，只有不断地发展

海外海杭州汽车城从无到有，从蹒跚起步到门市欣荣，离不开一个人，那就是海外海集团董事长夏国良。

熟悉他的人都说，夏国良实干、俭朴、内敛，虽出身草根阶层，却有着令众人叹服的敏锐、决断和创新精神。而在夏国良的眼中，“企业没有永远的成功，只有不断地发展”。

杭州汽车城的变迁正是他这句座右铭的最好验证。

当外界对海外海杭州汽车城的发展赞美之声溢于言表时，作为当家人的夏国良没有丝毫沾沾自喜，反而时常告诫自己：看不到问题就是最大的问题！越是在一帆风顺时，越要看到成绩掩盖下的隐忧。

2014年3月25日，杭州市人民政府召开新闻发布会，宣布自当年3月26日开始实施限牌，并相继推出更加严苛的限行制度。限牌，如一块石头落海，

在杭州汽车城掀起阵阵巨浪，杭州汽车城内700多家经销商的商路在哪里？8000多名从业人员的饭碗在哪里？社会稳定的任务让政府密切关注。

作为行业的领头人，杭州限牌靴子一落地，夏国良马上接受媒体的采访，就行业关心的焦点问题一一作答，并表示海外海杭州汽车城决不会转行，给所有的经销商吃了一颗定心丸。

夏国良坦言，限牌发布后他天天夜不能寐，自己历经了市场经济的风风雨雨，限牌风浪对他来说，确实压力最大，来自如何稳定经销商的情绪、减少社会的震荡。这是政府的要求，也是企业家的社会责任。

他说：“有人预测，海外海过不了这道坎，汽车城要转行了。我明确告诉大家，汽车城作为行业的旗帜，绝不能倒，我们绝不会转行。在限牌这一重大挑战和机遇面前，我们虽然面临很大困难，但是我们和商家一起都要有信心，要积极应对，变化中求得生存和发展。”

夏国良分析说，限牌前，汽车城每年有十多万辆二手车交易量，其中40%销往全国。限牌后，杭州每年依然会有20万辆二手车要寻找出路、寻找集散地，其中将会有60%销往全国。杭州汽车城已集聚杭州市场最强的行业资源、信息资源、人才资源、品牌资源，同时已成为全国高档二手车集散地。限牌后，杭州二手车市场的行业集聚度将进一步集中。如果杭州汽车城倒了，那谁能活下来呢？当前，在困难和挑战面前，迫使市场加快做好搭建大平台、提供大服务的工作。原先已在筹划的思路马上开始实施。“我们在向政府积极反映商家诉求、提出完善限牌意见的同时，要让经销商看到希望。”

夏国良透露，海外海杭州汽车城积极应对的措施是，搭建一个二手车全国流通交易、网上交易和实体市场相融合的大平台。在这个平台里，有大型实体的二手车自由交易区，让4S店收进的二手车和车主想出手的二手车，统统在这里与经销商见面。同时，建立统一的网上发布平台，让市场经销商的二手车信息发向全国。市场将以合作共赢的模式，在全国大中型城市的汽车市场寻找合作方，开辟信息发布平台，进行同步异地交易。

限牌后，杭州的新、旧高档车、豪华车的流通及交易量还将尤为突出，在这个信息大平台中，汽车城将进一步努力做强做大全球豪华车二手车集散中心。

同时，为解决商家的经营资金问题，海外海着手与工商银行拱墅分行、保险公司合作，建立小额贷款平台，进一步鼓励二手车车商做强做大，提高抗风险能力。

夏国良的思路和对策，务实而又有见地。在关键时刻，作为杭州市二手车行业协会会长单位的海外海杭州汽车城，义不容辞担起了杭州地区行业代言人的角色。深入分析市场变化、解读政策、把握市场内每个商户的经营情况和诉求，主动为商户减免租金，安抚商户共渡难关。另一方面，积极收集行业内专家意见，向主管部门沟通反映问题，踊跃建言，最终市调控办顺势出台了二手车周转指标政策，促进二手车流通。

四年多过去了，杭州的二手车行业全面复苏，二手车市场经营结构转型升级成功，渐转向高端经营。商户也不断扩大经营规模，增加就业人数，更实现了汽车百亿元的交易额市场的突破。

2017年，在夏国良的带领下，海外海（杭州）汽车城交出了一张靓丽的成绩单：新车交易量9.1万辆、交易额136亿元；二手车交易量15.2万辆，交易额187亿元；汽配用品交易额25亿元，总交易额超300亿元。稳居全国汽车市场前三名，更是当仁不让的华东地区龙头、业内的风向标。

一种辐射效应

一座“城”的崛起拉动一条“街”的繁华

2008年9月，中国(青岛)商业街发展高峰论坛暨全国特色街文化经验交流大会上，杭州汽车城所在的石祥路汽车贸易街区以及其业态延伸区域沈半路被中国步行商业街工作委员会授予“中国特色商业街”称号，这意味着首条“国”字号汽车贸易街区在杭州诞生。

彼时的石祥路汽车贸易街区几乎涵盖市场上90%的汽车品牌，更拥有全省乃至全国范围内的重量级汽车销售企业，如全国著名汽车销售企业浙江物产元通集团、全国民营企业500强的康汽集团、海外海集团，省内最具实力的汽车经销商农资集团，以及华东地区规模最大、功能最全的汽车大卖场——杭州汽车城。

经过近十年的沉淀，在海外海杭州汽车城的带动下，石祥路汽车贸易街区的新车销量占全省销量的45%、全市销量70%以上的份额。这个创造了“全国每销售100辆汽车中，有2辆是拱墅区卖出去的”神话街区，用事实见证了“中国汽车贸易第一街”的梦想。

用夏国良的话说，海外海杭州汽车城的崛起，绝不仅仅是一家企业的成功，而是地方政府产业导向政策、业界同人的携手合作和广大消费者积极参与、共同达成的多方共赢的平台，也是个人、企业实现“中国梦”的载体。

由于产业集聚，业态完备，汽车城还成为杭州市一个重要的就业吸纳池和创业大平台。每年在海外海杭州汽车城就业的人数达8000余人。只要你到汽车城，就会被它的商业气氛所感染。

是的，海外海杭州汽车城不仅吸引消费者，也引来许多经销商。如今，汽车城的窗口效应不可小觑，几乎所有在杭州的汽车品牌4S店都在此直接设立经营部或开设分公司。更有不少小经销商依托这个大平台，完成从伙计变老板，以小搏大变车界新贵的脱胎换骨。

文：于倩

浙江金恒德汽车物流广场
200亿元汽车后市场的成长密码

红色动力潮涌浙江。它是汽车后市场的引领者，一个将党的精神全覆盖的民营专业市场，一位将党的思想武装到脚趾头的民营企业家。十年栉风沐雨，十年夙兴夜寐，十年坚守创新，浙北余杭大地上，无中生有、从小到大崛起一座200亿元的车后大市场。

积极响应时任浙江省委书记习近平“跳出浙江，发展浙江”的号召，它走出浙江，在灾后四川复制出浙江成功市场模式；也是在省委省政府“反哺浙江”的号召下，它回到家乡，打造出天台创业创新“金名片”。第一个汽车后市场论坛、第一个全球汽车用品价格指数，人工智能、大数据、文化自信、云计算……改革开放40周年，在红色市场掌舵者周金法的引领下，这座超级市场——浙江金恒德汽车物流广场还能带给大众多少惊喜？

一个契机

抢喝改革发展“头口水”，打造超百亿元市场

中国汽车工业的快速发展，肇始于2001年12月11日。中国正式成为世贸组织成员之后，汽车工业带动全产业链尤其是汽车后市场产业快速发展。伴随着汽车保有量的增加和汽车产业链重心的后移，将汽车4S店经营得风生水起的金恒德集团董事长周金法敏锐地意识到，汽车后市场行业快速增长的端口已经打开就毅然转型，重点投资发展浙江金恒德汽车国际物流广场项目，在杭州城北（余杭良渚）打造集汽车文化、汽车会展、汽车科技、汽车休闲竞技、汽车商贸为一体的汽车文化产业园。

极具战略眼光的周金法一开始就以高标准、高规格打造这个项目。从2002年起，他邀请国内外专家，历经一年多时间，进行项目调研论证。从项目立项之初，就将汽车文化、汽车运动竞技、汽车科技等元素纳入规划，其整体规划更邀请多家外国公司进行设计评估。

金恒德项目一期为汽配用品市场，二期则涵盖市场物流仓储配套和汽车

开业

中国 2009 汽车后产业高峰论坛

会展、汽车文化、电子商务产业园等主要功能。省、市、区各级政府对此高度重视，项目多次被列为浙江省重点项目，是杭州市政府确定的商贸物流三大中心之一，也是杭州市新一轮经济十大工程实施项目和杭州市城市综合体之一。2009年，还被列入杭州市政府工作报告。

2009年12月，金恒德一期——有着建筑面积30万平方米、商铺2206间、地面地下停车位1238个的金恒德汽配用品采购城（以下简称采购城）隆重开业，面对长枪短炮的全国媒体，周金法还策划了全国汽车后市场首个高峰论坛。论坛上，国内知名学者、行业专家和业界精英思想火花的碰撞，为后市场发展点燃导火索，市场也因此成为媒体的聚焦点。

采购城自成立以来，以规模化、专业化、集约化优势，承接杭州市汽车后市场产业转移，并成为全国重要的汽配用品采购中心，进而带动了杭州地区汽车后市场产业的集聚发展。在周金法引领下，采购城通过不断强化自身管理，秉承“自立以他人先立，自富以他人先富”的经营理念，以“感动商户”作为日常管理原则，取得了良好的经营业绩和社会效益。

就在当年，采购城1143家汽车配件、汽车用品企业及商户，解决就业逾万人，年交易额超100亿元，年纳税额超2000万元，实现了当初对商户“通过自身的卓越，和谐合作、艰苦努力、满意服务，让厂家、商家、大家拍手赞扬，称心满意，成为再创业、再发展的基地”的承诺，也实实在在做到了为商户创业、经营、发展开渠引流，铺设平台，广揽客源，创收增效。浙江省三星级文明规范市场、四星级文明规范市场、浙江省级重点发展电子商务产业园项目、杭州现代服务业百强企业、全国十佳汽车用品专业市场、中国汽车流通业诚信品牌市场等荣誉，纷至沓来。

亲历者说：

入驻金恒德是因其“立足浙江，放眼全国”的发展定位与企业发展愿景深度吻合。金恒德有四个亮点，一是地利优势，交通便利。二是市场远景规划与相应措施恰到好处，给了我们莫大的信心，是一个能长期安居立业、做大事业的市场。三是金恒德市场定位高，不少硬件措施超乎预想。四是邀请商户共同参与市场管理，成立市场商户委员会，定期召开商会例会，共同参与市场重大发展决策，共谋市场兴旺发展大业，商户有归属感。公司入驻市场这几年，业绩稳步提高，恰好印证了我们当初选择金恒德的无比正确。

——首批入驻商户、市场商户委员会会长、杭州海宇汽配有限公司总经理董榜森

一次飞跃

走出去！来自浙江的“金恒德模式”蜚声全国

为加速推进汽车后市场大发展，金恒德杭州市场成功运营后，集团以此为样板，马不停蹄地将成功模式复制到全国各地。

浙江七山二水一分田，是典型的资源小省。为了积极响应浙江省委、省政府“跳出浙江，发展浙江”的口号，在四川省成都市双流区（原双流县），四川金恒德国际汽车商贸物流城创新汽车百货新模式，以产业为龙头，带动一方经济崛起，受到四川省政府的关注。

作为双流县深入实施富民兴村“三百工程”的典范，当地将金恒德模式上报中组部后，《组工通讯》还专门刊文，表扬金恒德对地方发展的突出贡献：“双流县从三个方面打造中西部汽车后市场：一是借鉴国美、苏宁运营模式，引入高端汽车品牌饰品、箱包等时尚奢侈品服务项目，提供一站式汽

车生活服务。二是打造西南地区最大汽车主题卖场。目前，奔驰4S店等14家汽车相关产业项目入驻，年销售额31.42亿元，其中金恒德一、二期项目投用，入驻商家680余家。三是联合14家汽车产业企业举办改装车博览会、心连心爱心活动等大型活动，借助驻地高校、策划机构等智力支持，打造集汽车产业汽车文化等于一体的汽车文化产业园。”

2012年，该市场被评为“国家级诚信文明市场”。也是在这年，在党的十八大精神指引下，周金法积极响应浙江省委、省政府的号召，回归浙江，在天台打造天台金恒德·中国汽车用品城，以助推天台汽车用品产业转型升级。

据介绍，该项目是省级特色小镇——中国时尚车品小镇的核心组成部分。2016年，积极响应国务院“大众创新、万众创业”的号召，金恒德继续将中国汽车用品城二期打造为天台纳车品创新创业产业园，并成为天台创新创业的“金名片”。

园区集区域网商集聚孵化、泛大学生创新创业、小微创投金融试点、互联网平台孵化、电商人才培养导流、战略性知识溢出和云生态商务服务为一体，通过搭建纳车品线上供销平台、运营商务部汽车用品价格指数、阿里巴巴天台产业带和落地建设时尚车品小镇党群服务中心、天台县青年创新创业苗圃工场等功能项目，共孵化和服务各类网商294家，年网络销售额近7亿元，被授予天台县众创空间、台州市十佳小微园区、浙江省创新创业电子商务产业园、浙江省电子商务实践基地、浙江省特色小镇培育单位等称号。

立足于汽车后市场产业多年的专业积累，在企业快速发展的同时，金恒德始终坚持为行业、为社会贡献自己的力量。2015年5月15日，在天台首届中国汽车用品O2O采购节活动上，集团经商务部批准，代表行业向全球发布“中国金恒德汽车用品价格指数”。

自此，中国汽车用品行业终于有了权威的指数发布体系，有了行业发展的风向标和晴雨表。该指数也是继义乌中国小商品指数、中关村电子信息产品价格指数、中国·柯桥纺织指数等之后，国内诞生的又一个重要市场价格指数，也是唯一由民营企业运营的国字号行业指数。该指数对汽车用品各细分品类的价格走势、销量变化、市场供需对比及新品发布进行实时跟踪与分析，构建行业走势的大局观，提升行业透明度，动态指导生产企业生产适销对路的产品，减少采购环节，降低成本，有效提升行业整体效率。

亲历者说：

企业家精神是一种创新意识，是一种品格，是一种价值观，是一种企业文化，更是一种责任。共产党员企业家周金法从不局限于小我和小家的致富、成长，从一开始就从大局出发，做大项目，做大产业，做大指数，长远的市场眼光和产业规划，让多少人站在他这个“巨人”肩上发家致富奔小康。在社会责任的承担上，企业家的意义得以凸显。

——金恒德集团原副总经理陈午新

一场涅槃

浴火重生，新时代腾飞的N条路径

通往成功的道路上永远不会一帆风顺，周金法的市场之路也是如此。

按照与杭州市余杭区政府的协议约定，集团在2003年至2007年期间支付全部土地出让金、土地补偿费等各种费用累计3.35亿元，但因项目推进过程中区政府频繁换届以及国家土地政策变化等各种原因，导致金恒德杭州二期项目长期搁置，无法落地，项目整体效应无从实现，金恒德打造集汽车商贸、汽车文化、汽车休闲竞技为一体的汽车文化产业园的产业梦想，也不能按规划实现。

更糟糕的是，企业前期投入的大量人力、物力、财力无法产生效益，给企业的发展背负沉重的历史包袱，也因此错过产业发展的最佳时机。由于企业大量资金被套牢，还要承担高昂的融资成本，直接导致企业资金链紧张，经营陷入困境，企业的生存发展难以为继，到了生死存亡的关头。

周金法带领的金恒德集团使出浑身解数，想尽各种办法，抵押一切能抵押的资产，向银行贷款，还不得不向民间借贷，甚至不惜将正处于房价快速上涨期的成都房地产项目低价去销售，以快速回笼资金，偿还金恒德杭州项目银行贷款。集团内部也不得不采取裁员、降薪等无奈手段，壮士断臂，尽可能压缩成本。即便如此，企业还是经常发不出工资，企业3000多名员工面临停薪下岗的危机，企业生存也命悬一线。

2017年9月25日，《中共中央国务院关于营造企业家健康成长环境弘扬优秀企业家精神更好发挥企业家作用的意见》（以下简称《意见》）正式公布，这是中央首次以专门文件明确企业家精神的地位和价值。《意见》强调，要着力营造依法保护企业家合法权益的法治环境，研究建立因政府规划调整、政策变化造成企业合法权益受损的依法依规补偿救济机制。2017年11月22日，国务院总理李克强在国务院常务会议中要求："要加强政务诚信建设，因政府失信导致企业产权受损的要依法赔偿，不能'新官不理旧账'。用有力有效的产权保护增进市场主体投资创业信心，提升广大群众和企业家的获得感、幸福感、安全感。"

党中央、国务院的一系列政策和精神，让危在旦夕的金恒德集团终于看到一丝曙光。尤其是党的十九大召开后，中国特色社会主义进入新时代，法制中国建设进一步提速。在这些大背景下，2018年，浙江省委、省政府积极贯彻中央"营造企业家健康成长环境"精神，全力推进"最多跑一次"改革。之前跑了成百上千趟的金恒德杭州项目历史遗留问题，终于得到合理解决。

"金恒德九死一生，历经各种艰难曲折，问题的解决让企业深深感受到浙江省营商环境的优越性以及新一届余杭区委、区政府的担当与实干。"面

金恒德全景图

对这来之不易的机会，周金法坚定了金恒德企业做强做大的信心，只争朝夕，快速开启转型发展新模式。

一是拓展文旅产业。与著名的国际传媒集团美国维亚康姆公司洽谈合作，希望通过引进世界先进文化产业理念，融合中国传统文化，实现文化创新，以文旅项目为载体和平台，向世界传播中国文化，让中国文化更好地走出去。周金法表示，目前金恒德正与该公司在成都眉山积极筹划投资建设国际一流的数字娱乐文化教育基地，包括尼克主体公园、动漫基地、MTV音乐基地等文旅项目。

“经深度了解，维康集团是内容之王，其中一些诸如海绵宝宝、汪汪队等强大的IP内容都是正能量的，这正是国内儿童教育中的必需品，也是大部分城市主题公园所不具备的。”周金法表示。接下来，他希望与中央美院、维康集团等合作成立尼克动漫研究，结合尼克品牌和中央美院品牌优势，共同研发中国文化元素的卡通作品，以此打造新的超级IP，传播中国文化，让全世界人民了解中国、认识中国，让中国文化的优秀内容走出去，为实现习总书记提出的构建人类共同体而努力奋斗！

二是拓展大数据/人工智能产业。与哈工大大数据集团、中国移动建立合作，充分利用中国移动的数据资源以及哈工大的技术优势，共建大数据创新产业孵化基地，开发应用于各行业的大数据产品、服务及整体解决方案，建立大数据交易中心。着力做好大数据产品与服务的推广与运营，积极开拓应用场景，推动智能终端产品落地，迅速切入大数据/人工智能行业，在杭州打造一个国际领先、国内一流的大数据管理与服务应用平台和孵化基地。

在改革开放40周年的重大历史节点上，金恒德二次腾飞大幕已全面开启。

亲历者说:

汽车后市场的发展命运与改革开放紧紧联系在一起，是改革开放给了金恒德发展的机会，也是国家和政府及其职能部门的悉心帮扶和政策支持，让市场发展真正迎来春天。唯有创新不止、奔腾不息，让更多人在金恒德的平台上起步、飞翔，让更多人因金恒德而不同，才对得起国家和政府的嘱托。

——金恒德集团党委书记、董事长周金法

一个人物

周金法：浙商市场的红色领航者

市场建设怎么抓？党的精神全覆盖！市场之路怎么走？听党的话，跟党走！浙江金恒德汽车物流广场是一家典型的民营浙商市场，但在基层优秀共产党员周金法红色思想的引领下，市场的红色发展之路格外显眼。

“党的十八大后，市场开始重视抓党建，非公党建也是浙江工商旗帜，浙江省市场监督管理局冯水华局长亲自在市场蹲点，为市场的标准化示范点建设作出了重大贡献。”周金法表示，一直以来，他都着力将金恒德打造成为红色市场、红色商圈。

据周金法介绍，专业市场就是小社会，两万多人的市场经营户和从业者来自五湖四海。他们中的大多数人文化水平不高，对事物的判断上千差万别。所谓根基不稳，地动山摇，如何将一盘散沙拧成一股绳，就需要进行党的教育。市场抓党建，如何让党的精神真正走进他们的心里？

周金法提出“党建工作做实了就是生产力，做强了就是竞争力”。他带领集团党委始终坚持围绕发展抓党建，通过开展全员大讨论活动，确定了以“坚定信念、敢创新路、争当楷模”为核心的金恒德党的思想标准，以“精益求精、追求极致”为核心内容的工匠精神标准。并以“两个精神”为主线，将党的精神全覆盖，贯穿到企业经营发展每个阶段、每个方面，将工匠精神作为衡量一切工作的标准贯穿到每个员工、每个岗位。同时，开展市场党建工作标准化建设，将党建工作与企业经营发展、员工成长成才、企业文化建设、企业管理创新相结合，积极发挥市场红色商户、红色娘舅、红色助手作用，以红色动力为特色，走出一条创新的党建工作路径。

以党建为统领，周金法还注重抓好企业清廉文化建设，较早在全省非公企业成立纪委，开展非公企业清廉文化建设。重点通过构建教育、制度、监督并重的惩防体系，抓廉洁教育、抓廉洁制度建设、抓监督问责，筑牢“不准腐、不能腐、不敢腐”三道防线。经过几年清廉文化创建，金恒德集团风清气正的廉洁氛围逐渐浓厚，违规违纪行为得以有效防范，通过“党建+清廉文化”建设，有效促进了企业健康、快速发展。

金恒德市场从立项之初就承载着整合、承接杭州市汽配用品市场的历史使命，承担着重要的社会责任。周金法提出“市场一家亲”经营理念，并提出“自立以他人先立，自富以他人先富”，将对经营户的关心和支持体现在日常工作的点点滴滴中。市场开业以来，免收物业费、提供装修开业奖励金、广告宣传活动资金支持等奖励手段，做好稳商工作，并以建立商户委员会、积极推进市场党群建设、共建市场一家亲等方式凝聚人心，开通市区通勤大巴、帮助解决商户子女就学等，春风化雨般的关怀获得了经营户的点赞。

面对新时代，为保持企业长期持续发展，提升企业管理水平，周金法先后制定十年战略规划和五年事业计划，提炼“成为汽车服务业的领航者”的企业愿景，并以“为汽车生活构筑美好未来”为使命，以“专业化、标准化、系统化、人性化、共同化”为管理思想，积极践行“激情、敬业、高效、合作、创新、共享”的价值观，提倡“关爱员工，关心员工成长”“快乐工作、快乐生活、快乐成长”的企业文化，并形成“业务流程化、工作标准化、管理扁平化”和“交叉授权，双向管控”的企业管理方法。一系列的举措，指明了企业发展的方向，提升了企业的凝聚力，金恒德也得到了进一步发展。

2013年，金恒德市场被浙江省工商局确定为“浙江省商品市场非公党建标准化示范基地”，金恒德集团被杭州市授予“党建强、发展强”百强企业，成为汽车后市场的党建样板；2015年，金恒德西控集团被成都市委、市政府评为“模范单位”；2016年，金恒德西控集团被四川省委评为“省先进基层党组织”，同年被成都市委评为“双强六好基层示范党组织”。2016年，周金法也被中共杭州市余杭区委、区人民政府授予“优秀社会主义事业建设者”称号。

一种贡献

为企业创造财富 践行社会责任

金：代表财富，是实现企业价值最大化的象征；恒：代表拼搏，需要不断努力，要有恒心和坚韧不拔的精神，持之以恒，持续发展；德：代表责任，企业成功的最终目的是回报社会，是社会责任的最终体现。以“金恒德”之名，行“金”“恒”“德”之志，浙江金恒德国际汽车物流广场在为企业创造财富的同时，积极践行社会责任，传播社会正能量。

浙江金恒德国际汽车物流广场（含子公司）目前建筑面积94万平方米，商辅4300间，地面地下停车位3907个，入驻汽车配件、汽车用品企业及商户2600余家，解决就业逾2万人，年交易额超200亿元，年纳税额超5000万元，已发展成为浙江乃至全国最大的汽车后市场专业平台之一，是浙江省四星级文明规范市场、浙江省商品市场非公党建标准化示范基地。

成都双流四川金恒德国际汽车商贸物流城是中国中西部最大的汽车后市场，其以产业为龙头带动一方经济崛起，受到四川省政府和国家相关部门重视。其借鉴国美、苏宁运营模式，引入高端汽车品牌饰品、箱包等时尚奢侈品服务项目，提供一站式汽车生活服务，成为西南地区最大汽车主题卖场，目前680余家入驻商家创造出年销售额30多亿元。

天台金恒德·中国汽车用品城助推天台汽车用品产业转型升级，成为省级特色小镇——中国时尚车品小镇的核心组成部分。中国汽车用品城二期打造成为天台纳车品创新创业产业园，不断孵化创业团队，有效带动当地的创业、就业和人流导入，加快城镇化发展，成为天台创新创业的高地，获省创新创业电子商务产业园、省电子商务实践基地等称号。

从创新打造汽车百货商城新模式、在天台县打造纳车品创新创业孵化园，到创建中国汽车用品价格指数，并与阿里巴巴集团达成战略合作、共建阿里巴巴闲鱼汽车生态一体化平台，再到探索打造汽车文化旅游小镇等系列举措，金恒德探索发展的脚步永不停息，攀越行业高峰的实践永不止步，这正是浙商军团勇于开拓创新精神的集中体现，也是我国改革发展生生不息的生动实践。

文：于倩

萧山商业城
之江南岸的“涌金城”

历史，总是在一些特殊年份给人们以汲取智慧、继续前行的力量。2018年，就是这样一个特殊的年份，改革开放40周年，人们回顾过往，继往开来。

伴随着改革开放的春风而诞生，从无到有，从小到大，秉持着“奔竞不息,勇立潮头”的“萧山精神”和开拓创新的创市精神，在萧绍平原、之江南岸的萧山大地上，崛起一座“涌金城”。其累计交易额2400多亿元，向国家和地方上缴税收10亿多元，3000余经营户在这里经商致富，3万多人因此安居乐业，中国十强品牌市场、全国十大综合商品交易市场、中国优秀示范市场、中国商品市场百强、中国最具品牌价值商品市场50强、全国诚信规范市场等荣誉纷至沓来。

26年来，萧山商业城以实际行动为萧山三产服务业历史书写出一部商业传奇。

一个契机

时势造英雄，萧山商业城起步

“坐看南北与西东，远近无非礼义中。一县繁花香送雨，五株垂柳绿牵风。”萧山地处浙江南北要冲，改革开放的春风吹遍之江大地，多座钱江大桥飞架南北，水、陆、空运输畅通……在独具特色的区位优势和市场势能下，萧山经济突飞猛进，撤县设市(县级)的次年（1988年），萧山地区生产总值26亿元，地区收入24.1亿元，增长速度名列全国(市)首位，由此步入全国十大“财神县”的行列。而后的20世纪90年代初，我国东部地区大型现代化航空港——杭州萧山国际机场的筹划落地，更让萧山经济发展迈上快车道。

然而，面对漂亮的数据和耀眼的荣誉，当时的萧山县委县政府领导是冷峻而理性的。他们认为，萧山经济结构存在明显不合理，第三产业只占国民生产总产值的16.5%，这种结构与萧山经济建设规模很不适应，与发达地区相距甚远。尤其是市场运行的滞后，在较大程度上制约着萧山经济的持续稳定和协调发展。

“比如，对比周边的绍兴和义乌，无论是产业还是地理位置，都没有萧山所具有的特定优势，但由于他们重视专业市场的培育和建设，使当地经济充满生机和后劲。”现任萧山商业城党总支书记、商业城管委会主任、商业城开发总公司总经理裘海洪表示。

继20世纪80年代提出允许民营企业戴上“集体”企业的“红帽子”，90年代进行股份合作制改造等领先全国的创举，当时的萧山提出“稳定提高第一产业，积极调整第二产业，大力发展第三产业”的发展思路。

荣誉榜

“要使萧山经济在‘八五’‘九五’乃至今后更长时期能上新台阶，就必须积极建设大型市场，通过市场对资源的有效配置，建立起市场经济体制的框架，为经济发展注入新的活力。”当时的市委、市政府决策：在城市东部投资4.2亿元、占地400多亩，建设现代化、高档次、强辐射的萧山商业城。

以这样的决策部署、这样的规模体量、这么大的投资金额，建设一个专业市场，这在萧山历史上是史无前例的。应该说，这是萧山人民在改革开放的实践中，认准建设具有中国特色的社会主义理论后作出的创举！

1991年1月31日，由时任萧山市委常委、常务副市长朱寅传任组长，工商、财税、土地管理、公安等有关部门主要领导为成员的萧山商业城筹建领导小组正式成立，筹建办就设在工商局。因为市场建设的重要性，商业城的建设被列入萧山市“八五”重点建设工程。

搞建设需要资金投入，但让人难以置信的是，偌大一个商业城，在建设过程中不要国家和政府投入一分钱，通过政府搭台、企业唱戏、自求平衡、分期建设、国有企业唱主角、民营企业当配角的模式，以招商引资、利用民间资金、预售营业房的办法，解决所有资金需求，首期工程从1991年11月21日奠基，投资7000万元，建设面积7.2万平方米，仅用7个月时间就顺利建成。

深感萧山商业城创建壮举，时任国务院副总理田纪云题写“萧山商业城”，以示鼓励。善于经营的市场主办团队还在北京人民大会堂举行招商发布会，在京各大媒体争相报道，萧山商业城引起各方关注，引来了第一批市场经营户。

理念一变天地宽，萧山商业城这艘巨轮从此向着市场经济的大海启航。

亲历者说:

萧山商业城的成立可以说是一个奇迹，是改革开放后政府部门思想解放的产物，是“奔竞不息，勇立潮头”的“萧山精神”与市场经济水乳交融的产物。

——时任萧山市人民政府办公室工作人员徐建中

一次飞跃

品牌立“市”，开辟一方广袤蓝天

弹指一瞬，26年后的今天，萧山商业城已发展成为一座“涌金城”。城

第十届萧山购物节

内市场楼群鳞次栉比，仓储区、住宅区、停车场、园林绿化配套完善，市场监管、公安、城管、财税、物业管理、消防、邮政、电信、金融、餐饮、文化娱乐等管理服务机构一应俱全。城内集聚了国内外数以万计的商品，商品覆盖整个华东地区，辐射全国乃至国际市场，强大的人流、物流、信息流令市场成为区域性的商贸流通中心。

据介绍，这座“涌金城”的出现与市场品牌建设组合拳息息相关。近年来，萧山商业城通过引进优势品牌，打造自主品牌，提炼管理品牌，巩固大商城品牌，从而深化整个市场的品牌战略意识，重塑商业城的品牌形象。

萧山商业城积极参与市区购物节、美食节、消费节，举办商品展销会、订货会，搭建服务平台，商业城各项经济指标持续十年稳健增长，年均创税利近亿元；并多次召开品牌大户、经营户座谈会，推进品牌兴市战略，促使全城经营户转变经营理念；通过抓质量提升、长效机制建设及转企后续服务，积极鼓励经营户做大做强、转型升级。2013年，市场完成“小升规”30家。2013年至2017年，5年共完成“个转企”248家。

萧山商业城还积极推进网上市场建设，连续赴义乌市场、中国网街、阿里巴巴等专业电商公司考察取经。之后，依托实体市场，联合城内电商实力商户优势整合。目前，网上市场共在册2200多家店铺，6万余件优质商品实现网上网下“两条腿”走路。当网络经济崛起、实体经济广受质疑的时候，萧山商业城以实际行动为“实体市场黯淡”之说辟谣。

在品牌战略引领下，从市场起步发展壮大的企业、经营大户比比皆是。他们与名优产品厂家“攀亲”，与全国各地的知名厂家建立总经销、总代理、特约经销的关系，昔日的小商贩逐渐变成“大老板”。

早在1997年，市场经营户许海森就创办杭州永和电缆有限公司，产品通过国际质量认证，注册的“永飞”商标在业内鼎鼎有名；杭州天华伞业有限公司创始人高振芳，自创的天丽牌晴雨伞销往全国20多个省份，还出口到俄罗斯、葡萄牙等多个国家；1995年，韩丽娟在商业城仅有一个20平方米小店面，在市场引领下，她一路摸索，目前开办12家企业，主营化工类产品和一次性塑料用品，产品出口到18个国家和地区；第一批市场商户杭州源鸿贸易有限公司总经理何伟荣重视品牌运作，一开始就将销售目光放眼全省，逐渐形成营销网络，如今他既是红牛维生素饮料杭州地区的总经理，还是椰树牌椰汁浙北地区的总代理、旺仔牛奶系列的总经销，2010年他进入酒类行业，目前五粮液萧山旗舰店已通过厂家审批。

经26年发展，据不完全统计，商业城12个专业市场共有总经销、总代理品牌1000余个，自创品牌130多个。商业城年销售额5000万元以上经营户200余家，年销售额1亿元以上的50余家。

在大量实力企业和经营户的支撑下，如今的萧山商业城成为全国知名的大型综合性商贸城，连续获得浙江省重点培育市场、浙江省重点流通企业、中国品牌市场基地、全国十大综合商品交易市场第一名、中国商品综合类百强市场、中国商品交易市场百强、中国十强品牌市场、中国优秀示范市场、中国商品市场百强等荣誉。

亲历者说：

萧山商业城飞跃式发展的根本原因就是品牌建设。当创牌成为一种共识，市场的品牌运作自然也能交出优异的答卷。

——现任萧山区域经济促进会会长章金顺

一场涅槃

克难攻坚，打造商业城创新之路

萧山商业城是外界公认的面向全国的“金名片”。然而，历经26年的风雨，商业城也遭遇过痛苦的发展瓶颈。“那时，一方面年代久远，造成商业城各项设施设备不足。另一方面，产权式市场使得‘管理难’状况愈演愈烈。”其突出表现是，商业城各市场营业房产权高度分化，私有产权占90%以上，且多为产权者与经营者分离，导致市场无法实施统一招商、统一出租、统一管理，甚至出现“二房东”现象，而现有法律法规对产权式市场管理却是一片空白，管理依据不足，管理手段缺乏，市场混乱不堪。

面对国内大多数专业市场都存在的顽疾，商业城先从完善制度下手，以契约化管理弥补产权式市场的管理弱化问题。

首先由商业城起草，萧山区政府修订下发《萧山商业城市场管理暂行规定》。该规定弥补产权式市场的管理空白，也明确政府管理部门、市场举办者、市场服务管理机构、市场营业房产权所有者以及市场经营者的权和责。

市场外景

在此基础上，市场制定《市场经营户日常行为规范实施细则》《国有房产管理条例》等，经过逐年不断地修订完善，现已形成商业城“五大制度体系”——《萧山商业城市场管理暂行规定》《商业城制度汇编》《3+X立体互廉网》《安全生产管理制度》《市场管理手册》，为产权式市场有序发展提供了制度保障。

与此同时，面对商业城因年代久远而出现的“先天不足、硬件不足、设施不足”，管理方特别提出“先天不足后天补、硬件不足软件补、设施不足管理补”的思路，时刻绷紧消防安全和管理这根弦。近十年，市场累计投入3500余万元，全面改造消防隐患，完成直属九大市场营业房区域的烟感、消防喷淋、电器线路、防火卷帘门等重大改造，同时建立治安消防监控中心、微型消防站，还通过抓软件管理，抓网络建设来减少隐患。2011年以来，商业城未发生过一起火警，并已实现连续十年无安全责任事故。

同样迎刃而解的，还有市场交通“两难”问题。一直以来，由于城区主要道路贯穿商业城，加上杭州火车南站扩容建设，商业城各市场内交通拥堵情况严重，城内道路处于超负荷状态，交通压力十分严峻。市场一方面深度挖潜停车资源，先后投入500多万元，新建生态停车场、扩建改建城内原有老旧停车场、改造商城中路慢车道、整合各道路停车泊位，共新增停车位530多个。2017年，为配合杭州火车南站开通，改造商城中路两侧非机动车道，规划设置108个道路停车位，极大地缓解了停车难问题。另一方面，市场还会同公安、城管、市场监管、运管等部门，开展专项整治，并将执法与引导并举。

此外，还一举打破商业城历来的停车“免费餐”，利用收费杠杆调节，引导经营户自备车停放到指定停车场、停车位，并给予办理优惠包月停车证，同时加强日常交通疏导和文明停车宣传，引导经营户将黄金地段停车位让给消费者，以缓解交通压力。

市场管理难题解决了，安全隐患处理了，停车难问题消除了，带动经营户发展的新思路落实了，发展迎来了新明天。

回首26年，商业城对市场多方面的求索、决断、坚持和成就，给人们带来了许多惊喜。面对发展道路上出现的诸多问题，市场从来都是积极应对，拓展思路，寻求长远，致力于探索一条适合商业城发展的创新之路。

一个人物

裘海洪：商业城现任“掌舵人”

萧山商业城党总支书记、商业城管委会主任、商业城开发总公司总经理裘海洪，1968年8月出生，杭州萧山人，中共党员。从2003年起，15个春夏秋冬，他把在其他同类市场中总结的管理经验进行提炼升华，融入萧山商业城的运行体系，力求规划出他心中最完美的“商城方案”。

老市场如何焕发新生机？作为商业城的“领头羊”，裘海洪带领管理团队不断探索发展道路。

俗话说，一年企业靠运气，十年企业靠经营，百年企业靠文化。在前期品牌立市、创新强市的基础上，2017年，裘海洪围绕“文化建设年”和“规范管理年”主题，创新提出“孝敬长辈，忠诚企业，感恩商城，奉献社会”的忠孝企业文化理念，并突出“文化引领、规范发展、安全稳定、转型升级”四大重点，实施企业文化建设、安全稳定建设、城市环境建设、市场品牌建设和铁军队伍建设。

让文化发挥基因的力量，延伸到市场发展的每一个细胞中，这是裘海洪想实现的市场管理模式。他成立企业文化建设领导小组，亲自担任组长，其他班子成员担任副组长，各科室、部门、市场以及工青妇群团负责人为小组成员，负责企业文化建设的规划、决策和指导。结合市场实际，制定《企业文化建设实施方案》，不断创新形式，丰富内容，逢节必过，月月有活动。其中的“忠孝”文化建设让每一名职工心有所感，继而同频共振。孝敬父母、关爱家人、家庭幸福和睦是事业成功的最基础单元，而企业的不断发展壮大、职工个人能力的不断提升和事业的蓬勃发展，又进一步为家庭幸福提供有力保障。

商业城体量庞大，业务繁忙，人员繁杂，市场管理与服务的矛盾在所难免，如何破解两者间的关系，实现相辅相成、相得益彰的效果？近年来，裘海洪从经营户的需求出发，将“疏堵结合”理念加入实体市场管理模式，在隐患整治、智慧管理等方面想出一系列妙招。

在各市场原有烟感喷淋等基础设施的基础上，市场引入新门海物联网消防管理平台，将各市场消防安全信息统一纳入平台监管，利用数据、视频等信息手段，促进火情预警及时推送、应急突发状况及时处理，实现商业城消防安全状况的全方位感知。此外，智慧式用电安全管理系统、夜间断电系统、纯净水器设备和智能蒸饭设施等服务型设备，正在向各大市场推广。特别是智能蒸饭设施，通过统一地点、统一规格、统一材料，集中帮助经营户解决就餐问题，同时保证大家的用电安全，得到经营户的一致好评。

多年来，裘海洪大力弘扬商城精神，坚定信心，开拓进取，为体现世界名城风貌的现代化国际城区作出了积极贡献，先后获得中国市场杰出人物、浙江省G20杭州峰会工作先进个人、萧山区无偿献血贡献奖、萧山区商务系统先锋党员等称号。五十而知天命，但裘海洪相信只要砥砺奋进，萧山商业城将会继续书写新辉煌。

一种贡献

“双百亿”市场的漩涡效应

经过26年的发展，萧山商业城形成较大规模的市场集群，制造出财富的漩涡效应。目前，商业城拥有建材、五金百货、副食品、江南百货、服装、粮油、床上用品市场以及民营企业开发的仓储、货运、商业城旧货和新世纪旧货市场共12大市场，手机通信设备销售和非机动车销售两条专业街。

同时，城外还拥有萧山生产资料市场，城内现有各类营业用房、办公房和商住房6000余间，经营户3000余家，从业人员和居民3万余人。商品年成交额自2007年开始突破200亿元。2017年实现商品成交额265亿元,创开业25年来的历史新高，充分发挥了萧山商贸产业的龙头作用。

商业城民兵训练

从城区到市场，商业城带动周边镇街的富裕，从前店后厂的制造业、餐饮业、旅馆住宿业、美容美发业、仓库网点到物流配送等异军突起，还孵化一支商家精英团队赴海内外营商。

建城26年来，在萧山区委、区政府的领导下，在区市场监管局、区商务局、区城投集团和各有关部门的支持下，商业城由小到大，逐步繁荣兴旺，解决了3万多人的就业问题，实现商品交易额累计2400多亿元，上缴国地税十多亿元，获得显著的经济效益和社会效益，并持续保持稳定运行，不断在搞活流通、涵养税源、促进就业、振兴一方经济等方面作出积极贡献。

文：于倩

杭州农副产品物流中心
全省最大的“菜篮子”和“米袋子”

“这里是农副产品的天下，这里有天下的农副产品”，这是杭州农副产品物流中心的广告语，也是杭州农副产品物流中心的真实写照。

2011年、2013年，杭州农副产品物流中心位列全国百强市场农副产品类第一。2015年，荣获全国农产品批发市场综合类十强。还被授予浙江省十大转型示范市场,被命名为杭州市第一批现代服务业重点类集聚区、第十五批农业部定点市场、省级农业龙头企业，成功入选浙江省首批现代服务业集聚示范区。2017年，中心共实现交易额400.3亿元、交易量442万吨。

这个庞大数据意味着，每一天，中心蔬菜交易量达4000吨，果品交易量1500吨，肉品交易量4000头，水产交易量1000吨，粮油交易量2200吨；每一天，5万辆大小车辆进出物流中心，10万人往来穿梭于市场……改革开放40周年，全省最大的“菜篮子”和“米袋子”呈现出一片繁荣景象。

杭州农副产品物流中心

一个契机

浙北崛起一座超级市场

杭州市武林广场沿环城北路走上塘高架，一路往北，十多分钟就到南庄兜(杭宁高速收费站)，东西两边就是杭州农副产品物流中心所在地。很多杭城市民，平时也喜欢去这里淘农副产品，因为水果、蔬菜、水产新鲜，价格比一般市场实惠。

以农副产品交易、加工、仓储、配套为主要功能，杭州农副产品物流中心是全国地区规模最大、品种最齐全的农副产品交易市场之一。绿树成荫，街道整洁，交通有序，一座座现代化风格的建筑矗立。走进城北这片区域，不熟悉的人绝不会把它与传统的农副产品联系在一起。

据悉，杭州农副产品物流中心从一片农田崛起为一座巨大的农副产品航母，也就是最近10年的事情。从2002年下半年提出规划设想，规划总用地面积402.9公顷，规划建设用地271公顷（4065亩）。按照“一次规划、三期建设、六年建成”目标，建设初期，中心通过“走出去、引进来”方式，对日韩等一流的农产品市场进行考察，并聘请浙江大学物流研究中心相关教授作为物流顾问，分阶段编制完成《杭州农副产品物流中心控制性详细规划》

《杭州农副产品物流中心方案设计》《杭州农副产品物流中心公共环境景观规划》3个总体规划以及交通、环保、防洪、水土保持等专项设计。

2003年5月，杭州市政府正式批复并成立项目建设协调小组。2003年9月，由省、市、区三级组建项目开发公司，进行实质性操作。2006年，动工建设。2008年4月28日，举办开园典礼，正式对外开园。

中心主要有4大功能区、9个专业区块。其中，4大功能区指交易、加工、仓储、配套功能区，9个专业区块指粮油综合区，水产、肉类、蔬菜、水果、副食品交易区，物流配送区，商务区，公共配套区。同时，建成水路运河码头、铁路专用线，公路则形成“四进三出”的交通网络。

因为体量规模的恢宏博大，市场一开业就受到极大关注。据介绍，杭州人餐桌上的食物70%以上从这里中转，兰州的包菜、山东的芋艿、淮阴的辣椒、海南的南瓜、舟山的海鲜……源源不断地从全国各地来到这里，又从这里走向四方，“这里是农副产品的天下，这里有天下的农副产品”的广告语十分贴切。

一份职责

保供应、平物价，以“强管理”稳住城市“大后方”

自杭州农副产品物流中心诞生的第一天，保供应和平物价就是市场的第一要务。多年以来，特别是2015年以来，杭州农副物流中心管委会“一套班子，三块牌子”（杭州良渚新城管委会、杭州农副物流中心管委会与良渚街道合署办公），以强有效的管理履行市场保供应、平物价之责。

据介绍，管委会下设市场管理处，负责构建和完善食品质量安全追溯机制及监测体系，牵头负责食品安全准入、监督管理工作；负责各类创建活动及社会事务管理与服务工作；承担园区内的社会维稳、安全生产、综合治理工作，参与园区内的环境保护、文物保护和资源保护等工作；组织协调财政、国土、市场监管、城管执法等有关部门设在物流园区内的派出机构和派驻人员工作；对园区内的企业（业主）实行“一站式”服务和“门口式”管理。同时，建立联防大队，下设治安、交通、市监、城管4个中队。至目前，已有市场监管所、公安、交通、城管、环保、消防、动植物检验检疫、国税、地税、卫生等10个职能部门入驻。

市场检测

自成立之初，管委会就与园区九大主要市场建立信息对接制度，由专人负责，及时掌握农产品、粮油的日常供应和物价情况，发现供应不足和物价较大波动情况，立即与市场对接，研究对策，确保主要农产品和物价稳定。

在冰雪、台风等恶劣天气期间，管委会总是在第一时间由主要领导带队，提前走访市场，了解市场运行情况，对可能发生的农产品供应不足以及物价波动情况，制定相关预案，并上报有关市场主管部门，同时积极协助市场联系相关产地，及时调配货物，确保极端恶劣天气主要农产品供应充足，确保物价相对稳定，保证“米袋子”和“菜篮子”的正常运转。

杭州农副物流中心有九大专业市场，服务市场的外来人口众多，人员素质参差不齐，情况比较复杂。管委会采用“点、线、面”相结合的方式，着力推进园区管理。“点”即园区内布置有150个监控点位和10个治安岗亭，可以做到对内部交通等状况进行实时监控，发现问题，及时处理。“线”即创新工作机制，建立“三位一体”的联管模式。整合治安、交警、城管执法、市场监管等部门资源，狠抓园区控违、拆违、治安和交通管理等工作，逐步形成“部门联动、统一指挥、分片包干、现场管控、归口管理”的社会治理局面，做到联巡联防。“面”即组织安排人员进行24小时不间断工作，寓服务于管理之中。

与此同时，管委会通过星级创建和标准化创建，提高市场管理能力和服务水平。目前，中心共有星级市场9个，其中粮油批发交易市场、果品批发市场是省内唯一的2家四星级农批市场，填补了全省农批市场无四星级市场的空白，在全省起到示范和引领的作用。同时，积极探索“创星”长效管理机制，逐步从低星级向高星级市场创建。此外，中心通过一年时间，建立起全面完善管理与服务规范体系，搭建起由服务通用基础标准体系、服务保障标准体系、服务提供标准三大子体系组成的标准体系。通过星级市场和标准化的创建，不仅起到规范市场内部经营管理、优化交通组织、改善卫生状况和市场秩序的作用，还大大提升物流中心的整体形象。

一个承诺

多措并举“连环扣”，食品安全是首要责任

千重要万重要，食品安全最重要。作为城市食品安全的第一关口，杭州农副产品物流中心多措并举，锁紧“安全扣”，从经营户准入、农残检测到追溯体系的建立，章法有序，对食品安全问题大念“紧箍咒”。

中心制定的四方责任清单明确，“农副物流管委会对9大市场负有属地管理职责、市场举办方负有主体责任、经营户负有日常管理责任、职能部门负有监管责任”。目前已根据职责内容，统一制作公示牌，安装在各大市场内醒目位置，并通过中心微信公众平台进行公示。

思想决定行动，指导行动。为让市场从业者从思想上重视食品安全，中心联合市场监管所开展食品经营始业教育培训，并集中考试，考试90分视为合格，不合格者需参加下期培训并考试，直至考试通过。自开展以来，已举办34期培训，2000余人次。通过学习，从业人员从申领食品流通许可证开始便了解如何确保食品安全，从而把住进货关，坚决杜绝三无产品流入市场。

中心积极开展农产品质量安全追溯管理。从2009年8月1日起，全面启动蔬菜全检全测工作，至今共检测蔬菜3609842批次，其中不合格蔬菜2974批次、销毁1505吨，合格率达99.92%。在实行蔬菜全检全测的基础上，每天再对进入市场的蔬菜进行随机抽检150批次。对检测不合格的蔬菜及时进行追溯，并做好抽检信息汇总与记录。

从 2009 年 8 月开始，全面启动蔬菜全检全测工作

落实“三全”制度。对进入市场交易的经营户须登记基本情况，出示蔬菜产地相关证明文件，并与市场签署《蔬菜安全卫生质量责任告知承诺书》后，统一发放杭州市肉类蔬菜流通服务IC卡。按照“客菜凭检测合格证进行交易、基地菜凭抽样检测单进场交易”要求，做到“全记录、全检测、全供票”。

执行黑名单制度。对使用禁用农药或一个月内连续三次定量不合格的菜农，收回其流通服务卡，并取消该经营户的交易资格。对检测不合格的蔬菜，及时移交市场监管等执法部门，进行销毁。

落实质量安全倒逼机制。对不合格客菜，以告知函形式告知当地农业局，督促其抓好产地农产品质量；对不合格地菜，及时通知农业局等部门，督促其加大蔬菜基地监管力度。

以信息化建设为平台，做好肉类蔬菜追溯体系建设。作为商务部肉类蔬菜追溯体系建设全国十大试点之一，物流中心成立肉类蔬菜追溯体系建设工作领导小组，有计划、有步骤地推进肉类蔬菜追溯体系建设。通过应用软件升级实现与杭州市贸易局城市平台数据对接。同时，强化监督管理，切实做好“肉类蔬菜流通服务卡”管理、索票索证、查验出场商品等各项工作，真正实现货物来源可追溯、去向可查证、责任可追究。

与此同时，市场坚持“疏堵结合、长效治理”，一方面划定港虹西路和打石漾路部分区块为临时交易区块，规范场外交易行为；另一方面，严格规定除临时交易区块外，其余路段一律不得进行交易。联合交通、治安、城管、市场监管所等多个部门，开展常态化整治。

以食品安全整治为契机，加大食品安全工作打击力度。在专项整治中，有效整治豆芽菜、假冒牛羊肉、病死甲鱼、注水牛肉、三无副食品等多起百姓关注的食品安全事件。

严格有序的管理，保证市场食品安全度，同时也促进市场的发展。杭州农副物流中心致力于打造以冷链物流为方向的现代农副物流产业集群，至2020年年末，预计9大专业市场交易额将达到600亿元；交易量650万吨；财政总收入达5亿元，地方财政收入达3.5亿元。

一种贡献

杭州市民保供应和平物价基地

杭州农副产品物流中心拥有肉类、果品、蔬菜、水产、副食品、粮油、冷冻品、三农配送中心等9大专业市场，以及1个正北货运市场。2017年，共实现交易额400.3亿元、交易量442万吨。中心蔬菜交易量达4000吨/天，果品交易量达1500吨/天，肉品交易量达4000头/天，水产交易量达1000吨/天，粮油交易量达2200吨/天。实现财政总收入达3.88亿元，实现地方财政收入1.61亿元，经常性财政收入1.7亿元，是杭州市民保供应和平物价的基地。

杭州农副产品物流中心不仅是全省最大的“菜篮子”和“米袋子”，也是创造富裕的“钱袋子”。因为集聚效应，市场成为很多独角兽企业的诞生地。如鲜丰水果韩树人就是从物流中心起家，如今已拥有1100多家全国门店、近300个全球合作种植基地以及7个共50000多平方米冷链物流基地。又如，另一独角兽企业正北物流，依托

正北货运市场

物流中心，近年来在杭城大体上与传化物流、石大线物流呈三足鼎立之势，其“无车承运”也被交通运输部列入首批项目试点单位。

致敬改革开放40周年，杭州农副产品物流中心在新时代以保供应、平物价为准绳，还将不断开拓创新，将全省最大的“菜篮子”和“米袋子”打造得更加富饶瑰丽！

文：于倩

浙江建华市场
以商户自称"建华人"为荣

沐浴着改革开放的春风而发展壮大，建华市场是由浙江建华集团有限公司投资创办的一家综合性专业市场，占地100余亩，建筑面积10万平方米，拥有商铺2000余间，经营户近千家。主要经营：五金机电、消防器材、油漆化工、卫浴瓷砖、地板门业、电器灯具、装饰板材等，涵盖几千个品牌上万种商品。销售范围除杭州地区外，覆盖上海、江苏、安徽、山西等地区，并辐射全国。2017年，市场年销售额突破122亿元，上缴税金1.67亿元。

想经营户所想，急经营户所急，喜经营户所喜，为经营户搭建平台，带领经营户开辟网上网下市场，引领经营户积极向上发展，建华市场的奥秘，尽在一句"以商户自称'建华人'为荣"中。

一个契机

优良服务奠定市场之基

2003年，随着杭州城市化建设的推进，拱墅区政府提出"拆二建三"的战

2004 年 11 月 5 日，建华五金机电市场正式开业

略目标。建华集团经过多方讨论论证，决定将集团总部区块原工业园区迁移到塘栖建华工业园区，将原有厂房进行改造，组建成浙江建华五金机电市场。

2004年7月，以批发为主的浙江建华五金机电市场开张试营业，共设四个交易区。这是建华集团继钱江服装小商品市场之后创办的第二个专业市场，市场管理团队的核心成员也是从钱江市场管理团队中抽调的骨干。

据当时的市场经营户评价，“这是一支管理经验丰富、认真负责、勇于开拓的队伍”。市场负责人许土根、现任市场总经理支小华等都属于抽调而来的“急先锋”。

由于当时大部分摊主是旧城改造、拆迁转移过来的老经营户，普遍缺乏组织观念，不服管理，我行我素，行为散漫。尤其是市场创办的第一年，经常有商户之间为了一笔生意起冲突，甚至升级到打架。这为管理带来难题,成为梗阻市场前行的“硬骨头”。

难题如何攻克？在从零开始成功经营钱江小商品市场的基础之上，许土根的方法是以柔克刚，与经营户打成一片。

“从市场开业的第一天起，各部门领导每天上班都要先‘逛一遍’市场，跟经营户‘唠唠嗑’，董事长更是带头做起。而这个‘习俗’也是从当时延续至今。”据支小华回忆，在许土根的带领之下，大家深入基层，走进商户，倾听广大经营户对市场管理提出的意见与建议，了解并帮助解决他们经营、生活中遇到的困难，为市场后续开展管理工作打下坚实基础。

“市场不单单是我们的，也是所有商户自己的，要解决起步难题，还是要靠市场全体商户和市场的共同努力。”在许土根的建议下，市场还成立了个体劳动者协会，由商户中的骨干来担任副会长，同时成立治保和义务消防队，让商户共同经营并珍惜这一片天地。通过一段时间的上下联动，经营户和市场之间越来越团结，心往一处想，劲往一处使，整个市场稳定了。

有了商户的配合，进一步提出服务式市场管理的更高要求。要求管理者要关心、爱护、激励市场每一位商户。比如，新商户正式进入市场，市场的相关部门就会主动联系帮助办理、解决相关的入场事宜。而且市场将提供代办、注销个体/公司营业执照和相关事务所合作提供代理记账、法律咨询等服务，免去经营户东奔西走之苦。每年年终，市场还会举行先进商户和先进纳税大户表彰大会，鼓励大家学习先进，树立正能量形象。

在大家共同努力下，市场知名度不断扩大，很快成为杭城最大的五金机电批发市场之一。

亲历者说：

从钱江服装小商品市场到建华市场，当时的市场创建团队也就两三人，所有工作事无巨细，都是我们一手落实的。最大的感触是要设身处地地为经营户着想。我们服务经营户，从来不只局限于市场事务。为了让他们安心经营，我们早就未雨绸缪，与当地学校、社区交流沟通，为经营户孩子解决就近上学的问题，解决新入驻经营户的住宿问题等。经营户的事就是市场的事，正是这样家人般的悉心付出，才赢得经营户们真心实意的支持。

——浙江建华五金机电市场总经理支小华

一次飞跃

互联网之花在市场绽放

杭州是中国电子商务发展的起源地，也是中国互联网之都。如今，各类互联网公司在这片土地上百花齐放、百家争鸣。若是时间轴往前移十年，2005年，举世闻名的马云刚刚踏出胜利的第一步，阿里巴巴开拓市场时还被不少人认定是骗子，市场经营户们甚至从未听说过电子商务。不过，建华市场的管理层却已经前瞻性地意识到，网络经济将迎来巨大的发展机遇，并且第一时间就开始布下互联网经济的棋局。

“我们有几百户经营户，上万种商品，这就是一种资源！”许土根带领建华市场把握机遇，充分利用这一资源，在2005年率先全国同类市场成立机电在线。在市场推动下，市场经营户由此纷纷升级，成为机电在线的第一批网商。

不过，要让原本文化水平普遍不高又十分精明实干的经营户“触网”，

2010 年 3 月 28 日，建华装饰材料市场盛世启航

可不那么容易。支小华打趣说，“他们可不管什么B2B、B2C，只要能赚钱，才有学习的动力”。

市场决定对症下药。机电在线成立初期，对经营户实行免费会员制，并给予全面的技术指导。市场专门聘请工作人员，手把手教经营户“触电”，怎么发布编辑商品信息，怎么跟客户交流等，投入大量人力物力财力，以期塑造出一个个电商大咖。

刚开始，大部分经营户热情不高，直到开始陆陆续续收到全国各地的咨询信息时，他们的想法终于改变了。他们相互之间开始互相学习，交流经验，也会主动向网站咨询一些其他业务，拓展新的平台。

在机电在线“触网”并品尝到网上网下两条腿走路的乐趣、熟识互联网的“水性”后，现在许多市场经营户开始在网上广开销售渠道。除了是机电在线的会员，他们还积极进驻京东、天猫、淘宝等国内一线网上交易平台，在网上玩得风生水起。

而机电在线也从当初那个名不见经传、小打小闹的小平台，发展成为中国领先的电子商务平台，面向全国提供全面的五金、机电行业资讯、供应求购信息等，目前拥有会员商家几十万人。2017年，建华市场被中国社会科学院财经战略研究院授予“网上网下融合型市场30强”称号。

亲历者说：

有句网络流行语说，所谓岁月静好，是有人替你负重前行。电子商务是个烧钱买卖，市场管理团队超前引领经营户“触网”，一路走来并不容易。外界只看到我们的市场经营户一个个在信息高速公路上狂奔，实际上市场一直以大量资金支持经营户发展网络经济。十年投入，直到近几年，才收支平衡，迎来飞跃。正因为我们跑在前头，早早开始网上网下比翼齐飞，我们才没有成为被网络经济秒杀的“实体经济”。

——浙江建华五金机电市场总经理支小华

一场涅槃

品牌经营构建竞争力市场

15年的市场，不管从什么角度看，都是一个老市场。在杭州这样一个飞速发展、日新月异的大都市，走过悠悠时光的建华市场在寸土寸金的市区，总体显得有些老旧失色。

趁着杭州市政府在2007年提出专业市场提升改造工作要求的春风，建华市场进行重新设计、重新装饰。2009年，建华市场完成全部提升改造工程。

鉴于市场周边将有大量回迁房、商品房陆续交付，市场顺势开辟第五交易区——装饰材料区。装饰材料区以商场模式规划，整体布局更为整洁大气，旨在打造家居建材“一站式”购物。实践证明，这是一招顺应市场形势的妙招，装饰材料区成为市场内最热闹的区块，也带火其他区块。

2010年后，经济增速放缓，五金机电行业受房地产不景气影响，整个行业形势严峻。一个突出事件是因为产能过剩，有经营户销售一吨钢材只赚一个鸡蛋的钱。市场及经营户都亟须寻求新的经济增长点。

随着人民生活水平不断提高，消费者的观念也在不断改变。大家对产品的要求逐步从“价低”变成“品质”。随着国家层面适时提出供给侧改革，市场也提出淘汰落后产能、避免同质化等发展思路。据此，市场又一次站在整个行业的前端。

为了鼓励经营户提升产品品质，引导经营户提高服务质量和产品质量，从而增强自身竞争力，2010年起，市场开始评选“优质品牌店”“诚信品牌形象店”，并且设立品牌扶持基金，经营户取得国内外知名品牌总代理、总经销权，可享受租金优惠。在市场一系列政策刺激下，正泰、鸿雁、西蒙、德力西、九牧、诺贝尔、法恩莎、科勒、TOTO、美标、兔宝宝、千年舟、森鹿、东鹏、冠珠、马可波罗等一大批知名品牌纷纷入驻。

除了鼓励引进知名品牌，市场根据经营户实际经营状况调整经营策略。在行业低迷期，为了让经营户更安心地经营，市场在2012年主动提出“五年不涨租金”的承诺，与经营户共渡难关。在其他同类市场摊位出租率不理想的情况下，建华市场出租率依然保持100%！

与此同时，建华集团以建华市场作为担保方，在建华市场率先组建小额贷款公司。“这是一家面向全社会的小额贷款公司，但对市场经营户实行特殊照顾，比如利率9折，贷款资金当天到账，为市场经营户的资金周转提供大大的便利。”据介绍，以专业市场作为担保方组建小额贷款公司，在杭州还是第一家。

亲历者说:

社会发展不会一成不变，市场经营也如逆水行舟，不进则退。提升市场竞争力，商户是主体，品牌化、品质化才是市场发展的黄金大道。继发展互联网经济引领行业发展，淘汰落后产能，拒绝低价竞争，积极进行供给侧改革，建华市场又一次站在整个行业的前端。

——浙江建华五金机电市场董事长许土根

一个人物

许土根：践行共产党员的奉献精神

许土根，杭州人，中共党员，现任浙江建华集团有限公司常务副总经理、浙江建华五金机电市场董事长、杭州建华装饰材料市场董事长、杭州水晶城购物中心有限公司董事长、浙江建华文创集团董事长。

到建华市场之前，许土根曾担任浙江钱江服装小商品市场董事长14年。1997年，钱江服装小商品市场开业，但两个月后依然人气惨淡，市场一半以上摊位空置，一个商户管几个摊位，原本年租金8500元的摊位，600元都没人要。也就在那时，他临危受命，走马上任。

在他身上，除了拥有党员不畏艰辛、开拓创新的精神，还拥有军人雷厉风行、严于律己的作风。通过一周时间，调研杭州几个大市场，之后重新调整市场管理人员，与商户促膝谈心，帮助商户解决大量实际困难，包括商户的住房问题、子女上学问题等，贴心举措取得大部分商户的信任，稳住当时无序经营的局面。到第二年，钱江服装小商品市场摊位全部爆满。更让人惊喜的是，这年的春节前，整个市场各摊位里的商品全部售空。“钱江潮水甲天下，要赶新潮到钱江。”“到钱江市场淘宝去。”钱江市场开始风生水起。

建华五金机电市场是许土根管理的第二个市场。在新的岗位上，许土根从零起步，开启新征程。在他的带领下，五金机电市场成交额每年都稳中有升。2011年税收破亿元；2016年成交额破百亿元。一个个耀眼的数据，一项项可喜的成就，见证了建华市场不断的成长和蜕变。

许土根表示，“从我带了3个同志去创办浙江钱江服装小商品市场开始，到现在市场的近400名员工，从一个初级市场开始，到几个完整的现代市场，多少风霜雪雨，我没有退缩过。从参加工作起，因为我是一名党员，得到重视和培养，我永远不会忘记‘责任’二字”。

工作中，他是一个认真、有时看上去又有些严肃的掌门人。但熟悉他的人都知道，生活中他是一位热心的长者。他曾经担任残奥会火炬手，商户、

2017 建华全景图

员工、村民遇到问题总找他帮忙。市场之外，他也是社会公益热心人，公益平台经常能接到他的捐款。

先富带动后富，他还带动商户一起反哺社会。2008年汶川大地震、2010年玉树大地震，市场均在第一时间组织捐款，员工、商户主动参与。孩子是祖国未来的希望。这些年来，市场与贫困学生“帮扶结对”、给学校捐赠书籍、与龙泉市民族学校设立贫困学生资助基金，希望他们可以通过自己的努力改变命运，回馈社会。

从浙江钱江服装小商品市场、浙江建华五金机电市场、杭州建华装饰材料市场到杭州水晶城购物中心，再到浙江建华文创集团，改革开放40周年，许土根一路走来，本着一颗真诚的心，付出的是一生辛苦，担负着一份责任，成就了一片辉煌。“以商户自称‘建华人’为荣！”他所创办的一个又一个的成功市场，都将被人们铭记。

一种贡献

逆势飞扬的“建华”

浙江建华五金机电市场创建于2004年7月，杭州建华装饰材料市场于2010年3月正式营业，两者统称为“建华市场”。市场总占地面积100余亩，建筑面积10万平方米，拥有商铺2000余间，经营户达1000余家，解决了几千人的就业问题。2017年，因国家政策调整，加上整体经济下行，形势非常严峻，但建华市场逆势飞扬，全年销售额突破122亿元，上缴税金1.67亿元。15年间，获得了省、市、区多项荣誉：浙江省三星级文明规范市场、网上网下融合市场30强、杭州市消费者信得过单位、杭州市工人先锋号、优秀商贸旅游企业、安全生产工作先进单位……

文：于倩

杭州意法服饰城
让杭产女装风靡世界

秋日的阳光把成片的草甸染成金黄，川流不息的人流车流给丰收的市场增添了一份成熟的气息。它从杭州市郊的常青村起步，经历过无人问津的艰辛和坎坷，更经受过产权分割的混乱和阵痛，在改革开放的春风里，在不可磨灭的创新精神中，它插上腾飞之翼，从意法服饰城到意法“双子星”，不断发展、壮大的意法商业集团让杭产女装风靡全世界。

一个契机
以“意法”之名，向意大利、法国国际“时尚之都”看齐

20世纪90年代末到21世纪初，受改革开放政策性的启示以及浙江各地专业市场遍地开花的鼓舞，杭城东郊的常青村成立杭州常青股份经济合作社，

并自行集资，筹建诸多综合性市场，其中一座是临近杭海路解放东路交叉口的杭州四季青副食品市场。

对当初的副食品行业来讲，无论是行业前景，还是盈利方面，都明显不及服装行业，尤其是当时杭海路几家服装批发市场的生意已初具规模。因此，合作社的领导们看中这一契机，果断决定改建市场，转换业态。

“说是改建，其实是推倒重来。”据杭州意法原创女装大厦总经理、杭州意法服饰城副总经理郭福荣回忆，当时把常青经济合作社的办公大楼、常青彩印包装厂以及四季青副食品市场三家单位的建筑全部拆除，投入2.2亿元，创建杭州常青意法服饰批发市场。市场地下1层、地面8层，占地面积1万平方米，总建筑面积达8万平方米。经过紧锣密鼓的筹建，2002年9月28日，市场隆重开张试营业。

当时，谁也想不到，一座足以奠定杭产女装地位的专业市场由此开启市场经济的新征程。

意法轻纺城

YFBF7 意法原创时装音乐节走秀

亲历者说：

为什么叫“意法”？服装行业本身是非常时尚的，而意大利、法国则是国际时尚之都。中国为什么不能是国际时尚之都？！在市场成立之初，当时的市场管理者就对它寄予厚望，意欲要向意大利、法国等国际时尚之都看齐，故而将市场取名意法。

——杭州意法原创女装大厦总经理、杭州意法服饰城副总经理郭福荣

一场涅槃

专业的人做专业的事，力挽败局

现在网络上有一句调侃叫“理想很丰满，现实很骨感”，尽管市场创办之初，有着宏大愿景，但意法服饰城自试营业以来即进入阵痛期，艰辛与坎坷如影随形。

“那时，大家对‘市场经济’这种新鲜事物都还陌生，对市场管理更是

摸着石头过河，毫无经验。”由于没有很好的业态定位，加上很多商户都奔着投资回本的心态，没有把经营重心放到服装城来，导致市场人气匮乏，生意冷清。最终，商户爆发群体上访，要求退租、减租。商户和市场方严重对峙，最后落得两败俱伤。

郭福荣对其中一场上访印象极为深刻。那是在开业第二年的2003年1月份，当时商户派代表和市场领导谈判，谈至深夜，最终以市场方退租50%、延长半年租期的代价收场。“当时的双方并不是围绕如何繁荣市场来进行沟通，而是要求一味减租、退租，结局可想而知。”

在服饰城初成立的市场动荡期，针对市场现状，常青股份经济合作社也曾几次更换市场主要负责人、调整市场业态，如引进建立牛仔区、鞋区、广货、韩版区、裤业区、自产自销区等，但最终都因没能形成市场竞争优势而告终。

2008年是市场历史上的重要转折点。这一年，通过常青集团党委及意法服饰城当时领导班子的集体讨论，作出一个重大决定：突破现有的管理体制，寻求懂经营、善管理的专业人才，共同经营管理市场。经反复协商、论证，以徐斌（现任意法商业集团董事长）为首的管理团队进驻市场。

徐斌长期专业化运营市场，在国内市场界赫赫有名。受委托对意法实行全盘的商业管理，足以影响今后“中国服装第一街”市场特色街区格局的意法服饰城终于开启发展新篇章。

名不正则言不顺，作为专营市场人才，徐斌进驻市场的第一件事就是更名。2009年1月1日，“杭州常青意法服饰批发市场”更名为响亮大气的“意法服饰城”！第二件事是确立市场定位，将原有部分自产自销女装作为今后唯一的经营业态。

“之所以选择本地自产自销女装，这是因为杭州的女装产业是有文化渊源的，也就是说有着深厚的产业基础，尤其是近在咫尺的绍兴轻纺城、四季青面料市场以及盘踞在整条杭海路上众多的服装加工企业，再加上杭州女装在全国的知名度，都形成意法天然不可多得的资源。”于是，意法一改当初“什么都做却什么都不好”的业态混乱局面。

“以前很多商户和管理者都把自产自销女装称作‘地产货’，既难听，又无档次，也分不清具体产地。”徐斌团队经头脑风暴，为自产自销杭州女装命名为“杭产女装”，既朗朗上口、过目不忘，又突出地域特色，区别于全国其他地产女装。经过专业团队的宣传运作，“杭产女装”声名鹊起。

方向正确、目标明了，紧接着是提升“杭产女装”的市场形象。“其实，自从2009年新的团队成立后，每年都有楼层区域的改造施工，不但对内改造，同时也彻底改造提升市场外立面，对市场内消防设施设备则重点改造，总投入资金几千万元。”鲜为人知的是，外人只知意法今非昔比，实际也是顶着压力。

“因为部分楼层大通道要改造，部分商户要配合整顿影响生意，多番动员无效，曾发生过冲突，甚至上访。”“我们只有一再悉心解释，寻求理解，并反复保证，市场改造后一定能够繁荣起来。”“事实证明，我们的坚持是对的，现在的意法足以说明一切。在这里，也要同时感谢当初积极配合市场改造的那些商户，正因为有他们的支持与配合，市场的改造才得以顺利进行，才有意法的今天。”

2018 年城市探亲武汉站工作人员大合影

亲历者说：

硬件提升了，意法就有了选择商户的主动权。接下来，意法着力进行优质商户的引进，并淘汰不符合业态及不善于经营的商户。一方面积极引进优质自产自销商户，另一方面积极动员经营不善或不做女装生意的原摊主出租转让摊位，同时严把转租转让关。高标准、严要求以及高效的转化率，为意法发展打下坚实基础。

——杭州意法原创女装大厦总经理、杭州意法服饰城副总经理郭福荣

一次飞跃

拥抱市场变迁，意法饮誉全国

以徐斌董事长为首的管理团队，是一支勇于自我革新的专业化市场运营队伍。新团队成立后，市场推出各种营销举措，其中一项代表性活动是每年举办杭产女装意法交流会。该交流会从2011年至今，已连续举办七届，利用展会形式吸引客源，扩大知名度，办出水平，办出特色，将原先默默无闻的意法推向全国。

除了将客户“请进来”，意法还积极“走出去”。2014年起，意法组织优秀商户代表携下一季秋冬美衣，走进各地二级批发市场集群，郑州站、哈尔滨站、宁波站、重庆站、株洲站、北京站、西安站、成都站、济南站、南昌站、武汉站、沈阳站、石家庄站，均留下他们的脚印。与当地友好市场的管理层、商户搭建起沟通交流、看样订货的平台，还与各地设计师协会、服装院校、各大主流媒体全方位合作，共促杭产女装发展，助推服装行业转型升级。

在鲜有服装市场办全国性活动的时期，一家在屡次失败打击之下重新起步的市场，不畏艰险，花费大量财力、物力、人力，接连举办大型活动，充分说明其掌舵者的胆魄与战略眼光。“杭产女装、一手货源、辐射全国”，整合杭州女装厂家资源，拓展全国服装批发渠道，意法商户在打包袋上印制特定文字，每天源源不断涌向各地。精准的广告定位，独特的营销手段，使意法在短短几年便饮誉大江南北，市场火速升温。

在实体批发得到巩固与发展的同时，2011年，意法运营团队又发现一个重要商机，那就是网络分销渠道。由于电子商务、淘宝、天猫等销售平台逐渐开始普及，意法运营团队断定，电商只是分销渠道变了，对货源的需求仍在，这对“自产自销”的意法是一件好事。

于是，意法二楼开始试点实施“网实融合直销”的新型业态。当各地还在探讨专业市场如何应对电商冲击时，意法的网络分销已走在行业前端。为此，意法二楼也成为多年来众多服装批发市场同行及政府相关领导的考察重点。

亲历者说：

如今，随着时代的发展，电子商务已被“新零售”概念取代，电商的热浪逐渐褪去，伴随千禧一代的成长，女装的消费理念与方式方法已悄然改变，这决定服装产业实体经济的复苏，开始趋向年轻化和个性化。作为意法新型业态的标杆楼层，2018年，意法二楼又向着“YOUNG FASHION快时尚采批区”的方向快速调整，以“年轻态度、买手集结”的新姿态拥抱变化，跨出全新步伐，希望打造全国女装新标杆。

——杭州意法原创女装大厦总经理、杭州意法服饰城副总经理郭福荣

一个人物

徐斌：从意法起步，追求卓越

徐斌，1965年生人，籍贯温州。

2008年，是一个特殊年份，徐斌带着他的团队与意法结下不解之缘。整整十个春秋，徐斌每年都在意法推出新的管理措施：中层管理人员竞聘制、末位淘汰制、市场商户的末位淘汰制、四季经营考核制等。尤其是《仿版管理条例》的出台，在业内更具划时代的意义。意法是典型的自主品牌、自产自销经营模式，严格处理商户间仿版，既保护市场秩序，也是对创新者劳动成果的护佑和激励。

高效管理促进意法的高速发展，从一个杂货市场变身为厂家品牌集群市

场。截至目前，意法已有600多家品牌注册成功（R），另有几百家正在注册审核中（TM），总品牌达1500多个，名列杭海路各服装市场的前茅。目前，意法杭产女装的销售面已辐射全国各大专业批发市场、商场和超市，而网络分销渠道更是遍布全国城乡。

意法的崛起，得到上级有关部门的表彰与认可。从2009年至今，意法先后获得杭产女装中心基地、中国品牌市场、全国优秀示范市场、全国诚心经营示范市场、中国市场年度先进管理机构、中国纺织工业联合会流通分会理事单位、四星级文明规范市场、电子商务示范市场等称号。

随着众多荣誉纷至沓来，意法的品牌知名度、意法摊位的价值以及意法的生意都在大幅提升。在意法初开业几年，年租金仅几千元，很多黄金摊位却被弃之如敝屣，当作仓库使用。十年后的今天，商户想进入意法经营必须过五关斩六将，经营能力、经济实力通通要经过考核，已有天壤之别。

意法的成功运营，令徐斌董事长的管理团队声名在外。除了意法，团队还成功运营杭州中洲女装城、杭州新中洲女装城、杭州自由港服饰城、杭州意法鞋城等多座专业批发市场，依托科学的管理方法以及丰富的管理经验，各市场均在业内享有极高的知名度和美誉度。

在此基础之上，2017年，团队正式组建更名为意法商业集团，成为致力于市场营运与管理的商业公司，一支正能量、专业化、科学化、规范化、高效能的精英管理团队由此诞生。徐斌董事长表示，公司将以强有力的团队执行力，以“标准、细致、效率、协作、创新”的工作作风，始终围绕“服务至上、高效专业”的管理理念，贯彻落实集团“以商户优先”的服务宗旨，确保统一化、高效益地完成日常运作和管理工作，保障各个市场正常运营，为商户创造更大的商业价值，同时满足客户更优的采购消费体验。

一种贡献

深耕原创女装，意法“双子星”强势崛起

随着意法商业集团业务规模的不断扩张壮大，集团持续秉承“统一招聘、统一培训、统一输出”的原则，确保各项工作流程顺畅运行，集团理念绝不动摇。同时，大胆坚持从集团基层中培养人才、储备人才、选拔人才，建立长效的管理人才培养计划，让管理团队成为一支充满活力、专业多能的新生主力军，造就集团品牌的规范化、规模化发展。

针对传统批发市场的现状，意法还与时俱进地运用移动互联网科技、云计算等科技手段，研发“意法OA+意法智慧通”，双管齐下，助力打造与时俱进的综合智慧市场。

意法OA是集团内部的数字化办公系统，员工可以通过电脑及手机端相结合的线上系统，实现日常工作流程，令市场的日常工作运行与管理趋向无纸化、智能化，让智慧、便捷、环保等优质条件助力意法向“智慧市场”转型升级。

意法智慧通主要针对市场管理开发设计，紧密连接市场工作人员与商户，将市场各类事项实现数字化的管理。目前，该系统已涵盖日常缴费、活动报名、延时申请、服装备案等多项功能。商户可通过意法智慧通APP实现线上缴费，无须窗口排队等候。市场活动第一时间获知，随时随地线上报名。各类事项办理，只需几步简单操作，审核进度实时查看。轻松便捷的操作，让商户办事更省心，让市场管理更高效，让批发市场实现数字化升级，全面打造“智慧市场”。

基于一系列市场成功运营基础，深耕服装全产业链16年，意法商业集团汇聚5000余家原创女装品牌的优势，缔造优质原创及设计师品牌创业平台，即投建杭州意法原创女装大厦、杭州意法轻纺城两大综合商业体，并于 2018年 8 月28日正式开业运营。

杭州意法原创女装大厦，由中国意法商业集团斥资15亿元倾力打造，坐落于杭州钱江新城与中国服装第一街核心交汇地，总建筑面积约6万平方米，涵盖快时尚、精工、品牌、设计师四大原创女装业态；打造以原创女装、品牌塑造为主导，集设计、研发、发布、展示、交易、物流、金融服务等全产

业链为一体的优质平台。为原创女装品牌和（独立）女装设计师开辟550席档口展厅，是对传统档口形式的升级换代，注重空间布局设计和硬件资源配置，更接轨国际女装界最前沿的展厅形式，一举奠定杭州原创女装高地的基调，未来将承接大量采购客流，成为杭州原创女装的新主场。

杭州意法轻纺城矗立于长三角枢纽中心，与杭海路上“中国服装第一街”无缝衔接。约18万平方米一站式综合体，涵盖面辅料专业市场、服装设计工作室、公寓、精品酒店和配套商业等业态，实现从设计、打版、采购、制衣全生态产业链。同时，拥有多维交通，毗邻杭海路、德胜快速路口、沪杭甬高速，邻地铁一号线客运中心站，与亚洲第一大枢纽杭州东站一路相连，半小时直达萧山机场，接驳沪杭高速。不光交通便捷，意法轻纺城也是物流集聚地、高效枢纽中心及繁华配套圈，它注定为杭州女装行业翻开一页新的篇章。

2018 年城市探亲株洲站秋冬发布

杭州意法原创女装大厦总经理、杭州意法服饰城副总经理郭福荣告诉记者：“随着意法服饰城的发展，意法“双子星”的投建、运营，16载的风雨与沉淀，2018年，意法商业集团这艘‘航母’重装升级、动力互补，向着服装全产业链进发。我们相信，只要有政府部门的正确领导与支持，市场方和广大商户的共同努力，意法的明天一定会更辉煌、更灿烂！”

文：于倩

意法荣誉墙（局部）

传化物流港
从自行车起步的“中国物流大脑”

传化智联是中国民营企业500强传化集团旗下A股上市公司，一个行业内极具创新价值的品牌。追溯其物流发展历程，从自行车、平板车到摩托车，从一辆货车、一个车队到组建一个储运公司，从一个货运市场到搭建一个公共物流平台，最终形成“智慧物流大脑”！

传奇历程所呈现的是传化人永不满足、闪耀着商业智慧的思考、探索与实践。

而杭州传化公路港作为传化智联探索运营成功的首个公路港城市物流中心，其发展历程可以说是传化物流史的缩影，也是改革开放40周年浙江民营企业家无中生有突破极限、创造市场的一大经典案例。

一个契机

“二八”自行车推出来的希望

作为省、区两级重点项目，同时也是传化智联全国母基地、传化智联浙

1986 年，徐传化“二八”自行车推出的物流路

北大区枢纽港，杭州传化公路港按照“高起点、上规模”的要求规划实施，成为在“形象、功能、技术、效益”等方面全面领先的样板旗舰港。

杭州传化公路港现建设有智慧物流创新中心、智能车源中心、区域分拨中心、零担仓储、货运班车总站、集客户服务、财税服务的服务中心、集工作生活休闲为一体的“司机之家”，主要提供园区管理、全方位客户业务支持，为港内外大型物流企业及工商制造业提供智能仓配服务、物流供应链解决方案，将打造成为集供应链区域指挥中枢、物流商贸一体化服务中心、人车货集散服务枢纽等三位于一体的城市物流中心。

如果要追根溯源，传化物流的发端要从一辆“二八”型自行车说起。

那是1986年冬天的一个清晨，杭州萧山宁围镇，年过半百的徐传化（传化集团董事长徐冠巨的父亲）用自行车驮着家中作坊生产出的第一批液体皂，走街串巷，沿街推销。一辆自行车最大的承载量是6桶液体皂，分装在3个石棉袋中，每袋2桶，车子两边各2桶，上面2桶。当时每天可卖出12桶，营业额100多元。很快，随着销路越打越开，销量也日益增加，自行车变成板车，板车换成了“三卡”（后三轮摩托），“三卡”改成拖拉机。

1988年9月，传统的自行车、拖拉机等交通工具已经无法满足迅速发展的传化，于是，当时徐传化花5万元买了一辆载重5吨的解放牌汽车，车牌号浙A·G2005。第一辆大卡车的购置改变业务营销方式，取代以往自行车、拖拉机带货推销，而物流设备上的升级换代，运输半径的增加，有效扩大了业务辐射范围。

基于这样的经验，传化相继购进一批车辆，组成一支车队，同时通过一系列的机制改革，开始吸引大量的社会车辆加盟。

1997年，传化将车队改组为杭州传化储运有限公司。人们不会忘记，当时一辆辆印有传化企业统一标识的车子，穿梭在萧绍平原上。尽管有了自己的车队，有时还不够用。有一次，传化请一个车队帮忙拉货，十多辆车到工厂后，要求提高运费，价格如果谈不拢，就不跑了，这让传化体会到找车的艰难。之后到周边一看，发现路边停着很多没货拉的车。这次事件对传化的刺激很大，“浙江块状经济这么发达，为什么不把零散的资源集聚起来呢？”

亲历者说：

要做成一件事，就要始终想着怎么把这件事做成功。在创业过程中，我一直有一种强烈的成就驱动，别人办得到的事情，我要办到，别人办不到的事情，我也要办到，不能因为一次失败、一次碰壁就放弃，而是想着怎么攻克难关，怎么达成目标，怎么更进一步。我始终鼓励公司员工要相信传化的能力，要着眼于未来，拥抱新变化，尝试新事物。

万物生发在于一个契机，浙商创市，一有阳光就灿烂，一遇雨露就发芽，紧紧抓住机遇，集供应链区域指挥中枢、物流商贸一体化服务中心、人车货集散服务枢纽等三位于一体的城市物流中心在此迈出第一步。

——传化集团创始人徐传化

一次飞跃

首个传化公路港诞生

通过在物流业界多年的摸爬滚打和储运公司改革的启发，传化人产生很多想法，交汇一处，一个兴建物流平台的项目构思就产生了。

自1999年起，传化开始关注、调查分析，积极谋划物流平台的建设。由徐冠巨（现任董事长）亲自组织带队去外地考察，并借鉴大量国外的发展经验，证实物流平台项目符合市场发展方向；同时，国家也出台了一些政策规划，鼓励物流业发展。

三年多的思考与求证，仅项目名称就变化三次，从萧山传化货运市场，到杭州传化货运市场，再到浙江传化物流基地。而每一次名称的变化，正是他们认识不断深化、对项目构思层层清晰的写照，并最终形成“六大中心”的功能格局。

最终，经过多方考证研究，并与行业专家、咨询公司等共同商讨，传化物流基地发展规划及运作方案得到确认，一个现代化物流平台的轮廓在传化人脑海中逐渐清晰起来。

2000年，传化提出打造“公路港物流模式”。那时，中国还没有很成型的物流概念，物流还只是运输和送货。2001年，传化申请注册浙江传化物流基地有限公司。2002年，隆隆的春雷声中，传化公路港全国首个项目——杭州传化公路港，在钱塘江南岸这片近600亩的土地上破土动工，开始物流行业公共物流平台建设运营的领跑之旅。

2003年4月18日，位于浙江萧山经济技术开发区、占地560亩、总投资数

2017 年 4 月，集团董事长徐冠巨向国家发展改革委副主任胡祖才介绍杭州传化公路港

亿元人民币、由传化集团倾心打造的浙江省首个现代化物流基地——传化物流基地举行隆重的开业典礼。

亲历者说:

当时我们提出物流平台设想的时候，布局提出包括信息管理中心、交易中心、仓储中心、运输中心、转运中心、配送中心等六大中心加一大配套服务设施，从而实现平台从无到有的转变，正式开启传化构建中国智能公路物流网络运营系统的领跑之旅。

——传化智联高级副总裁徐虎祥（2001年任浙江传化物流基地总经理）

一场涅槃

搭乘“数字传化网”打造生产性集聚服务平台

2016年，杭州传化公路港因城市规划发展要求，由钱江二桥萧山出口处搬迁至杭州大江东产业集聚区核心位置，从“新”启航。5月18日，在互联网劲风的吹拂之下，杭州传化公路港搭乘“数字传化网”，迎来新一轮升级与变革，传统的经营模式渐渐告别现今的舞台。

大环境迅速变化之下，传化并未落下脚步，在物流领域稳步发展，成立智能化中心、智能技术服务事业部、智能制造等IT部门。潜心研发之下，相继推出陆鲸、云载、云仓等多款平台软件，互联网、大数据、人工智能等信息技术快速发展，传化以分布全国的公路港城市物流中心为实体骨干基座，逐步建立起一个覆盖全国、互联互通的中国物流供应链服务平台——传化网。

杭州传化公路港也与时俱进，围绕业务转型，物流信息交易中心升级为智慧物流创新中心，为物流企业、客户提供智能信息交易、结算、电商仓储、企业孵化、支付等功能服务。园区管理不断升级，依托集团智能化信息平台传化网的不断升级与优化，推进智慧园区建设，实现智能管理，为客户提供低碳、环保、便捷的高效服务，提升客户服务体验。

与此同时，杭州传化公路港围绕不同类型货主、生产制造企业的供应链需求，通过智能系统来连接上游企业和下游解决方案资源库，提供差异化的物流供应链平台服务。利用大数据、传化网生态产品资源、金融服务，为大中小物流企业提供成长发展所需的共创、共享平台。

亲历者说

杭州传化公路港乃至浙北大区目前正在打造“一中心两链四张网”，即一多式联运中心，运力供应链与商品供应链，干线、城配、仓配、商品四张网，以服务当地特色经济为突破口，成为集团战略落地的示范基地。

——传化智联浙北大区总经理、杭州公路港董事长管青松

一种贡献

共织传化网，服务百万司机和企业

传化网不是一张普通的“网”：在城市物流中心、传化金融、智能化系统三大基础上，传化网打造物流供应链服务、金融服务、园区综合服务、车货信息服务、智能制造服务、物资供销服务等服务体系，并逐渐沉淀海量生产资料与生活资料的大数据，最终形成“智慧物流大脑”，实现外部N个平台的链接，为各类企业和平台赋能、服务。

要想实现“智能制造”，就需要“智能服务”。截至2018年6月，传化网累计为461.2万个司机及车辆、17.7万物流商提供服务。这张网不仅惠及货车司机、物流企业，还惠及供应链上的其他生态主体。

杭州传化公路港就是这张网中的实体骨干基座之一。走进位于杭州大江东产业集聚区红十五线上的杭州传化公路港，映入眼帘的是园区内货车来来往往、穿梭不息，分拨中心、零担专线区叉车升起降落、卡车装货卸货，“司机之家”饭菜飘鼻，旅馆超市人来人往，整个园区物流人、司机工作生活有条不紊，和谐集聚。

杭州传化公路港自2003年运营以来，已构筑起一条“从一个平台到500多家第三方物流企业再到3万余家工商企业”的产业链，为周边3万余家工商企业降低40%的物流成本，为近700家入驻企业、物流企业提供一站式入驻服务。目前，公路港内入驻的企业中，A级企业已有15家。通过资源整合，互联网、

大数据等应用，杭州传化公路港孵化助力上千家物流企业和配套服务企业发展壮大，相继被评为“中国物流实验基地”“全国首批示范物流园区”“中国（杭州）跨境电子商务试验区首批试点企业”“‘十二五’商贸百强企业”等。运营十多年来，不断获得国家、社会、行业、客户的认可与支持。

以杭州公路港服务过的其中一家在杭年销售28亿元的制造业企业为例。通过杭州公路港的服务联通传化网，这家企业的上游连着2000多家供应商，下游服务5000多家客户，年订单18万笔，为11家物流承运商调度的1500多辆车提供运输服务。

接入传化网后，这家企业实现从原材料采购、生产、仓储、销售、物流全链条业务高效协同，平均订单执行时间从17小时下降到13小时。通过系统的对接，上游企业自动下单，下游企业按需生产，极大地减少不了必要的库存。通过一站式的服务，到货及时率从80%提高到96%。传化支付还为企业提供专属的支付解决方案，支付成本降低50%以上。

杭州公路港总经理吴军表示：“我们一方面加快推动制造业板块向智能化、平台化转型，一方面以发展智能物流为重点，建设提高物流效率、提升物流供应链水平，服务百万企业，赋能中国制造。”

零担仓储区俯瞰

亲历者说：

这家企业只是传化网服务企业中的一个。传化网的服务，为许多地区、许多行业的发展提供助力。传化网的目标，就是应用数字技术，发展工业互联网服务平台，建设物流供应链体系，服务中国制造降本增效和转型升级。除了打造传化网，传化集团还积极发展多式联运，努力将公路物流与铁路、航空、水路打通，为客户提供定制化的解决方案。

未来，在“推动互联网、大数据、人工智能和实体经济深度融合”的大趋势下，杭州传化公路港将依托“传化网”，成为传化网浙江省域网打造的重要枢纽，区域经济中的生产性集聚服务平台。服务百万企业为目标，立足大杭州经济圈，辐射长三角，联动全国，推动大杭州区域经济快速发展，助力“中国制造2025”。

——传化集团董事长徐冠巨

一个人物

赵玲芳：一路追随 一路成长

赵玲芳，传化最早的一批物流人，历经首个传化公路港的建立、招商、发展壮大……现任杭州传化公路港副总经理，主管园区经营业务。她参与过杭州、富阳公路港的数次大招商，本人也随着杭州传化公路港的发展一路追随，一路成长。

“这个社会不会因为你是女性而对你怜香惜玉，同样工作也不会因为你是女性而温柔以待。工作中，我从来不会顾及性别之分，也不会因此降低要求。无论工作还是生活，人要自信、自强、自律，还要善良。”赵玲芳如是说，也是如此做的。对于工作，她有着一份独有的冲劲与担当。或许正因为她将这一股劲投入工作，在传化的这20年里，赵玲芳一路从客户业务主管做到副总经理。

智能车源中心饱和运转

赵玲芳与传化结缘是在1997年，正式入职则在1998年。1997年，传化举办了一个培训活动，向全社会招聘学员。通过应聘，赵玲芳顺利成为当年的那一批学员。经过一年培训学习后，她正式入职传化。之后，在传化日化品公司从事销售类、市场开拓工作。

赵玲芳清晰地记得，自己正式涉足物流是在2002年4月1日。虽然非物流专业科班出身，对物流没有概念，但赵玲芳认为做销售和做物流的“魂”不变，都要与人打交道。自信自强的她毅然和传化最早的一批物流人一起踏入传化开创公路港物流平台模式的事业，跑市场、客户摸底、招商、平台模式探索……

从杭州公路港的初创、富阳公路港的建设、杭州公路港的重新启航……在不断的实战中，赵玲芳通过不断摸索、总结、提炼，不断提升自我的综合能力，逐渐成为平台经营、资源集聚的行家里手。如今，随着集团提出“以服务百万企业为目标”，赵铃芳和她的团队进入新一轮的市场开拓阶段……

赵铃芳只是传化智联发展中的一个人才缩影。随着传化事业的发展，全国各地都涌现出像赵玲芳这样一路忠心追随传化事业的人才。目前，传化物流产业在编员工人数近5000人。

杭州传化公路港正是因为有着这样一群全心全意为物流事业奋斗的干将，才有了明媚的今天与更灿烂的明天。

文：于倩　陶颖

天猫商城
2135亿元的冲击波

11月12日0点，2018年天猫“双11”落下帷幕，最终交易额锁定在2135亿元，首次突破2000亿元大关。伴随着2135亿元的冲击波，全天物流订单量、品牌势能、进口消费、支付方式、线上线下等无不刷新上年纪录。天猫“双11”再次成为阿里巴巴创造纪录并突破纪录的商业奇迹。

2135亿元的冲击波背后，又何尝不是浙商造市的奇迹？改革开放40年来，从供销社到shopping mall，从网购到新零售，与国计民生密切相关的零售业每一次革新，都折射着时代的奔腾巨变。在专业市场大省浙江，除了义乌小商品、海宁皮革城等数千个名扬海内外的专业市场，更涌现出载誉国际的网络市场——天猫。

一个契机

以品质之名，“天猫”横空出世

天猫原名淘宝商城，是从淘宝网分离出来的一个专门做B2C的项目。淘

马云为天猫演讲

宝网以C2C为主，当时成交额已在数百亿元的规模，发展得风生水起。马云认为，B2C会是未来的方向。2008年4月10日，淘宝商城上线。马云在上线仪式上说，未来淘宝商城的交易额会超过淘宝网。

但是，淘宝商城发展得并不顺利。彼时，商家和消费者对电商的认知还停留在"小商小贩卖便宜货的地方"，而大品牌商靠线下渠道过得不错，不愿意在线上卖货。于是，大半年时间过去，淘宝商城几乎没有进展。

此时，刚刚以淘宝网CFO身份加入阿里巴巴不久的张勇主动请缨，希望"救活"淘宝商城。他在2009年3月接手淘宝商城，4个月后，商城事业部重新恢复独立运营。相对于2009年整个淘宝交易平台2000亿元的交易额而言，淘宝商城仍然是个新生之子，但在2010年年初，连马云都说，要给淘宝商城一个独立域名。

到2010年11月，淘宝商城域名独立。

独立之后的淘宝商城迅速做了两件有影响力的事情。

第一件事情是邀请独立电商"入淘"，张勇称之为"开放的B2C平台战略"。一时间，全国绝大多数独立电商纷纷决定加入淘宝商城平台。

第二件事情是提高入驻商家门槛，将淘宝商城真正定位于品质，以区分于淘宝网的多样性。

天猫比普通店铺更有吸引力的是它的服务。它不光是卖家和品牌的集合，同时也提供更加周到的服务：买家除了能享受七天内无理由退换货，无须担心买到的不合适；“正品保障”是天猫商家必须承担的服务内容。为此，天猫制定严格的约束条款。根据协议约定，商家不得销售假货及非原厂正品商品。一旦发现有出售假货及非原厂正品商品，淘宝有权立即终止协议。天猫将依据平台规则对违规商家作出处罚：查实商家的售假行为后，除扣除保证金外，还将对涉事商家作出关店、摘牌等一系列严厉处罚。

亲历者说：

因为猫是有品位的，天猫代表的就是时尚、潮流和品质；猫天生挑剔，挑剔品质，挑剔品牌，挑剔环境，这恰好就是天猫网购要全力打造的品质之城。

——阿里巴巴集团董事局主席马云

一次飞跃

“双11”，从5000万元到2135亿元的飞跃

在天猫的发展历程中，“双11”的横空出世有着重要意义。

2009年，刚刚接手淘宝商城的张勇“发明”了“双11”。第一次做“双11”，张勇只是出于一个朴素的目的：“当时是淘宝商城诞生的第二年，很多消费者不知道这个品牌，我们想通过一个活动或一个事件，让消费者记住‘淘宝商城’。”他和同事一起挑出11月11日作为活动的时间，原因是这一天处在国庆长假和圣诞节之间，是一个理想的促销时间点。

2009年的第一个“双11”，淘宝平台的成交额是5200万元。

到了2010年，700多家店铺踊跃报名要参加“双11”。“双11”也成为整个阿里巴巴集团最重要的活动之一。因为那5200万元，让阿里巴巴、商家、消费者都得到了最重要的东西：信心！

当时，张勇让整个公司各个部门都参与竞猜：2010年“双11”的销售额会是多少？大家普遍猜一两亿元，而最终他们实现了9.36亿元的成交额，相当于每秒成交1万元。尽管无法与今天天猫“双11”的成交数字相比，但相

2018 年“双 11”，2135 亿元成交额

对第一年，这已是巨大进步。

2011年11月11日，这个被网友戏称为800年一遇的光棍节，“双11”从淘宝走向全国电商，成了国内电商巨头开启网上促销狂欢共同的节日。而淘宝商城的交易额达到52亿元的惊人数字，共有2200余家品牌店参与淘宝商城的网购狂欢节。其中，有3家品牌店销售额破4000万元，总共有497家品牌店销售突破百万元。

2012年，淘宝商城正式改名天猫，迎来“史上最疯狂”的天猫“双11”，只用13个小时就突破100亿元销售规模，刷新全球电子商务百亿销售用时最短纪录，同时也创造了中国零售业纪录。这个“双11”，天猫创造191亿交易额，大幅超越美国电子商务行业的最高纪录。

此后的“双11”，天猫交易记录年年刷新。2013年362亿元，2014年571亿元，2015年912亿元，2016年1207亿元……从这一年开始，无线交易突飞猛进，交易额占比81.87%，并且交易覆盖235个国家和地区。2017年1682亿元，而刚刚落下帷幕的2018年天猫“双11”，最终交易额锁定在2135亿元。

除了交易额的新突破，这轮冲击波中，2018年天猫“双11”还刷新多项纪录：全天物流订单量定格在10.42亿单，宣告智能物流骨干网正式进入10亿包裹时代；品牌势能同样惊人，18万个品牌参与，全天有237个品牌成交额破亿，远超2017年天猫“双11”全天的数量；受益于进博会的溢出效应，天猫“双11”持续引爆中国进口消费升级，国际品牌成交占比超四成；技术升级改变消费体验，通过指纹和刷脸方式完成的支付占比达到60.3%；全天实时计算处理峰值达到每秒17.18亿条，强大技术能力保障“双11”购物如丝般顺滑；线上线下全面融合，全国逾20万新零售门店和100个重点商圈被天猫“双11”全面点燃……

从5200万元到2135 亿元，10 年天猫“双11”，交易额增长3000多倍，物流订单量增加3800多倍。10年来，天猫“双11”的狂欢氛围贯彻始终，它成了世界最大的购物狂欢节和线上博览会，更是最大的商业“超级工程”，是社会化大协作产生共振的结果。

过去10年，天猫“双11”为中国乃至全球创造了一个又一个纪录和奇迹。消费者看见更美好的新生活，品牌商看见数字化转型的新机会，制造业看见C2M的新能量，小企业看到全球化的新机遇，中国看见数字经济的巨大潜力，这是人们对天猫“双11”的期待。站在2135亿元的新起点上，天猫“双11”又给予人们新的希望，让人们对中国经济乃至世界经济怀有更大的乐观与信心。

亲历者说:

天猫“双11”经过十年的发展，已成为数字经济时代的商业奥运会，阿里打造的商业操作系统正在赋能所有商家实现模式升级和运营方式升级。线上线下的一体协同、数据智能带来的个性化消费的满足，正在成为今天新经济时代的普遍现象。天猫“双11”不仅集中展现巨大的消费力量，更集中展现巨大的商业力量。站在今天2135亿的台阶上，展望未来，天猫“双11”再往前走，一定会变得越来越不一样，只有越来越不一样，才能走向3000亿元、走向5000亿元、走向1万亿元。

——阿里巴巴CEO张勇

盒马鲜生开业盛况

一场涅槃

天猫新零售引领全球商业变革

随着中国经济从高速增长转向高质量发展，中国各大城市普遍在经历新旧动能的转换，原有动力引擎正在向消费拉动转型。

2016年10月13日，阿里巴巴集团董事局主席马云在云栖大会上提出“五新”：新零售、新制造、新金融、新技术和新能源。马云提到，纯电商时代很快会结束，未来十年、二十年，只有新零售这一说，线上线下和物流必须结合在一起，才能诞生真正的新零售。

马云在2017年4月2日的IT领袖峰会再次提及新零售。他说，电子商务在未来五年内依旧高速增长，但是我们要思考十年以后会怎么样。十年以后，纯电商会很艰难，线下零售也会很艰难，所以新零售实际上要把线上线下物流整合一起思考，以后的零售不是思考学会怎么卖东西，而是学会怎么服务好你的客户。从卖东西走向服务别人，是巨大的变革。

新零售是以大数据重构人货场，以消费者体验为核心的一次商业创新与变革。今天，体验式消费已经成为人们购物的重要动力元素之一。为此，过去两年，阿里巴巴积极布局线下业态，从50平方米小卖部拥抱新零售实现年收入300万元，到100家大润发在天猫“618”集体接入新零售，被央视称为“传统零售迎来最大规模升级”，再到今年天猫“双11”来自全球的18万个品牌商家、遍布线下各城市的20万家新零售智慧门店、12座新零售理想之城的100个重点商圈迎来线上线下联欢，新零售带旺线下的人气，让人们重新爱上逛街，极大地激发了实体零售的活力。

2018年端午节前夕，澳洲华人王姣姣在天猫下单一艘龙舟，只花了15天，就从千岛湖抵达澳大利亚情人港，令南半球对天猫新零售盛赞不已，这也是中国传统文化借新零售出海的最新表达。

传统老字号也通过天猫“618”彰显新魅力。5000瓶天猫限定的六神花露水味Rio鸡尾酒上架17秒被卖光，五芳斋、稻香村等中华老字号品牌的粽子，13天就卖出超过1亿只……

天猫全面为线下注入新动力，这些投入收到明显效果。商务部数据显示，2017年，商务部重点监测的2700家典型零售企业营业利润同比增长8%。商务部预测，2018年实体零售回暖的趋势将持续增强，其中新业态、新模式快速发展，实体零售企业积极创新转型，传统商业场馆不断调整商品结构和业态结构，是带动实体零售业销售明显回暖的主要原因。

如果说，2016年是天猫“双11”的新零售的元年，2017年的天猫“双11”成为“新零售的大阅兵”。那么，2018年，随着天猫新零售生态不断演进，盒马鲜生、饿了么、口碑、大润发等阿里巴巴数字经济体首次全面集结参加天猫“双11”，新零售能量全面爆发。

2018年的天猫“双11”，阿里巴巴首次将旗下的新零售业务板块全部融入“双11”的生态，将天猫“双11”升级为阿里巴巴新零售“双11”，通过整合线上电商（天猫、淘宝）、线下商超（银泰、居然之家、大润发）、本地生活服务（盒马鲜生、饿了么和口碑）、线上平台（闲鱼、飞猪、优酷、虾米音乐、UC、优酷）、海外电商平台（天猫国际、天猫海外、速卖通、Lazada），将阿里巴巴旗下新零售全部纳入天猫“双11”，通过涵盖线下20万家品牌以及18万个品牌商家，新零售成为2018年“双11”增长引擎和未来天猫“双11”的新的业绩增长点。来自全球的18万个品牌商家、遍布线下各城市的20万家新零售智慧门店、12座新零售理想之城的100个重点商圈都参与进来，涵盖人们日常消费的吃喝玩乐等场景。

天猫“双11”激发线上消费活力的同时，也走到大街小巷、城市乡村，解锁广阔线下市场汹涌的消费力。作为阿里巴巴数字经济体首次全面集结的“双11”，线上线下的融合是2018年天猫“双11”的又一重要特征。全国400个城市加入“双11”线下狂欢，12个新零售理想城市的100个重点商圈引爆线下，银泰商业13家门店11月1日到11日销售增幅达37%，家居新零售旗舰居然之家全国266个门店“双11”当日成交额更超过200亿元。“新零售”正在将线下商业快速带入到数字化时代。

亲历者说：

在阿里巴巴经济体当中，包括购物、娱乐、本地生活服务等多元化的商业场景及其所形成的数据资产，与阿里巴巴正在高速推进的云计算一经结合，共同形成独特的“阿里巴巴商业操作系统”。阿里巴巴商业操作系统正深刻地推动营销方式、消费者运营模式、供应链、商品设计营销和商品生产方式的变革。阿里巴巴商业操作系统对品牌商、生产者的赋能效应，将有力推动中国实体经济的数字化转型。

——阿里巴巴CEO张勇

一个人物

张勇：天猫创造者

张勇是一个创造者。

天猫是张勇首次创业的成果。2009年3月，张勇接手处于困境中的淘宝商城，以内部创业的姿态主导天猫的崛起，在阿里巴巴原有的商业模式上创造赋能全球品牌的新模式。他创意与主导的天猫“双11”，一经推出，即成为现象级商业盛事，这一凝聚和调动全球商业力量的标杆，迄今难有后来者超越。

张勇更在诸多方面改变了阿里巴巴。他重新设计淘宝的商业模式，随后

力主举全集团之力“All in无线”，使手机淘宝成为世界上最大的移动电商平台。可以说，正是张勇奠定阿里巴巴从PC端向移动互联变迁的最重要基础。

张勇主导投资苏宁、银泰，打造新零售标杆盒马，入股高鑫零售，收购饿了么，和星巴克等一系列国际品牌达成全面战略合作，使线上线下融合的新零售成为2017年以来的全球商业关键词和重要趋势。

从移动互联到万物互联、从商业公司到科技公司、从平台到经济体，在进入智能时代的前夜，张勇正在主导阿里巴巴更多更深层面的变革。

按照阿里巴巴内部流传的说法，张勇是“在高速路上换引擎的人，而且把拖拉机换成了波音747”。

习近平说，历史，总是在一些特殊年份给人们以汲取智慧、继续前行的力量。

2018年，就是这样一个特殊的年份。

2018年的教师节，阿里巴巴集团创始人马云发出题为“教师节快乐”的公开信，信上宣布：一年后的阿里巴巴20周年之际，即2019年9月10日，他不再担任集团董事局主席，届时由现任集团CEO张勇接任。

马云在公开信中高度评价张勇：在担任CEO的3年多中，张勇以卓越的商业才华、坚定沉着的领导力、超级计算机一般的逻辑和思考能力，带领阿里取得长远发展，连续13个季度实现阿里巴巴业绩健康持续增长，已经证明自己是中国最出色的CEO；更因为他的战略格局和组织文化传承上的担当，阿里巴巴的接力火炬交给他和他领导的团队，是马云与阿里巴巴合伙人群体现在最正确的决定。

“他和他的团队已经赢得客户、员工和股东们的信任和支持。我对阿里巴巴的年轻一代充满信心！”马云说。

这种信心源于张勇自加入阿里巴巴以来所一直展现的创业者和创造者格局，与他给阿里巴巴所带来的关键性变革。正因如此，马云在公开信中把张勇评价为“合伙人制度”下人才梯队中的“杰出商业领袖”。

2018年，天猫“双11”第十年，也适逢改革开放40周年。见证十年中国巨变的“双11”，也必将深刻塑造商业和生活的未来。

张勇说，很幸运在这一时刻迎来“双11”的第十年。我们经历40年的高速发展，要想支撑未来的探索，只有信心和相信。只有相信创新可以升华商业的力量，才能创造更多不同的“双11”。

站在历史的角度，十年只是刚刚开始。2018年，带着创造的力量，朝着远方，天猫再出发。

一种贡献

引领中国商业变革

阿里巴巴集团CEO张勇说，“世界上本没有这样的节日，我们把天猫‘双11’定义为消费者的节日。因为共同的相信，诞生不仅属于中国，也属于全球的‘双11’。”天猫“双11”背后，承载着千万商家、品牌、中小企业以及数以亿计充满消费升级热情的人们对它的信任，刻印着中国消费和商业建设摧枯拉朽般的升级换代，记录着阿里巴巴以坚实的技术能力推动中国数字化商业基础设施达到全新高度。

以天猫新零售为引领的新业态，正在不断形成新的消费热点，加速引领中国消费转型升级。从2012年第一次有品牌在天猫“双11”单日销售过亿到现在，天猫“双11”已经成为数字经济时代的商业奥运会，彻底引爆全球品牌的商业力量。随着阿里天猫新零售线上电商平台、线下传统产业和供应链配套资源三者加速融合，零售业重新成为有竞争力的行业，实体零售业显著回暖。

在充分释放全社会消费潜能的同时，天猫也用自身技术与模式的持续创新，推动着新消费时代的诞生。除了推动消费方式摧枯拉朽的变化，天猫“双11”在不断创造新历史的同时，一套独一无二的“阿里巴巴商业操作系统”正在赋能商家实现模式升级、运营方式升级。线上线下一体协同，数据智能带来个性化消费的满足，正在成为今天新经济时代的普遍现象。

新零售活了实体店

天猫“双11”这一连串数据,是18万全球品牌与上亿消费者共振释放的商业势能，展现了中国社会消费升级的汹涌大潮,更突显阿里巴巴商业操作系统对中国商业变革的引领作用。十年来，天猫“双11”早已经不单单是天猫的节日，而是从阿里走向全国、全球，成为一种全新的节日经济模式，催生出多个购物节，同时节日经济也助力天猫成为我国消费升级的领跑者，并以效率催生和带动全球商业及品牌变革。天猫“双11”让“全球进入包邮区”，这是进博会在互联网时代的数字升级，也将是新时代中国为世界商业发展贡献的重要方案。

文：于倩

余姚中国塑料城
守卫千亿市场份额

1993年，中国塑料城的前身“塑料一条街”聚集108家经营户，年销售额约8亿元；至2017年，历经23年的发展，实现市场交易量960万吨、交易额1020亿元的百倍巨变。

一直以来，中国塑料城将战略稳健和经营安全作为企业运营发展的准则。相比于一些大刀阔斧不断改革的市场而言，“顺势而为”的中国塑料城显得更谨慎沉稳。

一个契机

因势利导开办余姚中国塑料城

20世纪60年代，宁波余姚县城北永丰胶木厂的建立，开创余姚胶木、塑料制品的先河；经过近30年发展，到20世纪90年代初，余姚的塑料加工企业产业庞大、门类齐全，形成乡乡有塑料制品企业、村村有塑料产品加工的格局，由此获得“塑料之乡”的美称。

到20世纪80年代，余姚城乡大量涉塑企业对塑料原料的需求日益扩大，一批专做塑料原料生意的商贩应运而生，并在交通便利的原余姚汽车北站（现舜泉酒店）附近经营塑料原料生意。1991年年底，这些店铺形成千米长的“塑料原料一条街”。1993年，“塑料一条街”聚集108家经营户，年销售额约8亿元。这就是中国塑料城的前身。

针对“塑料一条街”良好的交易势头，余姚市委、市政府因势利导，于1994年投资5000万元，在“塑料一条街”的北面建成占地112亩、建筑面积4万多平方米的市场一期，成功招商，形成塑料专业市场。1994年9月，经国家工商行政管理局同意，由全国人大常委会原副委员长彭冲亲笔题词，定名“中国塑料城”，并于9月8日开业。

余姚市天都贸易有限公司负责人周建明是第一批入驻中国塑料城的商家。1994年，他看中长三角地区对塑料的旺盛需求，以及余姚塑料贸易起步早、发展早的优势，在联盟桥附近“塑料一条街”开设商铺。“和其他商家一样，一开始通过在门口挂一块小黑板，招揽客人。那时候有什么货、定什么价格都是最高商业机密，因为价格不透明，同一种材料往往价格相差很大，利润也高。”他告诉市场导报记者。也是在那几年，余姚兴建中

20 世纪 80 年代的塑料一条街——原汽车北站顶上余姚市塑料市场门牌

国塑料城，希望集聚塑料行业资源，以“中国塑料城”品牌招揽周边客商。周建明成立“天都贸易”，成了第一批入驻中国塑料城的商家，第一年销售额就从2000多万元增长到过亿元。

如今，随着中国塑料城的快速发展，市场信息更加透明，周建明感受到，塑料贸易已不再是买卖本身，而成了一项“技术活”，“不仅要有经验的积累，准确判断避免损失；也要学习管理知识，跟踪国内外市场变化，如汇率变化、国家政策等，还必须掌握塑料行业的最新发展动向。”

一次飞跃

线下线上融合发展

在激烈的市场竞争中，中国塑料城跳出传统交易模式，借助信息化技术，把市场“搬”到网上，开创有形市场与无形市场无缝结合的先河。

1995年2月，塑料城信息中心（现浙江中塑在线有限公司前身）成立。1997年，中国塑料信息网开通。如果说，“中塑在线”的成立，搭建起了国内最早的信息服务平台，那么，浙江塑料城网上市场的建立，赢得了行业电商发展的先机。

2004年，中国塑料城引进和借鉴电子商务的理念和运作方式，采用网上交易模式，成立浙江塑料城网上交易市场，成为全球首个塑料仓单交易市场。

2006年11月，由浙江塑料城网上交易市场编制的中国塑料价格指数发布并应用。

2007年7月，新华社实时向全球发布。中国塑料价格指数被誉为中国塑料行情的“风向标”，也是中国首个大宗商品价格指数。

2017年，线上实现交易额415亿元，同比增长18.6%；交易量478万吨，同比增长13.8%。其中，浙江塑料城网上交易市场作为塑料城内电商领军企业，不断试行仓单交易品种合作，加强现货交易撮合，尝试推出代理挂牌机制，促进客户挂牌。积极创新服务，推出“平台+代采代销”创新服务模式、普通报价模式，发展进口代采业务。网上市场被省工商局认定为“浙江省五

2006 年 11 月 7 日，中国塑料城塑料研究院、宁波塑料研究院成立，由山东非金属材料研究所（兵器工业集团第五三研究所）和余姚市政府共同投资，是以塑料产品开发、塑料材料改性以及产品与材料检测为研究领域的专业研究机构

星级文明规范市场”，成为全省首个五星级电子商务类大宗商品市场，顺利通过“塑料电子商务国家级服务业标准化试点项目”验收，是全国电子商务领域首家通过验收的国家级服务业标准化试点项目单位。

如今，中国塑料城已汇集“浙江塑料城网上交易市场”买化塑、上海化交、化塑汇、我的塑料网等第三方网上交易平台。十余年间，网上累计成交额超过5000亿元，每年网上交易额占中国塑料城总交易额的50%，再造了一个中国塑料城。

“关于余姚，很多官方资料的描述有——余姚，七千年河姆渡文化的发源地，在以历史文明闻名天下的同时，以新兴的工贸活力吸引海内外人士关注的目光。塑料产业是其最具发展潜力的四大新兴产业之一。它享有‘塑料王国’的美誉，拥有中国最大的塑料原料交易市场‘中国塑料城’和被中外专家称为‘中国塑料产业界第一盛会’的‘中国塑料博览会’。国际行业巨头和境外展商纷纷侧目余姚，国际影响力逐日递增。”塑料城管委会副主任陆峰说，“这个描述支撑了余姚想通过某种方式来左右和反映全球塑料行业高低起伏的可行性，这种方式就是‘余姚·中国塑料价格指数’。”回望往昔，他感慨，“很多领导和业内同仁感佩于当年我们‘不生产一颗塑料原料却造就一座城’的敢为人先的魄力。其实，伴随着建城，我们同步建立塑料城信息中心（现浙江中塑在线股份有限公司前身），早早就抢夺行业电商先机；2004年，成立浙江塑料城网上交易市场，成为全球首个塑料仓单交易市场，并在2006年11月网上发布并应用由浙江塑料城网上交易市场编制的中国塑料价格指数。中国塑料价格指数的编制和发布，结束了我国没有一个比较科学、完整、严谨的塑料价格指数的现状，对我国抢占国际塑料价格话语权具有战略意义”。“从线下到线上，我们二十几年精心编下一张‘天罗地网’，使自身原料交易量、产品价格走向、行业景气度、市场走势等因素变动，对全国乃至全球塑料市场的发展有着举足轻重的影响。这是一个行业领导者的眼光与霸气。”陆峰很是自豪。

一场涅槃

下功夫　创思路　破难题

任何一个市场的发展都会遭遇瓶颈，余姚塑料城也不例外。随着发展壮大，市场发展开始面临许多新的问题。一是发展定位问题。塑料城先发优势逐渐弱化，市外涉塑企业快速做大，行业同质化竞争加剧，转型发展需要重新定位。二是传统贸易利润空间压缩问题。近年来，余姚塑料城通用料尤其是进口畅销料价格波动较小，且人工、水电、运输等各方面成本逐年上涨，同时，因2018年春节后人民币贬值，导致塑料进口料利润空间更小。三是企业家创业创新激情退化问题。部分企业家在经营模式、产品种类、发展方向、人才引进等方面均缺乏开拓精神，企业发展较为保守，需要进一步鼓舞士气，振奋精神，鼓励企业转型升级。

站在新的起点，余姚塑料城主动对照形势分析新问题，坚持创新转型，提升跨越，下功夫、创思路、破难题。

中国塑料城管委会副主任陆峰说：“欲戴其冠，必承其重。市场改革的浪潮发展，对于我们来说，多了新的挑战。面对重中之重的发展定位问题，我们要做的就是以科学创新为第一发展目标，加快塑料改性升级；以会展业务为打开世界的窗口，提升余姚中国塑料城产业专业化、国际化水平；以第三方支付平台为塑料城超常规发展拓宽道路，加快塑料城与互联网市场的融合；汇聚本身产业链实力，保持产业集群、产业联动的龙头风采。”

他告诉记者，面对新的浪潮，只要继续因势利导，找准市场发展前景，实现好科研、会展、第三方支付平台、产业链等方面目标，塑料城必定还能成就下一个辉煌。

科研之创——在塑料消费量持续增加、结构性矛盾日益突显初期，中国塑料城就鼓励传统贸易企业自主创新，积极研制改性塑料，加快形成新的增长点，并引进高校人才资源，组建专业科研院所、协会组织，加快科研成果转化，提升市场科工贸一体化发展。

2006年11月7日，中国塑料城塑料研究院成立，是由山东非金属材料研究所（兵器工业集团第五三研究所）和余姚市政府共同投资。经过多年发展，该院已经成为一个集科研、应用开发、计量检测、生产制造、人才培养等综合服务于一体的军民两用高科技创新基地。研究院承担国家创新基金平台项目1项，宁波市项目2项、余姚市项目10多项。该院与企业通过开展广泛的技术合作，共建工程技术中心、研发中心，进行新材料、新技术的推广应用，带动地方经济发展。

会展之窗——如果说互联网为中国塑料城编织一条超常规的拓展之路，那么一年一度的中国塑料博览会则为中国塑料城开启走向世界的窗口，而依托塑博会举行的一系列塑料行业国际性高端系列会议，则为提升余姚塑料产

中国塑料城新景

业专业化、国际化水平插上翅膀。

中国塑料博览会（以下简称“塑博会”）是由中国石油和化学工业联合会、中国石油天然气集团公司、中国石油化工股份有限公司、中国中化集团公司、中国轻工业联合会和余姚市人民政府共同主办的大型塑料行业博览会。自1999年开始，至今已连续举办19届，现已成为塑料行业最具行业知名度和影响力的品牌展会之一，被列入商务部重点引导支持展会。2011年起，展会报商务部审批，并被提升为国际性会展，同时冠名“中国（余姚）国际塑料博览会”。2016年10月14日，又获全球展览业协会(UFI)认证，成为UFI的会员展会，是目前宁波地区仅有的3个UFI认证展会之一。

产业之链——中国塑料城深入实施“外部拓展与内部改造相结合、产业延伸与市场提升相联动”的发展战略，加快推动中国塑料城由原料经销、商品展销、信息集散、电子商务向产业集群、产城联动等复合型、多功能方向发展，永葆龙头风采。

第三方支付平台—— 2013年5月，浙江甬易支付平台正式投入运营。作为浙江省唯一具有大宗商品交易与支付结算经验的第三方支付平台，该平台由浙江甬易电子支付有限公司开发建设，成立之初，由其对塑料城网上市场的交易资金进行支付结算，实现交易业务与支付业务的分离，使交易商的交易资金安全得到最大程度的保证。目前，该平台以大宗商品电子交易的支付结算作为切入口迅速扩展，专注于“互联网+跨界平台”，量身定制个性化支付解决方案，引领“互联网+跨界平台”支付行业，创新性行业支付解决方案，为客户提供一对一全程对接服务，已为数十种不同行业的客户提供定制个性化支付结算解决方案，支付系统等第三方存管代理，业务范围覆盖全国，在国内大宗商品支付结算领域处于领先地位。

慧聪家电产业新城——余姚中国慧聪家电产业新城由中国首家B2B上市公司慧聪网和余姚中国塑料城共同建设，位于原汽车北站塑料城核心区块，建设用地72亩，总建筑面积超20万平方米，2015年3月27日正式奠基，于第20届塑博会期间营业。根据规划，该家电城包括：中国家电国际采购中心、中国家电总部基地、中国家电电子商务总部基地、中国家电博物馆、慧聪家电电子商务4S服务中心以及产业园配套设施，包括金融服务平台、信息平台、物流基地、慧聪大学等。余姚中国慧聪家电产业新城的建设，不仅全面提升余姚家电产业的整体水平和行业高度，同时将发挥余姚塑料、家电的突出优势，促进产业互补升级、联动发展、共同繁荣，促进余姚家电等涉塑产业的全新跨越。同时，形成一南一北两城互动并进的格局。

一个人物

陆峰：情怀与梦想

陆峰说，中国塑料城从1994年成立到现在，已经成功开发到第6期。市场经过多年的发展，目前可以用稳步发展来形容。

“我们整个市场的管理模式、体制，与海宁皮革城是一样的。当时，我们中国塑料城创办时，也是工商牵头的，海宁皮革城也是由工商牵头，后来也都由政府派出机构，成立管理委员会。”他笑着告诉记者，“我们各自经营的品种不同。我们中国塑料城是大宗商品交易，在本地不生产一粒塑料的基础上，进口进来再卖出去，能够达到现在每年稳步增长的成绩，实属不易。”

陆峰在采访中说，随着发展，原材料价格的透明度以及对价格的预判，令市场管理层意识到需要转型升级。在早于阿里巴巴之前，中国塑料城就开始投入电子商务。“我们市场在网上交易这块起步是比较早的，也是得益于塑料原材料的国际标准化，到底是怎样的品种、规格，都是按照统一标准来，在网上一查一目了然。”据悉，2018年中国塑料城网上市场的销售额目标是双一千亿元。

谈及市场未来发展的思路，陆峰认为：

首先，积极引导企业拉长产业链。因为纯贸易的利润越来越低，如何做到持续发展？我们引导企业一个是往科工贸发展，向改性材料、特种材料、非特殊材料研发、生产，从而提高产品附加值，而不是一味地搬砖。引导他们与研发机构、研究院合作，可以是共同研发，也可以购买研发成果，做到人无我有，人有我优。市场管理方在积极引进科研研发机构，目前已经把国内一个顶尖的塑料原材料研发机构——原兵器部下属第53研究所，原来在济南的塑料研发基地，通过合作合资，整体搬迁到余姚。目前，从研发到生产

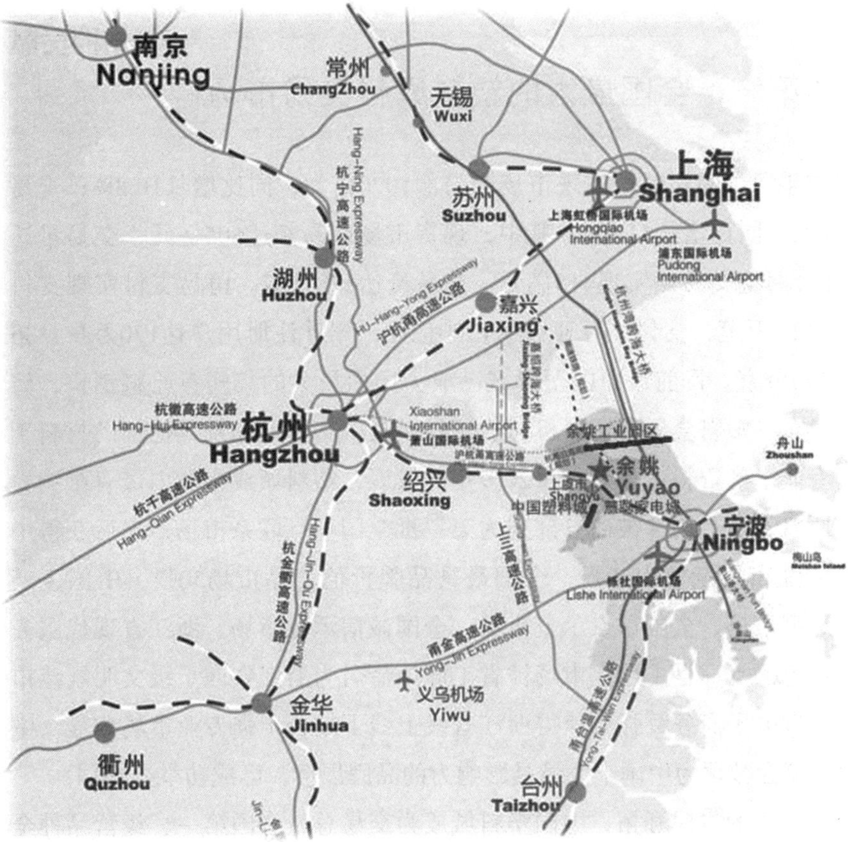

市场交通路线图

一条龙，已经开展起来了。

其次，市场还要进一步招商引资。目前，北京一个化学研究所已经落户余姚，设立的生产车间也已经落地投产。同时，完善物流、仓储的配套设施，满足城内企业的仓储需求。

还有，要进一步提供金融服务。城内企业资金需求量比较大，对资金的依赖度也比较高，市场要创造条件协调各大银行，大力支持塑料城企业的壮大发展。因为贸易企业属于轻资产，抵押物相对较少，目前银行互保授信的产品也少，市场未来想通过金融创新，比方供应链金融、舱单质押等，来解决企业融资的难题。

一种贡献

十多项第一，全国最大的塑料原料交易市场

2017年，中国塑料城实现市场交易额1020亿元，同比增长10.8%；交易量960万吨，同比增长11.6%。其中，现货市场交易额达605亿元，交易量达482万吨；网上交易额实现415亿元，交易量达478万吨。甬易支付实现支付结算量742.8万笔，支付结算业务额1300亿元，累计注册用户达170万户，拓展商户400余家。目前，中国塑料城已成为国内最大的集塑料原料销售、塑料信息发布、塑料会展、塑料机械、塑料模具、塑料制品及其他辅助材料于一体的专业生产资料市场。经过20多年的发展，塑料城成为国内最有影响力的塑料原料专业市场，被商务部列为第一批全国重点联系市场，先后获得中国商品专业市场竞争力50强、全国最具品牌价值商品市场50强、中国生产资料创新型市场、全国重点示范市场、全国诚信示范市场、浙江省现代服务业集聚示范区等称号。网上市场被省工商局命名为浙江省四星级文明规范市场，入选省电子商务百强，获得浙江省线上线下结合十强专业市场称号。中国塑料博览会被评为中国十大最具影响力的品牌展会，已成功举办19届。

经过历年的拼搏开拓，中国塑料城成为交易总量全国第一、经营品种全国第一、商户规模全国第一、全国第一个提供塑料价格信息的专业市场，也是全国第一个创建网上交易市场的专业市场、全国第一个引进塑料研发机构的专业市场、全国第一个发布中国塑料价格指数的专业市场、全国第一个举办塑料专业展览的专业市场、全国第一个推出现货交易平台的专业市场、全国第一个开设塑料网上e店的专业市场。同时，中国塑料城也是全国第一个获得大宗商品电子交易领域支付牌照、第一个制定塑料电子商务企业标准的专业市场。

文：柴丹

宁波华东物资城
20年初心未改、制胜未来的“拓航者”

1997年的宁波华东物资城，9万多平方米宽敞的交易大厅内，整齐地堆满各种型号和规格的钢材、塑料、有色金属以及机电产品。一群20岁左右、穿着统一工作服的壮小伙子忙碌着，南来北往的商客更是操着不同的方言，络绎不绝。当时，整个市场的销售额超过10亿元，客商流量最高达近万人次，繁荣程度可见一斑。

如今，经过20多年发展的宁波华东物资城，同时经营管理着8个专业交易市场，形成一艘物资经营的“航空母舰”。其母公司宁波华东城集团更是创下年销售额300亿元的神话。

它是凭借什么奥秘在竞争中保持着良好的增长势头，制胜至今的呢？

一个契机

明星厂长初创业　两间店铺起家

1992年，宁波华东物资城创始人竺保国正在宁波鄞县商业机械厂任厂长。同年，他辞去厂长的职务，下海经商。“我没有带走厂里一份业务，不挖走一个人才，不拿走一件东西，一切从零开始。”竺保国对记者说。

个性要强、勤劳聪明的竺保国在三百六十行中，选择一窍不通的装潢业，只身到广州学习。在学习期间，他利用业余时间跑市场、跑工地，及时了解装修行业的各种信息和潮流。学成后，回到宁波，租了两间店面，开始白天当老板、晚上睡地板的创业生涯。

“创业初期的打拼经历，其中的辛酸只有自己知道，其中的收获也只有我自己明白。”竺保国说，创业初期的困难非但没有将他击倒，反而激发他渡过难关的勇气。凭借着出色的装修技艺和坚定的信用原则，他淘到人生的第一桶金，也为日后做企业打下坚实的基础。

20世纪90年代中期，机械物资流通的市场份额被迅速发展的小型企业所替代，而这种散、小、乱的经营格局与市场资源配置的客观要求相违背，使得宁波本地很多生产企业大量派员到全国各地采购商品，造成企业生产成本居高不下，这在客观上需要一个平台为各类企业提供集中交易的场所。

1994年，凭借做厂长时对机械设备知识的精通和对行业的熟悉，他率先

两间店铺起家

在宁波选址8000多平方米，创办宁波第一家金属材料闲置设备市场，这也是宁波华东物资城的前身。

1996年8月，他开始筹建宁波华东物资城。经过半年的艰苦努力，终于建成占地面积5万多平方米，集钢材、塑料为主的生产资料交易市场。1997年3月，宁波华东物资城市场开业不久，300多个摊位租赁一空，当年销售额实现10亿元，被列入宁波市重点商品市场。同年3月，宁波华东物资城市场建设开发有限公司正式开业。

一次飞跃

把握天时大胆进取，思量地利扩建改造

自1996年筹建之初，宁波华东物资城一直遵循以市场需求为导向、牢牢抓住机遇的经营方针，充分利用天时、地利、人和等因素，有力促进市场大踏步发展。

据竺保国介绍，市场的经营方式选择也为市场的发展提供了动力。“比方以厂方直销、仓储式经营为主要方式，使得客户在购买时看得见摸得着，同时实行看货、开票、结算、提货一条龙服务。”在他看来，这些看似琐碎的工作，只有细致、周到的服务，处处为商家、为客户着想，才能留住生意。

随着市场的发展，1999年11月，公司兼并位于宁波中兴路的边角料市场，改造后创办2000平方米的“中兴汽车修理市场”。

2000年，金属边角料市场创办，占地面积11000平方米，成为华东物资城又一个从事金属材料交易的专业市场，入驻经营户100余家，年销售额20亿元。

2001年，公司重新选址，动工兴建中兴汽车修理市场，占地面积17000平方米，吸纳修理经营户120家，将“三合一”现象彻底整改。

2004年，由于宁波没有一家专业的钢材市场，华东物资城内的钢材交易区已经不适应形势发展的需要。竺保国告诉记者，“现有经营户要求扩大摊位面积，外面相当一部分经营户还想进来，迫使市场采取对策”。另外，由

于城市东扩，交通限制对市场影响很大，进出市场使用通行证制度，严重制约市场的发展。当年9月，为了调整市场结构，华东物资城王家弄市场创办。

2006年，公司全资收购宁波市世纪汽车城市场，开始进军汽车销售领域。10月，公司与艾普二手车网络总部签订战略合作协议，携手打造宁波乃至长三角地区最大的二手车连锁品牌。2007年3月，成立宁波世纪汽车城艾普二手车经营有限公司。5月，二手车上牌点落成开业，实现转籍、过户、车辆买卖鉴定、价格评估、保险等全方位的服务。

2009年，浙甬建材市场成立，集销售、仓储、物流于一体，硬件配套完备，交通条件优越，经营范围辐射浙江、江苏、福建、上海等各地。

如今，经过20多年的布局与调整，宁波华东物资城把握天时、大胆进取，思量地利、扩建改造，形成8家专业交易市场：华东物资城金属边角料分城、中兴汽车维修市场、华东物资城姚江市场、华东物资城王家弄市场、旧货市场、黄家弄市场、宁波世纪轿车城等。8大专业市场总占地面积达到28万平方米，年销售额百亿元以上。涉及金属材料、化工塑料、建筑装潢材

华东城外景

料、机电设备、汽车贸易、汽车修理，经营范围辐射周边及全国各地，成为华东区极具规模的市场板块。

一次大跨界

开发桃花岛 78天完成“不可能完成的任务”

成就和荣誉，没有让竺保国停止创业的脚步，在成功开拓大型专业物资交易市场的同时，他开始思考涉足旅游业。

竺保国对记者说，“其实旅游业与市场发展密不可分，正是办市场对各种物资流通的掌控，才能在后来开发桃花岛时用78天完成了‘不可能完成的任务’。在桃花岛建成后，我们又转型升级，开拓另外2个岛屿，以及开发线上山海购平台，将岛上的农特产品进行线上销售”。在他看来，涉足旅游业可谓市场发展转型升级的重要一步，同时也为集团公司版图的发展打下扎实的基础。

2001年年初,当竺保国踏上遍布荆棘的舟山市桃花岛，看着这个远离都市喧嚣的世外桃源，瞬间想到了金庸“武侠幻境”中的桃花岛。“我思索着要在现实中将它呈现出来，带着这一初衷，我决定开发这个小岛。”此时，恰逢张纪中要重拍《射雕英雄传》，消息一传出，竺保国的第一反应就是：这绝对是桃花岛重温《射雕》旧梦的天赐良机。

但如何能与张纪中剧组联系上，成功合作？几经周折，竺保国联系上一位女士，说与张纪中关系不错。后来才知道，她就是张纪中的夫人。正是通过张纪中夫人，他终于联系上大导演。按剧组要求，当年9月26日一定要开机，也就是只有3个月的时间，必须将50多个景点全部建好。“按照正常周期，要在一个连路都没有的海岛上完成这些建设，至少需要一到两年时间。如果这个任务接不下来,桃花岛整体旅游开发就失去了最好的机遇期,重拍《射雕英雄传》的契机可遇而不可求。最终，我们克服各种困难，历时78天建成射雕城，让所有人叹为观止。”竺保国感叹道，“当时的心理压力非常大，期间还遇到台风天，岛上所有物资都需要从外面运输进去。这样的极端天气，对于我们当时的施工而言，难上加难。”

从2001年7月8日至9月26日，短短78天时间里，宁波华东城集团克服两次台风暴雨和高温酷暑的恶劣天气，在海岛施工条件差、工期短、缺少原材料的情况下，通过船只把一砖一木、一泥一石从宁波大陆运到岛上，按时完成所需要拍摄的全部实景。2001年9月30日，在“射雕英雄传旅游城”城门外举行隆重的开机仪式，从2001年9月至11月，剧组在桃花岛上拍摄《射雕英雄传》的16集180场戏，远远超出小说中描述的有关桃花岛上发生的故事内容。在此基础上，《天龙八部》(2002年11月)、《神雕侠侣》(2005年6月)、《鹿鼎记》(2007年8月)、《倚天屠龙记》(2008年12月)等电视剧都在桃花岛拍摄过部分场景。

2000年，这座名不见经传的小岛，一年的客流量不足2000人，而在2001年刚建成当年，上岛的游客就达8万人。2018年，岛上游客接待量达到160多万人次。

桃花岛的开发，改变了小渔村世代捕鱼为生、日出而作、日落而息的生活方式，通过旅游相关产业的发展及带动作用，岛上的交通、餐饮、住宿、通信等基础设施得到极大的改善。渔民富裕起来了，环境也变美了。同时，竺保国看中旅游产品相关产业。2014年9月，宁波华东城集团投资创建宁波山海购电子商务有限公司，结合旅游景区，首先从旅游食品着手，打造绿色、健康、自然的食品，大量实惠、新鲜的农特、海产品上线山海购平台。

华东物资城

“海岛的开发，对我而言，有更深层次的解读，那就是海岛的外在精神延伸——企业感恩回报，‘福泽社会’的企业责任观。通过开发海岛，实现企业对社会的感恩反哺。”他说。

继成功开发桃花岛后，2003年，集团又开发蚂蚁岛。这座小岛位于普陀区金三角旅游区，与沈家门隔海相望，与桃花岛隔港相邻，环境优美，风景秀丽，民风淳朴。早在20世纪50年代，蚂蚁岛成立全国第一个人民公社，并由周恩来总理签字颁发奖状，授予小岛“蚂蚁岛人民公社农业社会主义先进单位”。国家主席刘少奇、老一辈革命家许世友将军等众多历史名人都曾造访这座爱国主义小岛，习近平等国家领导人也曾到小岛参观考察。蚂蚁岛成了“自力更生，艰苦奋斗”精神的代名词。公司在岛上开发海景广场、休闲渔业。游客可以在此体验渔民生活，吃在渔家、住在渔家，跟渔民出海捕鱼；参观全国第一个人民公社旧址、蚂蚁岛艰苦创业纪念馆。

现如今，蚂蚁岛通过发展红色旅游、打造爱国主义教育基地，成为全国中小学生社会实践教育基地。

2013年9月，公司投资的第三个旅游景区浙东小九寨建成开业。2018年5月，公司投资千岛湖百瀑源景区。

公司的旅游产业板块仍在持续拓展。

一个人物

竺保国：创业要有超越自我的激情

采访竺保国时，问他是否会讲嵊州话。他不好意思地笑说：“讲不太好。”也难怪，在宁波出生、长大、工作、创业的竺保国，在嵊州几乎没有生活过。然而，在采访的过程中，竺保国多次表达“我的身上流的是嵊州人的血脉，骨子里也有着嵊州人执着、坚持、不服输的性格，这些都是没有办法改变的。”

“自小，我爷爷和父亲就告诉我，我们的根在嵊州。”竺保国的爷爷早年为生活计，做过烟草，带过戏班子。他带着戏班子辗转上海、宁波、象山一带，最后在宁波郊区租地务农，并买了房，扎根宁波，把家人也接到宁波。

“我的父亲一直在宁波务农，是个地地道道的农民，但我的骨子里却有一种想创业、不断超越自我的激情。我想，这可能就是嵊州人的性格。”竺保国这样说。

对从一位移民宁波的嵊州农民后代，到如今拥有8家专业市场和3个旅游景区（企业名列全国民营企业五百强、浙江省百强）的宁波华东城集团有限公司董事长竺保国而言，一路走来，秉承的正是嵊州人肯吃苦、肯创肯干、自强不息的性格特色。

其实，竺保国的聪明、肯干，早在宁波齿轮制造厂工作时就体现出来了。记者在采访中了解到，1979年，竺保国被校办厂委派前去杭州齿轮箱厂学习培训。在培训期间，他发现杭州齿轮箱厂有5台废旧不用的齿轮机设备，便以每台2500元的价格买了下来，要知道这种新设备市场售价高达每台8.5万元。此后，竺保国蹲在车间里摆弄那批买来的废旧设备，拆卸、组装、调试，硬是把5台废旧设备改装成两台设备技术达标的机器。这一下子，竺保国便为厂里节约下16.5万多元，还在培训结束时带了200对产品回厂里。后来，他被上级钦点为厂长。在他的带领下，机械厂一跃发展成为年销售达几百万元、综合实力列鄞县供销系统前6名的企业。

竺保国常常说：“我觉得一个人非常重要的是悟性，很多东西要去悟、去观察，悟出其中的道理，选择最好的东西，吸收最好的东西。”

竺保国下海创业的过程，在旁人看来似乎非常顺利，但个中滋味只有他自己知道。面对记者，竺保国回忆起1997年年底的情景：五十年一遇的雪灾袭击浙江，刚刚建好的宁波华东物资城市场的大棚结构全部被雪压垮，三四百户经营户受灾。除夕之夜，别人都在全家团圆，竺保国和员工却在市场内开着铲车清理现场，一些受灾的经营户本来都是怨言纷纷，看到他们这样，怨气打消了。整个春节假期，竺保国一直留在市场里，到正月初八，所有积雪清理干净，经营户正式开张；正月十五，压垮的大棚全部恢复。“我们用诚意与努力，向经营户证明，华东城是信得过的。”竺保国说。

在带领集团公司发展的同时，竺保国个人也被评为中国优秀民营企业家、中国优秀创新企业家、中国市场杰出人物、改革开放30年中国浙江市场十大功勋人物、浙江省优秀创业企业家、十大风云甬商。

一种贡献

用品牌集聚8家市场成行业标杆

宁波华东物资城系宁波华东城集团旗下市场产业体系，1993年由最早两间租店铺起家，经过20多年的产业布局与市场结构调整，在华东物资城品牌积聚下，形成8家专业交易市场，年销售额超百亿元，市场经营涉及金属材料、化工塑料、建筑装潢材料、机电设备、汽车贸易、汽车修理等。八大专业市场立足宁波，经营范围辐射至浙江、江苏、福建、上海等周边省市及全国各地，成为华东地区极具规模的市场板块。

宁波华东物资城自创建以来，以品牌化的管理和专业的服务成为行业的标杆，曾先后被授予中国服务业企业500强、中国民营企业500强、中国最具品牌价值商品市场500强、中国商品市场50强、中国10项创新市场、中国百强商品市场、中国工业原辅料市场30强、中国市场优秀管理机构、全国商品交易市场系统文明诚信先进单位、全国十大金属材料交易市场、浙江省星级文明规范市场、浙江省区域性重点市场、浙江省综合百强企业等称号。

文：柴丹

宁波中国液体化工产品交易市场
依托产业优势，构建液化产业高地

据史料记载，宁波港起源于古老的“河姆渡”，一千余年的悠久岁月，历经磨难，饱经风霜。新中国成立后，宁波港获得新生，港口经济发展蒸蒸日上。1973年，根据周恩来总理3年改变港口面貌的精神指示，宁波港开始镇海港区的建设，使这个具有1000多年历史的古老港口出现第一次历史性跨越，由内河港走向河口港；1979年，北仑港的开发建设，使得宁波港走出甬江，由内河港跨越发展到海港。

此后20年的发展，千年古港以亿吨大港的新姿走向世界。宁波中国液体化工产品交易市场借势扬帆启航。

一个契机

依托港口产业优势
打造一家以液体化工产品为主要品种的专业市场

1999年，依托宁波港液体化工储存、中转的特殊优势，南临甬江航道，

2010 年，宁波中国石化产品交易市场开业

北依城市轻轨，一家以液体化工产品为主要交易品种的临港型专业市场在宁波镇海诞生。

宁波中国液体化工产品交易市场副总经理陈秀珍是见证市场发展的元老级人物。她向记者讲述了市场初创时的情景："1998年，进行调研。1999年6月，由镇海区政府委托镇海物资局、镇海港务局委托镇海港埠公司共同设立市场。当初主要是看中这里的资源优势，镇海有一个得天独厚的港口，当时的液体化工码头是全国最大的。"她还告诉记者，与市场成立差不多时间，政府投资成立宁波化工开发区，加上中石化旗下的大型炼化企业镇海炼化，形成有力的产业集群优势。

谈到市场刚刚创办时候的经历，陈秀珍至今历历在目。"起初的时候，我们租用港务局里面的招待所作为办公场所，也就300平方米左右的面积，用办公屏风将里面隔成小小的一间间办公室，用于进驻企业办公。"她回忆，从1999年6月开业至当年12月底，市场共招进9家企业，做到5400万元交易额。"液化交易品市场不同于一般的商品交易市场，由于产品性质的特殊性，对企业的资质审核十分严格。此后两年，市场办公室搬迁至物资局，2002年

8月，市场整体搬迁至如今的大运路1号。”

2006年，宁波中国液体化工产品交易市场实施转制，政府投资退出，成为一家民营资本控股的专业市场。发展至今，宁波中国液体化工产品交易市场占地面积34600平方米、建筑面积约7万平方米，由主楼、附楼、行政楼等多幢楼宇环绕组成。2017年，市场液化产品传统贸易交易额已经增长到166亿元。

一次飞跃

三大奥秘促使年交易额成倍增长

作为国内重要的液体化工产品交易集散地，无论是市场的软硬件建设，还是市场的影响力，宁波中国液体化工产品交易市场都取得了令人瞩目的成绩。

记者拿到一份市场年销售额增长的数据：1999年，市场交易额5400万元；2000年，市场交易额4.5亿元；2001年，市场交易额12.5亿元；2003年，市场交易额26.5亿元……这每年成倍增长的交易额背后的因由是什么？

宁波中国液体化工产品交易市场董事长董伟星向记者讲述市场由小变大的“秘密”：

首先是区位优势。市场的区位优势体现在两个方面，即港口优势和产地优势。镇海有全国最大的液体化工码头，可停泊5万吨级大型液化船，码头装卸具备船–罐–汽车（火车）联运和灌桶等多种功能。自1986年首座液化专用码头建成投产以来，年设计吞吐能力565万吨以上。

其次是技术优势。经过技术改造，目前可用于成品油、原油中转的储罐容量达到25万立方米，镇海港区对液体化工类产品的储运处理能力，为交易市场的商户安全、快捷、低成本地与客户进行特殊产品的交易，提供了物质保证。

还有就是产业优势。镇海区有中国石化镇海炼油化工股份有限公司，这家特大型企业是亚太地区十大炼油厂之一，是中国最大的进口原油加工基地、含硫原油加工基地和成品油出口基地。“这为我们市场提供了特殊、强大的产业背景，商户则看中由此带来的靠近产地、产品来源稳定这一优势。”

市场自初创开始，发展势头强劲，交易额连年攀升，上缴税收逐年增长。至2004年年底，市场交易额达到56.2亿元，比2003年增长了38%，上缴税收达到5120万元，比2003年提高34%。同时，更多的商户也积极要求进驻市场，2005年由上年的220家增加至232家。目前，市场主要经营的产品包括：甲醇、甲苯、二甲苯和乙二醇等，交易量分别占全国市场份额的8%、6%、7%、11%。这些品种在宁波镇海液体化工产品交易市场的交易状况和价格变化，已经成为影响国内同类产品价格水平的重要因素。

在软硬件建设方面，宁波中国液体化工产品交易市场建设的初期投资就达3000多万元，占地37亩。2004年，市场又投资近1000万元，在原有营业用房的基础上进行了翻建，新增建筑面积4600平方米。目前，整个市场的营业面积达到7万平方米，进驻企业达到约400家。

在董事长董伟星看来，市场的发展离不开宁波市、镇海区两级政府的支持和对当地液体化工产业的重视。“从政府的发展规划上看，宁波镇海液体化工产品交易市场作为一种特殊的生产资料交易市场，它的发展纳入依托海港优势、发展物流产业的战略之中。政府部门实施加快港口建设，尤其是港

市场大门

市场行情信息定时发布

口对液体化工产品的处理能力，开辟化工新区，建设大级别液化码头，鼓励中外化工企业入驻等措施，都对市场的发展壮大起到引领支持作用。”

目前，宁波镇海液体化工产品交易市场的外地客户占到3/4以上，除了区位优势和政策支持，市场自身的管理水平也是关键。陈秀珍向记者描述，新建立的市场除了稳步做好市场的硬件设施建设外，市场管理层更是通过周到、细心的服务，赢得经营户的青睐，“我们为商户业务的开展着想，根据国家有关规定，主动为达到标准的企业办理危险化学品经营许可证，加快商户入场交易的效率”。

一场涅槃

顺势扩张，依托电子信息平台转型升级

由于市场规模的不断扩大，加之市场内外地客户的占比越来越高，自2000年起，市场管理层开始考虑实施外地招商。

“从2007年至今，我们都集中开展招商推介会议，比方去温州、舟山、

山东等地。由于我们市场本身已经在全国范围内小有名气，招商推介会比较顺利，同时也把当时市场的优势、优惠政策、税收政策等推了出去，在全国范围内形成辐射。”宁波中国液体化工产品交易市场招商负责人朱爱波在采访中告诉市场导报记者。她向记者回忆，除了本身市场的优势以外，市场的政策、服务做得比较好，“你知道我们是做危化品的，相对而言，企业的领证手续比较复杂。当时我们为了更好地服务企业，为企业提供审批一条龙优质服务，利于企业更快地办证”。只要企业进入市场，从进驻到后续经营，市场都提供一条龙服务。

自从宁波中国液体化工产品交易市场建立后，市场管理层开始站在进场企业的角度换位思考问题，一方面将市场做大做强，同时积极外扩，进行复制，为市场的良性循环发展提供样本。

2010年，市场在宁波北仑梅山保税港区投资成立宁波中国石化产品交易市场。“当时，看到政策优势以及整个梅山新区的前景，我们就复制了一个市场。”谈到招商的过程，朱爱波告诉记者，市场的发展是一个厚积薄发的过程。目前，梅山石化市场有300多家企业，年交易额达200多亿元。

2016年，市场投资成立舟山中国基础原材料交易市场，主要以成品油、危险化学品为主。“随着舟山对油品全产业链的开放，我们市场经过这么多年，招商经验比较丰富，在洽谈招商过程中，品牌效应比较明显。2017年，我们市场已经被舟山当地政府评为优质招商平台。虽然舟山市场和原来宁波镇海的市场招商的方向不一样，一个是液化产品，一个是油品，对我们提出了更高要求，最终还是圆满完成了招商工作。”她说，记得第一次招商，有10家企业现场签约，短短两年时间，目前舟山中国基础原材料交易市场已拥有160多家企业，年交易额达170亿元。

除了进行复制外扩，市场还依托电子商务转型升级。董伟星告诉记者，“10年前后，历经2008年金融危机和2009年国际原材料价格波动影响后，我们面对日趋激烈的行业竞争、地域竞争，政策先发优势逐步消失的不利局面，除了不断在硬件提升改造、内部管理服务升级和流通业态转型创新等方面下功夫，还重视‘中国液体化工在线’网站信息平台的搭建，实现传统贸易和电子信息相结合的现代化专业市场的转型”。2010年，中国液体化工产品交易市场传统贸易实现交易额152.6亿元，比上年增长21%，总量居全国前列。

一个人物

董伟星：以进场企业为本

市场能够吸引众多外地企业进场，这与市场董事长董伟星以人为本、以进场企业为本的经营理念是分不开的。

董伟星说："我们要增强市场的凝聚力，就应该增强进场企业的归属感，使外地的进场企业在市场找到家的感觉。比如，我每年都要走访进场企业，了解发展过程中遇到的问题，不管是税费、场地变更、物流等，都会帮助企业协调解决。"

有进场企业经营者这样评价说："市场负责人每次来走访，我们就感到在这里做生意很踏实。"

同时，以董伟星为首的市场管理层还主动关心新宁波人的生活，帮助进场企业老板及员工子弟争取在宁波入学的机会，主动帮助有就医需要的外地企业人员联系医院，解除进场企业外地人员的后顾之忧，给进场企业提供保姆式的服务。他要求，能够把外地客商招来，也要能把外地客商留住，给外地的进场企业营造安心踏实的营商环境。

一种贡献

依托港桥海优势，推动石化产业跨越发展

宁波中国液体化工产品交易市场自1999年成立以来，在各级党委、政府及职能部门的关心和扶持下，发展迅速，连续多次被浙江省人民政府评为省重点市场，被浙江省工商局授予省五星级文明规范市场，被国家工商总局评为全国诚信示范市场，并在中国商品市场峰会上多次被评为中国商品市场百强；此外，还获得中国最具品牌价值商品市场50强、浙江十大转型示范市场、浙江省诚信示范市场等称号。

市场荣誉

向东是大海。董伟星告诉记者，今后，宁波中国液体化工产品交易市场仍将充分依托地方石化产业基础和港桥海优势，通过与国家级的宁波石化经济技术开发区、宁波梅山保税港区和舟山港综合保税区相互借力，实现液化产品和固体石化产品联动发展，进行多元化的突破，实现市场与进场企业共同的跨越式发展。

文：柴丹

宁波保税区进口商品市场

借创新试点的东风，潜心打造多元智慧市场

“2013年，对于宁波保税区进口商品市场而言，是具有重大意义的一年。就在这一年，宁波跨境贸易电子商务业务正式启动试运行，大大推动了宁波保税区进口商品的跨境贸易便利化和进口商品市场建设，为区域经济转型发展注入新的活力；同时，也令市场提前嗅到了打造热门进口商品集散地和仓储基地的气息。”宁波进口商品展示交易中心有限公司CEO汪涛用简明的一句话，总结市场发展历程中的一个重要节点。

一个契机

特殊政策的春风

宁波保税区成立于1992年，是浙江最早设立的海关特殊监管区。宁波出口加工区设立于2002年。两区享有“保税、免税、免征”等特殊政策，毗邻宁波北仑港，具有国际贸易、保税仓储、保税展示交易、进出口加工、国际采购配送等功能。

在这样一个具有天然贸易港口优势的地方，诞生一个专门进行进出口商品跨境贸易的市场，似乎是必然的。汪涛一路看着市场的成长：“2009年，我们顺应消费升级，经过大量周密的调研，提出设想，筹建市场。”

他对记者说，那个时候，他们的设想是要打造一个进口葡萄酒市场。

2010年6月，宁波保税区进口葡萄酒市场正式成立。汪涛告诉记者，进口葡萄酒的综合关税达到48.2%，由于保税区可以在商品出货后再行交税，对于入驻企业而言资金压力大大减轻了，企业纷纷前来洽谈。依托于我国对外开放程度最高、功能政策最优、运作机制最便捷的国家特殊功能区保税区的优势，市场呈现跨越式发展势态。

一组数据显示，宁波保税区的葡萄酒进口量，由2008年的19.5万升，2009年的50万升，一跃提高到2010年的488.8万升，同比增长近9倍。2011年，进口葡萄酒总量更是高达891万升，占到宁波口岸葡萄酒进口总量的74.8%。2012年，全球经济低迷，但当年葡萄酒进口量保持平稳增长的良好势头。永裕、汇立、优传、安夏酒联、凌轩、卡聂高、盟德、云顶湾等国内外知名进口葡萄酒运营商、酒庄纷纷入驻市场。2017年，达到1317万升。

随着大洋世家、宝乐贝尔等知名实力企业的相继入驻，宁波保税区进口葡萄酒市场的商品种类大幅增加，经营范围爆发式拓展。市场经营葡萄酒、啤酒、烈酒、橄榄油、奶粉、蜂蜜、保健品、水果、咖啡、矿泉水、休闲零食、金枪鱼等多种类商品。2013年6月，宁波保税区进口葡萄酒市场正式更名为宁波保税区进口商品市场，在做大做强进口葡萄酒的基础上，突出跟进做好进口生活用品、中高端消费品等交易商品。2017年，交易额达百亿元。

一次飞跃

网上网下融合发展

随着一般贸易的快速发展，2013年4月22日，市场以旗舰店形式入驻天猫（ictm.tmall.com），成为首家进驻电商平台的专业进口商品市场。数据显示，天猫旗舰店上线首日，共推出来自法国、意大利、西班牙、智利、澳大利亚、新西兰等多个国家的100多款原瓶装进口葡萄酒，完成交易逾3200笔，交易额突破百万元。在快速发展的过程中，市场鼓励更多有条件有实力的企业纳入网上平台，建立自己的网站。“比如永裕、伯德嘉等企业尝试迈向电子商务领域，通过整合线下资源，助推线上拓展。目前，发展较为成熟的有永裕在线、买酒去、红酒客等自有电子商务平台。”汪涛说。

2013年，宁波跨境贸易电子商务业务正式启动试运行。对于宁波保税区进口商品市场而言，海外产品可以更加快速地、多品类地进入国内市场，也改变企业传统贸易的思维模式，使得电子商务的概念进入传统贸易企业的视线。除了天猫店，保税区进口商品市场还与京东、小红书、网易考拉海购等一批电子商务企业合作，全面打造覆盖全国的B2C电子商务购物网络。

为了加速线上线下融合的步伐，阿里巴巴、宁波保税区管委会和宁波保税区正正电子商务股份有限公司共同打造“1688进口货源平台宁波站”。2015年10月28日，宁波站开始试运行，并成为阿里巴巴发展跨境进口B2B产业的第一批合作伙伴。数据显示，截至2017年年底，1688进口货源平台宁波站已入驻商家近500家，汇集全球近百个国家3.5万多种进口商品。汪涛认为，如果说，2013年的新政，是让电子商务的意识进入传统贸易企业的话，那么1688进口货源平台宁波站，就是推动宁波跨境电商从B2C模式向B2B模式拓展的关键一步。“充分发挥阿里巴巴的资源优势和平台优势，以及宁波保税区的功能优势，为全球海量商品进入中国市场、为国内进口商采购质优价廉的海外商品，提供一个高度便捷的平台和渠道，也标志着宁波跨境电商发展模式的新突破。”

一场升级

以新零售、新营销来提升市场管理

宁波保税区进口商品市场实现连年增长，管理者开始思考探索市场化运作的模式。

2013年6月，宁波进口商品展示交易中心一期在宁波国际贸易展览中心9号馆开业，利用宁波保税区的特殊功能政策优势和仓储配套优势，以及会展中心的地理优势，按照“功能＋窗口”“前店＋后仓”的运作模式，打造宁

首届宁波保税区国际葡萄酒文化节开幕式

波国际贸易核心服务平台，成为顺应居民不断升级的消费需求的一项重要战略举措。随着中国–中东欧国家投资贸易博览会项目的落地，中东欧国家特色商品常年展在宁波进口商品中心亮相，市场进一步融入“一带一路”的大版图中。

自2014年起，依托进口商品市场品牌的影响力，帮助企业拓展销售渠道，开始在全国建设宁波保税区进口商品直销中心，将市场的销售网络和影响延伸至各个省份，进一步提升进口商品市场形象，实现多方共赢。据记者了解，直销中心是经市场发展公司授权使用宁波保税区进口商品市场标识，采取统一物流管理和收银结算的批发、零售终端平台。数据显示，第一家直销中心于2014年1月3日在宁海设立，并迅速在杭州、舟山、台州、南昌等地铺开，共有34家直销中心。

在全国各地的直销中心日益增多的同时，保税区进口商品市场还联袂淘宝天猫、网易考拉等电子商务平台，设立网上直销中心，实现从线下交易向线上交易的拓展升级。在做好线上线下联动发展的同时，保税区进口商品市场不断创新，推出线上（网店）和线下（实体店）有机融合、一体化经营的O2O购物新模式。

汪涛告诉记者，为了与新零售、新营销相匹配，市场在自身的经营管理上也进行了提升。

提升市场智慧化水平，打造数据驱动型市场，以市场入驻企业源头进口消费品数据为基础，以信息化技术为支撑，发挥保税区仓储物流配送资源集中的优势，通过对信息流、物流、资金流的整合，构建适合宁波进口商品市场可持续发展的全球供应链体系。

设立新外贸新零售创业孵化中心，深耕高校市场，实现贸易人才培育和市场品牌推广目标。

用互联网技术实现数据闭环管理，提升客户消费体验，加速入驻企业线上线下渗透融合，重构新的零售业态，打造一批样板店铺。

通过建立销售管理、商品管理、物流供应链管理三大数据仓库，将市场、消费场景、经销商直到最终用户连成一个商业价值链，盘活数据，并在此基础上构建保税区贸易企业画像，实现贸易数据可视化管理，为市场监管、政策制定提供科学依据，提升市场竞争力，推动产业升级。

市场俯瞰

一个人物

汪涛：诚信与担当

2018年，市场总面积达27万平方米，成交额达百亿。汪涛说，这些成绩的取得，除了顺应发展趋势，最离不开市场发展中秉持的“诚信”二字。

据悉，自2010年市场建成开业至今，面对激烈的市场竞争，市场领导班子不断完善制度建设，杜绝各种不良影响和诱惑，从根本上维护消费者的切身利益，践行对广大消费者的信用承诺。汪涛向记者说起一个故事，“2012年前后，有不少宁波市民驱车前来购置进口商品，生意挺好。也有一些人谣传，说我们的葡萄酒之所以便宜，是因为假的、灌装的”。为了消除负面影响，市场专门组织媒体，邀请一部分消费者现场体验保税区进口商品市场产品的通关、管理流程，还拍摄《阳光下的保税区》纪录片，进行传送播放。汪涛告诉记者，市场始终如一牢记诚信，坚持“原瓶原装进口”的品质承诺。

从2011年起，市场进口的葡萄酒开始推行加贴“宁波保税区原瓶装进口”防伪标签，进口葡萄酒有了唯一的“身份证”，并逐渐扩大范围到市场所有的进口商品。随着智能手机的发展和二维码技术的日渐成熟，2013年，市场将防伪标签进行升级，建设进口食品、跨境商品防伪溯源监管平台。顾客只需用手机微信“扫一扫”，就会弹出产品的信息：商品名称、原产国、进口口岸、进口商、生产日期、报关报检信息等。如果发现质量问题，很容易就能“顺藤摸瓜”找到进口商，即通过建设进口食品、跨境商品防伪溯源监管平台，实现“信息全掌握，源头可追溯”。

他说，市场的发展历程也让他们深深懂得，担当是责任，担当是使命，信用可以让市场走得更远。

谈及市场未来的发展，汪涛提出的关键词十分吸引人：新零售、试验、孵化、智慧市场……他说，今后，服务与体验将成为新模式核心，所有的流程都倒推，一切以消费者的需求为导向，消费者需要什么，我们就卖什么。

据介绍，如今的宁波保税区进口商品中心已成为“一个市场、两片分区”联动发展的进口消费品展示交易平台，逐步形成“实体+虚拟”“平台+网络”“专业馆+综合馆”“常年展+短期展”四大业务运营模式。线上抓中东欧常年展网上商城、与网易考拉合作打造的线上中东欧常年展；线下抓实体市场和直销中心，批发零售并进，并且借助推介会、展会、对接会等形式，帮助企业拓展整体销售渠道。“在摸索市场多元化销售渠道的同时，相对于传统的交易市场，我们还逐渐开辟孵化器功能，帮助进口商拓展销售渠道、提供清关、培训、融资等服务，尽量周到地将服务进口商做得更好。有创业想法的大学生，可以直接来我们的基地，免费提供场地为他们孵化。”汪涛笑着告诉记者，他们的目标是逐步通过“互联网+”与新型商业模式相结合的方式，打造好智慧市场。

一种贡献

进口商品交易破百亿

近年来，宁波保税区紧紧围绕宁波“港口经济圈”建设要求，充分发

进口商品市场外景

挥功能政策优势、政府服务，以及国家进口贸易促进创新示范区、国家跨境电子商务综合实验区、宁波国际贸易示范区等创新试点优势，着力打造集展示办公、仓储物流、培训文化等于一体的宁波进口商品中心，形成宁波保税区进口商品市场和宁波进口商品展示交易中心两个片区联动、线下实体与线上电商两类展销平台并存、批发业务与零售业务两种方式兼营的多元化经营格局。

目前，市场总面积24万平方米，其中进口中心12万平方米、保税区市场12万平方米，集聚国内外贸易商1100余家,2017年交易额达百亿元，其中线上交易额约53.3亿元，已成为全国最大的实体进口消费品交易平台之一。

保税区市场包括12万平方米的展厅和8万平方米食品仓库，其中2.8万平方米为国内先进的恒温食品坡道层库。交易商品以进口葡萄酒为主，汇集来自世界27个国家、3000多款性价比极高的第一手原瓶装进口葡萄酒，是国内最大的实体葡萄酒市场之一。近年来，进口奶粉、进口橄榄油、进口肉类、进口水产品、进口水果等进口食品也增长迅猛。自市场成立以来，相继获批国家级诚信示范市场、省级诚信示范市场、省级五星级文明规范市场、省重点市场、省网上网下融合示范市场试点单位及宁波国际交流示范基地等多项称号。

文：柴丹

温州菜篮子农副产品批发交易市场

在磨难中励精改革华丽蝶变

温州菜篮子农副产品批发交易市场（以下简称农副市场）位于温州市瓯海区娄桥街道古岸头村，是温州市现代服务业的重要组成部分之一，现隶属于温州市首家上市国企——浙江东日股份有限公司；归口于温州市十大国资运营公司——温州市现代服务业投资集团有限公司。

一次契机

两次成功搬迁，成就浙南闽北最大农批市场

农副市场前身为温州蔬菜交易所，创建于1961年，原址在温州市三角城头。随着历史变迁与旧城拆迁，1992年,在市区水心建造蔬菜批发交易市场，占地面积1.6万平方米。1999年，扩建约2.5万平方米，共计4.1万平方米。

水心市场，服务配套设施完善。如设置招待所、餐饮店等，为客商提供吃、住服务；建立蔬菜残留农药检测中心，即现在温州菜篮子食品安全检测中心的前身，每日对交易蔬菜进行抽检检测，确保食品安全；配备大型电子

显示屏幕，为客户提供交易蔬菜的最新参考价格，同时通过网络向农业、商务部门传送；为客户提供通信、金融等一条龙服务。

市场还订立诸多场规，如商品进场规则、交易规则、治安规则、装卸规则、场内运输规则，使市场各种活动和人员行为纳入制度化轨道。经过多年的苦心经营和发展、壮大，1999年10月，被国家确立为全国菜篮子工程定点鲜活农产品中心批发市场。

历经16年，随着温州市经济发展和百姓生活水平的不断提高，藏身市区的市场给周边居民的生活带来方便的同时，也给城市交通、卫生等带来巨大的压力，同时市场自身的发展也因场地因素受到限制。在种种因素碰撞下，领导层决定选址搬迁瓯海区娄桥古岸头，即如今的温州菜篮子农副产品批发交易市场。

亲历者说：

我在市场工作30多年，见证了市场的变迁和发展。市场搬迁与城市的发展和变迁弦弦相扣。搬迁后该如何挽留客商、经营户？如何匹配偌大的市场，形成集聚效应？往往是个难题。为推进招商工作，农副市场采取向买方收取交易费的形式，吸引全国各地的经营户和农产品在此集聚。至此，市场越加繁荣，辐射面不断拓展，农副市场逐渐发展成为浙南闽北蔬菜集散中心。

——现任市场总经理黄福亨

一次飞跃

信息变革，提升农产品批发市场知名度

2012年，推出电子秤、电子结算，是当时农副市场最为鲜明、最为亮眼的创举。作为当时全国首家介入无线电子结算的农批市场，吸引全国各地同行到市场考察、交流经验。该项变革是农副市场迈入信息化的标志性举措。

在这之前，机械磅秤一直是市场结算交易的唯一可靠工具。上班的时候，交易员提着箱子，推着机械磅秤，秤砣在秤上忽上忽下，为经营户、客

市场夜景

商称重，心算价钱。点钞、找零，是每位交易员必备的业务技能。所收的交易费当场放入箱子，下班上交之前一律禁止私下清点，由市场统计员清点并与交易员登记的金额校对，少额、多额，都要根据市场制度罚款。交易员对于罚款是再正常不过的事情。即便如此，还是出现私吞交易费的情况，出现管理难、资金流失现象，亟待农副产品信息化的管理模式。

2011年，全国的农产品批发市场规模得到前所未有的发展，各地农产品批发市场都在改建、扩建，进一步加强市场硬件建设，完善基础设施，改善交易条件。与此同时，信息技术的飞速发展，尤其是数据库技术、网络技术、IC卡技术的日益成熟，为我国农批市场的发展带来新机遇。在这波热浪下，农副市场加快转型，为提升物流效率，节省人力资源，运用现代化、信息化管理手段，推出电子结算系统。

电子结算系统是国家相关部委为了便于蔬菜来源去向追溯，有效掌控菜价菜品和供求信息而实施的集货款结算、数据采集、资料登记等功能为一体的新型结算系统。国家以财政补贴等方式加以大力推广。2011年以来，蔬菜区斥资400多万元，先后引进北京东华合创数码科技股份有限公司软件应用系统和全球衡器制造领头羊——美国梅特勒·托利多（常州）公司制造的电子交易小车，逐步建立经营业务运行平台、信息数据基础平台、数据采集发布平台，加快推进农副市场规范化、规模化、信息化、电子化的建设步伐，改变延续几十年的手工对接模式。

电子结算作为新兴高科技产业，较传统手工对接模式而言，具有操作方便、运行安全、信息记录、产品追溯、数据统计、电子交易等优势。2012年，“菜篮子”电子结算系统列入温州市现代服务业集团有限公司十大重点项目之一。经过试点、全面推广，2013年年初，市场淘汰最后3台机械磅秤，更换全部235台电子秤，为后来“一卡通”的建设奠定了基础。

亲历者说：

市场为电子结算顺利推进做了大量工作。在确保交易员队伍思想稳定的同时，组织结算厅工作人员和交易员进行培训。此外，还对经营户、客商办理IC卡进行有效的宣传。对于个别经营户和消费者还是习惯直接现金支付，市场积极引导，最终让买卖双方逐步接受新型的电子结算方式，从中体验到交易的便捷性。至此，市场信息化建设就此如火如荼地展开。

——时任市场常务副经理、现任菜篮子集团总经理吴建淡

一场涅槃

华丽蝶变，如凤凰般浴火重生

2008年，市场搬迁至瓯海区娄桥。至2018年，在这近11年中，数据显示，娄桥市场（包括蔬菜区、水果区、淡水鱼区三个区）车管费收入由2011年的1588.53万元上升至2017年的2964.11万元，同比增加87%。人流、物流、车流日益繁忙，农副市场在娄桥这片土地上扎根，越来越深。

与此同时，2012年4月，贯穿温州东西六大片区快速路——瓯海大道全线开通，提高了温州城郊流通效率；2012年年底，瓯海区政府搬迁至娄桥，加快娄桥镇城市化建设步伐；2015年，毗邻市场的金丽温娄桥段高速路口开通，促进了全国农产品在市场集聚、流通。

从2016年开始，温州市委、市政府大拆大整、大建大美专项行动、平安城市建设和省文明城市复评等工作陆续开展，与坐落在区行政中心的市场建设、

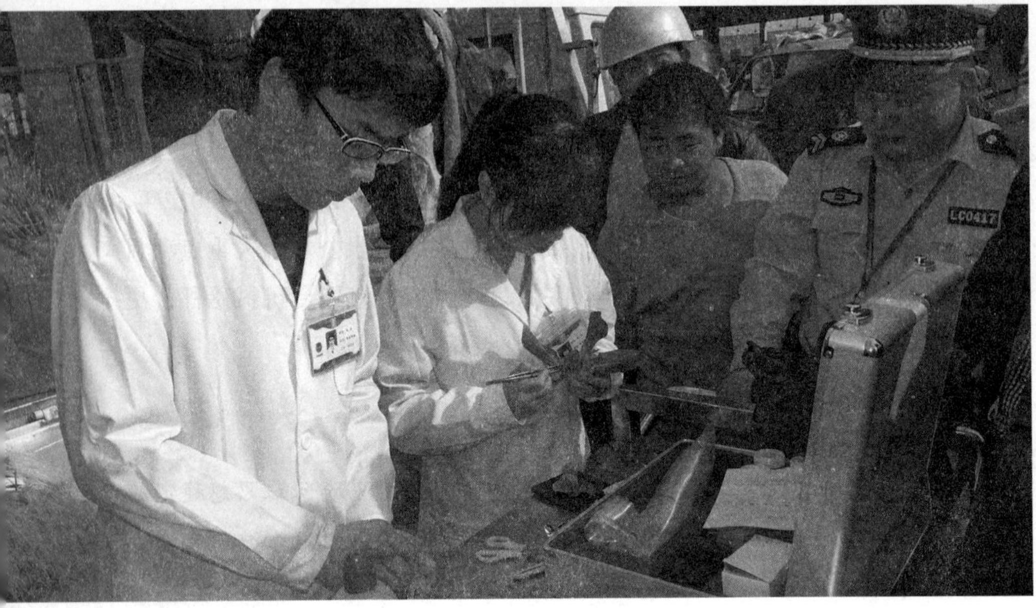

市场快速检测

管理产生不可避免的矛盾。这使市场清醒地认识到，提升改造刻不容缓，与周边区域融合发展时不我待，必须由被动变为主动，牢牢掌握自身发展的命运。

2016年，《温州菜篮子农副产品批发交易市场改造升级三年行动计划》出台实施，聘请专业设计公司以交通序化、服务优化、环境美化为目标，对市场整体设计、提升改造行动就此展开。2016年，被市场誉为提升改造年；2017年，誉为形象提升年；2018年，誉为效益提升年。

在这三年中，市场联合交警、行政执法部门成立交通协管队伍和行政执法队伍，更换隔离栏、规范交通标识、地面重新画线，共同创建主干道严管街；为助力瓯海大道亮化、绿化工程，在主干道沿街、沿线亮化、栽绿，提升视觉感光；投入200多万元，实施场内雨污分离工程；电子秤增设3G信号，提升交易效率；安装智能道闸，提升场内车位利用率；在水果市场建设600平方米党建阵地，重新设计规划蔬菜市场党员活动中心，建立员工书屋；强化信息化建设，将模拟摄像头全部改为数字摄像头，并增加投放，改变知人不知面的尴尬局面，四台磁盘阵列实现蔬菜市场280多个摄像头的存储，比原先用录像机存储更加灵活，实现市场全方位布控。

亲历者说:

温州市专业市场区域分散、规模不均、形象不佳、配套不全等问题较为突出，推进农副市场提升改造既有现实意义，又有长远意义。如果将市场比作人的话，简单地说就是“吃饭”和“锻炼”都必不可少，光吃不锻炼，就会短寿，光锻炼不吃，没有经济基础。这次提升改造是不断自我锤炼、自我补齐短板的行为，全力促使农副市场涅槃重生。

——分管办公室和基建工程的市场副经理贾良义

一个人物

庄克进：大刀阔斧、勇于变革，做农副市场的领头羊

庄克进，大专学历，高级物流师，中共党员，现任浙江东日股份有限公司副总经理。2011年1月份开始，分管农副市场，担任市场经理兼书记。作为市场的领导者，庄克进不乏改革创新的魄力和勇气，主持开展食品安全建设、市场提升改造和规范化管理等工作，为提升市场在浙南闽北地区的知名度作出了重大贡献。他稳健、务实、创新和人性化的管理，得到了员工的拥护。

2011年，在庄克进的推动下，市场完成电子结算项目建设并投入使用。电子结算归集买卖双方的身份信息、交易信息，初步建立了食品安全追溯体系。

总结市场农产品流通规律交易规律，2014年，他提出“四位一体”（即准入、检测、追溯、联动）的食品安全监管理论。2015年，提出“五个挂钩”（即日常监管与信息建设挂钩、抽样重点与上市季节挂钩、检测结果与诚信经营挂钩、检测水准与高端设备挂钩、处置工作与违法程度挂钩）食品管理

理论体系，为食品安全监管道明重点，指明方向，提高检测水准，受到温州市政府的充分肯定。

此外，庄克进还大力推进食品安全放心工程创建、“一票通”和“黑名单”制度、“三个覆盖”（检测品种每日全覆盖、季节性重点农产品检测每日全覆盖、入场经营者检测每周全覆盖）等工作，为保障食品安全夯实基础。

“宣传经常，行动严管”，是他对食品安全的管理方针。经营户、职工食品安全培训和宣传形成长效机制，每年与新闻媒体联合组织开展由社会各级人士参加的“带你去看菜篮子”，形成食品安全社会共治氛围。至2016年，农副市场实现食品安全刑事案件“零”发案率，环境持续向好。

在狠抓食安建设、打造绿色“菜篮子”的同时，庄克进还实施精细网格化管理，规范市场秩序。他提出交易分区管理，实现交易区与停车区分离、本地菜与外地菜分离、一级批发与二级批发分离的三分离目标，有效地提高管理效率。在业务拓展上，开展农社基地对接。2014年，与海南澄迈金安农场就保障市场的农产品供应、共享蔬菜综合信息资源达成合作意向，并签订合作协议书；与台湾长龙农业公司达成发货协议，引进台湾凤梨、芒果和金煌；推行市场进口水果交易中心车板交易模式，大力引进、扶持经营能力强的经营户入市场经营，强化市场竞争。

监控中心

在团队管理上，他要求市场全年无休，每天实行三个管理班次，全天候上岗管理和不间断管理，确保工作正常运作。在畅通民意上，他建立职工建议箱，实行有议必复，努力将矛盾纠纷化解在基层、化解在萌芽状态。在企业建设上，他着力提升市场文化品位，实实在在为员工办事。此外，信息化建设、“一卡通”建设也持续开展。在他任职期间，市场获得中国商品市场百强、中国农产品冷链批发市场50强企业等称号。

一种贡献

以市场为中心，打造娄桥农批市场，增强辐射能力

农副市场现占地面积180亩，即原来的蔬菜区（水果区已于2018年6月独立注册为温州市水果批发交易市场）拥有4.6万平方米交易大棚，交易布局主要分为二级批发区、基地蔬菜区、外埠蔬菜区，共计商户1000多家。外埠蔬菜主要来源是北向的山东、山西、内蒙古、甘肃、宁夏、河北等地，南向的海南、广东、广西、福建，西向的江西、安徽、湖南、湖北等地。日交易量达到3000多吨，高峰期日均交易量达到4000吨，年交易额25亿～28亿元。

水果区占地面积120亩，有来自十多个国家20多个进口水果品种，并汇聚全国各种果品，年交易额约40亿元。

作为浙南闽北地区最大的农产品批发交易市场，每天大约20%蔬菜供应市区各大农贸市场，60%流向平阳、苍南、瑞安、永嘉、瑞安等周边地区，20%蔬菜量供应福建、路桥、黄岩、温岭、临海、青田、景宁、丽水等地。另外，在本基地蔬菜上市的高峰期，通过菜贩的调运，还销往江苏、上海、杭州等地。

从2008年搬迁至娄桥后，市场打响知名度，成为温州市批发市场的一张名片。2011年7月，浙南农副产品中心市场水果区整体迁建至娄桥，同时纳入温州农副产品批发交易市场管理体系，丰富交易品种。2017年6、7月份，白肉市场、配送公司相继搬迁至娄桥农副市场。市中心锦绣市场于2017年年底完成部分业态分流至位于娄桥的现代农贸城一期的任务。

现代农贸城占地62亩，集聚农副市场副食品区业态和锦绣市场部分业

市场俯瞰

态。一楼经营淡水鱼，二楼主营鲜肉类、淡水鱼、水产、蛋品，三楼主营副肉类、冻鲜禽类、蔬菜类、豆制品类、水果、粮油制品，四楼主营干水产、调味品、干货类。至此，以娄桥为中心的西翼格局已经初步形成，集聚蔬菜、水果、副食品、淡水鱼、肉品、经营配送等业态。在这里，客商、普通消费者可以通过“一站式”采购，节约大量成本。

目前，农副市场已在谋划“一卡通”信息化建设和货款的代收代管，将所有入场车辆在进场前完成产地证明信息通过APP扫描传输后台，与检测信息、买家信息全部统一归集，完善大数据、大信息建设，健全食品安全风险管理和追溯管理体系。“一卡通”兼有出入证、充值卡、消费卡等功能，在农副市场试点成功后，将在娄桥农批市场推广，并实现各大市场通用，必将大大缩短经营交易时间，提高供货商、采购商的效率，还可查询到产品的卖家、买家、产地等信息，全方位实现安全溯源。

“改革立桥头，发展树新风”，“一卡通”建设将强有力保障消费者“舌尖上”的安全，同样会如电子结算、食品安全体系建设一样引来全国各地同行的相互学习与借鉴。与本地其他市场的货源互补、一体的监控体系、通用的交易卡的串联，毫无疑问会增强娄桥各大市场之间的紧密联系，增加农副市场的这张对外名片的含金量。

文：汪施　王伊茹　陈彤

海宁中国皮革城
从零到两百亿元，铸造“世界皮革时尚之都”

“海宁中国皮革城在20多年的发展历程中，从无到有，小题大做，走出一条传统产业转型升级的路径，使我们对敢为人先、大干实干、资源整合的传统浙商有了更加清晰的认识，也使我们对传统产业转型升级有了更加全面的把握。”海宁中国皮革城原董事长任有法如是说。

一个契机

一张小皮子，一个大市场

海宁皮革产业古已有之。明朝嘉靖年间，海宁皮革就作为朝廷贡品，列入史志。真正意义上的现代皮革工业，起源于1926年。当时一位赴欧留学的海归在海宁建立全国最早的三个现代意义的制革厂之一，生产出工业化生产的第一张皮革。

新中国成立后，通过公私合营等一系列改制和合并，形成20世纪六七十年代全国技术实力最雄厚的制革企业——海宁制革厂，培养了一大批皮革行业

1994 年，首届全国皮革服装展销会

技术人才，被誉为中国皮革行业的“黄埔军校”。随着1978年开始的改革开放，大量制革技术人才和经营人才下海办起私营企业。到1993年，皮件企业数量已经达到300多家。

在20世纪90年代初，海宁境内没有皮革及其制品专业市场，给皮件产品的销售带来很大困难。一方面，皮革及其制品生产企业需自行到全国各地推销产品，除少数几家规模较大的皮件厂外，大多数皮件厂由于人力、资金和信息等原因，困难较大；另一方面，由于皮件厂分散在全市各地，外地客商到海宁采购产品也有困难。

为了解决这两大难题，广大皮革经营者和消费者迫切需要在海宁建立一个皮革及其制品交易市场。海宁市委、市政府在邓小平同志发表南方谈话后，开始谋划建设皮革城，投资预算高达4600万元，政府根本没有这笔资金，迟迟不能动工。

后来，海宁市委、市政府经过反复酝酿，确定“三个相结合”的指导思想：小商品综合市场和专业市场开发相结合；市场建设和房地产相结合；本地资金和外地资金相结合。这“三个相结合”无疑是观念和方法的重大突破，也是解放思想、敢为人先的锐意创新。正是这种思路，使皮革城获得福建侨资企业的青睐，同意合作建设。

福建侨资企业的合作，带给皮革城的不仅仅是资金的支持，还有理念的变化。按照当时境外房地产的模式，通过预收市场商铺的销售款和借用政府土地，使皮革城获得宝贵的启动资金。1994年，海宁中国皮革城（原名浙江皮革服装城）便在这样的环境下孕育而生。

一次飞跃

从“皮革之城”迈向“时尚之城”

中国皮革城全面开启时尚弄潮之旅，要从2002年说起。当时，海宁中国皮革城产品质量不断提升，产品款式日益丰富，信心随之增强。市场聘请国内时尚界的顶级人士，举办首届全国皮革服装流行趋势发布，走出引领皮革产业发展和皮装时尚消费的第一步，得到国内外时尚媒体的广泛关注。

在此后的十多年里，中国皮革城耗资20多亿元，建设工业设计基地、时尚产业园、国际面辅料中心，成立行业设计师协会、嫁接国际顶级设计资源，不断夯实产业的原创设计能力；连续十多年与CCTV、各大卫视合作举办全国皮革裘皮服装流行趋势发布，创办中国皮革企业自己的时尚发布平台——中国皮革时尚周，还通过“上海之夜”中国皮装时尚发布会、海宁皮装时尚万里行、海宁时尚运河行、跨越长城海宁皮秀等一系列全国性的时尚发布活动，不断提升海宁皮革的产业氛围和对时尚消费的影响力；同时创办海宁中国皮革原辅料展、海宁皮革裘皮服装展等展会活动，提升海宁原创设计的成果转化效率，从而形成从原料、设计到生产、成果转化的，处于全国领先地位、可以接轨国际水平的完整原创设计生态体系。海宁中国皮革城也如虎添翼，从“皮革之城”迈向“时尚之城”。

几经涅槃

一只只拦路虎，让皮革城百炼成钢

海宁中国皮革城的成就是开天辟地、敢为人先的结果，也是敢于直面

2008 年 9 月 27 日，CCTV2009 中国服装流行趋势发布

困难、勇于战胜困难、百折不挠的结果。海宁中国皮革城的发展道路上，拦路虎不断，正是这一只只拦路虎，让皮革城百炼成钢，产生一次又一次的质变，引领中国皮革产业的发展。

中国皮革城开业之后遇到的第一个困难，就是销路的问题。

在皮革城举办的首届全国皮革服装展销会结束后，来自全国各地的展销商完成上级主管部门下达的“参展任务”，收摊走人；海宁本地的皮装企业在皮革城守了几天，看到上门来的顾客寥寥无几，也按照“老套路”，继续走南闯北去了。

在初秋的燥热消退之后，皮革城一下子变得冷清起来，以至于社会上流传这样一句话“热热闹闹开张，冷冷清清经商，不声不响关门”。初创的皮革城，被无情的市场“撞了一下腰”。

面对困境，皮革城首先想到继续发挥“有形之手”的作用，吸引和挽留经营户。市场管理部门组织6名工作人员，每人负责二三十家经营户，采取人盯人的办法，动员他们回市场正常开业。通过一个多月的努力，经营户们或碍于面子、或抱着再试试看的心态，陆陆续续回到市场。

“如果十天半个月没有生意，他们还是要走的。毕竟生意才是硬道理。”时任皮革城招商科科长的任有法回忆。怎样把市场宣传出去、把客商吸引进来？皮革城想到新闻媒体。

1994年11月18日，星期五，《钱江晚报》记者专门为皮革城刊出一篇题为《海宁皮革城，价格真比杭州低三分之一？》的报道。报道刊出后，恰逢周末，皮革城的客流量明显增加。此后，客流量一路攀升。至1994年年底，市场成交额达到5.8亿元。这一成绩出乎市场方的预料，海宁市领导也欣喜不已。在报纸上利用新闻报道做宣传，海宁皮革城成为全国市场同行中“第一个吃螃蟹”的市场，破解了初建期的商流困境。

之后的3年时间里，皮革城的发展顺风顺水，先后完成三期市场开发，规模从3.1万平方米增长到5.6万平方米，实力显著增强。对海宁皮革产业的带动作用也非常明显，全市注册的皮件企业，从1993年的300多家，猛增到1998年的4778家，市场交易额从2.4亿元，增长到23.58亿元。

刚刚尝到市场经济甜头的皮革城，在所有人大松一口气的时候，却面临巨大的生存危机。

1995—1997年，顺风顺水的背后，隐藏了一个几乎令皮革城走向毁灭的严重危机。由于市场交易兴旺，个体私营企业大量增长，不少企业主看到有利可图，加上一些来自外省的劣质皮革制品乘虚而入，于是在海宁皮革城出现“一日衣”“一日包”等劣质产品。这些产品由于色牢度、抗撕裂度不足，一穿就破，一用就坏，坑害消费者利益，导致皮革城的信誉受到巨大伤害。这些害群之马很快让海宁皮革业饱尝“坏事传千里”的苦涩——在上海、杭州的一些商场皮衣专柜，纷纷打出“本店没有海宁货”的告示，而海宁本地一些本来已经有一定品牌知名度的企业，也不得不在对外销售时改口称自己的产地是上海或者杭州。1998年，中国皮革城生意快速下滑，甚至到了连租金都收不起来的地步。

1998年12月6日，皮革城管委会（1996年成立的皮革城管理部门，海宁中国皮革城股份有限公司的前身）、海宁市技术监督局、海宁市工商行政管理局、海宁市公安局和硖石镇政府联合发出通知，开展革皮市场综合整治活动，禁止外地劣质革皮流入海宁市场。一时间，打击假冒伪劣成了皮革城的中心工作之一。管委会主任亲自挂帅，干部员工全体动员。在海宁市委、市政府的统一部署和指挥下，对全市各个市场和企业进行清查，多部门联合在进入海宁的主要公路全天候设卡检查，发现有劣质皮革原料，当场予以查扣没收，当众焚毁，对劣质皮衣加工点全部予以捣毁，并将典型案例通过新闻媒体曝光。同时，海宁市委、市政府还由副市长带队，到北方劣质皮料的源头进行政府层面的对接，从根源上进行阻击。对假冒伪劣的打击并不能毕其功于一役，但一系列的整治逐渐取得成效。到2000年，市场商品质量已经全面好转。当年3月份，皮革城被评为“百城万店无假货”省级示范市场。2001年开始，很多客商和消费者逐步回归皮革城。质量立市，让皮革城凤凰涅槃，走在全国同类市场的前面，也奠定海宁作为中国皮革之都最主要的两块基石之一。

海宁皮革城遇到的第三个大困境主要来源于市场硬件的掣肘。

随着皮革城影响力的日益扩大，国内外大量皮革品牌企业希望加入。由于地处城市中心，市场规模无法扩展，没有进一步发展的空间。为此，皮革城领导意识到，只有搬迁，才是出路。

2004年，海宁中国皮革城“新城”项目正式上马，真正的挑战却刚刚开始——首当其冲的是大量经营户反对，特别是有商铺产权的商户多数不愿

四川省成都海宁皮革城建筑面积约45万平方米，包括大型皮革、裘皮服装、箱包交易中心、中国西部服装创意设计中心和流行趋势发布中心、品牌风尚街区、休闲旅游餐饮、高档公寓等区块。

搬，占据有利位置的承租户也反对搬迁。

为了平衡各方意见，皮革城召集市场的商户开会。不料，有人喊口号：“坚决反对搬迁！”还有人抱怨：“谁来保障我们的权益？”

为了扭转被动局面，皮革城管委会培训9名党员干部，约谈商户。每个商户的谈话时间为一小时，让他们充分发表自己的观点和诉求。事后统计，市场一共566个拥有商铺产权的老商户，他们访谈511个。摸清情况后，管委会积极向市里争取政策，并先后制定并出台招商方案13个，这些方案和细则全部通过《海宁日报》等渠道予以公开。整个新城招商共计召开选房会25场，完成老城产权置换房554间，销售和出租商铺793间，租、售合同金额达4亿多元。

当时，海宁市委、市政府给皮革城管委会确定的指导思想是：为了避免易地扩建后出现“新城”“老城”自相残杀的局面，皮革城必须整体搬迁；在搬迁过程中，必须坚持公开、公平、公正的原则，兼顾各方的合法权益。

除了上述困难，皮革城的发展过程中，时尚化、连锁化、上市、项目工程建设、产业链延伸平台建设等各个方面，都遇到过大大小小的诸多困难，但是凭借坚定理想、百折不挠的奋斗精神，踏印留痕，一步一个脚印，走出发展的新天地。

一个人物

任有法：“无中生有”“小题大做”“借题发挥”

如何将一小张皮做成大产业？任有法指出，“因为海宁小，我们就需要学会‘小题大做，借题发挥’”。

任有法早早知道设计的重要性。在担任海宁中国皮革城领导的第一年，也就是市场建成两年多后的1997年，积极主导举办全国皮革行业最早的设计大赛——第一届真皮标志杯全国皮革服装设计大赛。这个大赛一办就坚持了20多年，每届比赛收到的参赛作品，从最初的几百幅发展到3000多幅，点燃了中国皮革时尚的星星之火，诞生了像清华美院服装艺术系主任这样的行业大咖。

2002年，任有法开启皮革城真正的时尚弄潮之旅。当时，海宁中国皮革城产品质量不断提升，产品款式日益丰富，信心不断增强。市场聘请国内时尚界的顶级人士，举办首届全国皮革服装流行趋势发布，走出引领皮革产业发展和皮装时尚消费的第一步，得到国内外时尚媒体的广泛关注。

“原料是关键，设计是灵魂，没有设计就没有灵魂，没有灵魂就不可能有故事，没有故事就没有高附加值”，这是任有法经常挂在嘴边的一句话。在此后的10多年里，任有法率领团队，带领海宁皮革城，耗资20多亿元，建设工业设计基地、时尚产业园、国际面辅料中心，成立行业设计师协会，嫁接国际顶级设计资源，不断夯实产业的原创设计能力；连续十多年与CCTV、各大卫视合作，举办全国皮革裘皮服装流行趋势发布，创办中国皮革企业自己的时尚发布平台——中国皮革时尚周，还通过“上海之夜”中国皮装时尚发布会、海宁皮装时尚万里行、海宁时尚运河行、跨越长城海宁皮秀等一系列全国性的时尚发布活动，不断提升海宁皮革的产业氛围和对时尚消费的影响力；同时，创办海宁中国皮革原辅料展、海宁皮革裘皮服装展等展会活动，提升海宁原创设计的成果转化效率，从而形成从原料、设计到生产、成果转化，处于全国领先地位、可以接轨国际水平的完整原创设计生态体系。海宁中国皮革城如虎添翼，从“皮革之城”迈向“时尚之城”。

2010年1月26日上午9时30分，伴随着深交所开市宝钟传来的阵阵清脆响声，海宁中国皮革城股份有限公司正式挂牌上市。从这时起，国内皮革专业市场有了首家上市公司。鼓起资本的风帆，海宁皮革城开启连锁外拓的步伐，成为全国少有的连锁型专业市场，谱写了“我看世界，风尚看我”的传奇。

决策上市，任有法运筹已久。2007年年初，任有法决定筹备皮革城上市。2009年10月30日，皮革城IPO申请获得通过。直到2010年年初，多年夙愿一朝成为现实。在海宁皮革城发展史上，上市是一块里程碑，也是一个新起点。从那时起，任有法提出市场要按照“内涵式增长，外延式扩张”的战略，加快连锁外拓的步伐，先后在辽宁佟二堡、江苏沭阳、河南新乡、四川成都、黑龙江哈尔滨、湖北武汉、山东济南、河南郑州、重庆、新疆五家渠等地设立连锁市场，成为全国少有的连锁型专业市场。

海宁皮革城全貌

一种贡献

中国专业市场商业模式的开拓者

在20多年的发展历程中，皮革城实现了一次又一次的历史性跨越，成为全球规模最大的皮革专业市场、亚太皮革时尚的引领者和亚太皮革质量工艺的领军者。作为全球规模最大的皮革专业市场，皮革城内外市场建筑面积达到370万平方米，每年通过海宁中国皮革城批发和销售出去的皮革服装占到全国总量的50%以上。

海宁中国皮革城是中国专业市场商业模式的开拓者，先后打造展贸联动模式、工业旅游模式、商场化模式、连锁模式、产业链平台模式、小镇模式等，形成以海宁为总部、辐射全国12个省份的连锁网络，入驻生产企业6000多家、经营户数11200多家，总辐射人口近3亿，年接待游客量超1400万人次，年直接成交额200多亿元。总部市场以八大交易区为核心，形成集设计、生产、研发、会展、金融、物流、内外贸等功能于一体的现代化产业集群平台。

同时，海宁皮革城的发展得到各级政府部门的充分肯定，先后获得全国文明市场、浙江省重点市场、浙江省五星级文明规范市场、浙江省首批特色小镇创建项目、国家AAAA级旅游景区、全国诚信示范市场、省级现代服务业集聚示范区、省级特色工业设计示范基地、商务部重点培育的内外贸结合商品市场、国家知识产权局知识产权保护示范市场等众多称号。

文：梅雪风　李宏量

桐乡濮院羊毛衫市场
一根毛线织就全国最大“毛衫航母”

桐乡市濮院镇历史悠久，人文荟萃，曾经是吴越争霸的古战场，也是明清时期江南著名的五大镇之一，以生产精美绝伦的“濮绸”而名扬天下。改革开放以来，濮院依托传统织造业优势，抓住机遇，大力发展羊毛衫产业，以羊毛衫誉满神州。近年来，先后获得全国百强镇、中国羊毛衫名镇、中国十大服装专业市场、中国大型品牌市场、全国百佳产业集群、中国毛衫第一市和中国羊毛羊绒服装第一镇等称号。

一个契机

延续织造传统，羊毛衫产业形成雏形

1976年，桐乡县二轻总公司下属企业濮院弹花生产合作社购进3台手摇横机，摇织膨体衫和丙纶羊毛衫，濮院第一件羊毛衫就这样诞生了。

1977年，弹花社转产成功，专业生产羊毛衫，并与濮院印染合作社合并为桐乡县第一针织厂，后又易名桐乡第一羊毛衫厂。1979年，濮院制面生产

20 世纪 80 年代的濮院羊毛衫市场

合作社发起，由个人集资创办中华羊毛衫厂，翌年产值达80万元，入股人数136人。

1978—1980年，濮院、乌镇、崇福、石门、屠甸镇及县农林局、县货运站相继建针织厂，生产品种扩展为丙纶、涤纶针织衫裤。

随着毛纺业的兴起和社会上流行外穿针织衫，带动针织厂转产羊毛衫，一些生产效益欠佳的其他企业也转产羊毛衫，增设羊毛衫车间，或开办羊毛衫分厂。

由于织造羊毛衫的横机机身小、成本低，操纵方便，适合单家独户或联户作业。20世纪80年代初，随着改革开放的深入，在政策引导下，濮院生产羊毛衫的乡镇企业和个体加工厂如雨后春笋般地涌现，形成从毛纺、针织到印染的羊毛衫产业链。

1987年，濮院全镇羊毛衫产量93万件，产值2629.3万元。到1988年，濮院地区羊毛衫生产经营已经有相当规模，拥有羊毛衫企业373家，个体企业259家，全镇拥有羊毛衫生产横机1540台，产量达270万件，产值近亿元。羊毛衫产品远销国内大中城市，初步形成以濮院为中心的羊毛衫产业的块状经济，“羊毛衫之乡”名播四方，全国各地客商慕名而来。

于是，濮院镇的农贸市场、街道边、公路旁成了营销中心，羊毛衫交易开始活跃。

1988年4月，濮院镇政府、镇工商所集资58万元，在320国道南侧兴建羊毛衫、羊毛纱交易市场。市场占地3135.72平方米，有营业用房52间，建筑面积1284平方米，浇筑水泥路面382平方米，场内可容纳近百个摊位。10月1日，濮院羊毛衫市场正式开业，形成羊毛衫交易市场的雏形，拉开开发建设濮院羊毛衫市场的序幕。

一次飞跃

开通信息高速公路，完成股份制改造

1992年，邓小平南方谈话发表后，桐乡加快建设濮院羊毛衫市场。1992—1994年，濮院羊毛衫市场二期、三期、四期工程相继完工，形成占地57万平方米、建筑面积22万平方米、营业用房5000多间的大市场。其中，有21个市级单位和企业在濮院投入近亿元资金，开发10个羊毛衫交易区、1个毛纱交易区，建成3000多间营业用房。

1996年，濮院羊毛衫市场在本地区开通信息高速公路——国际互联网（INTERNET）。桐乡10余家羊毛衫企业和市场的行情信息在网上公布。当时，国内消费低迷，轻纺行业不景气。濮院羊毛衫行业形成工贸结合、厂商联手直销经营，吸引上海、杭州等大中城市及全国各地客商。这年，市场销售额达到45.1亿元，成为全国最大的羊毛衫集散中心，跻身全国百强市场行列。

1997年4月13日，浙江省、嘉兴市、桐乡市三级政府领导及有关负责人在濮院镇召开濮院羊毛衫市场管理现场办公会议。副省长张启楣指示桐乡市政府要认真解决濮院羊毛衫市场交通路阻、市场管理、领导力量、社会治安等问题，并学习成功的市场管理经验，促进羊毛衫市场的健康发展。同年5月6日，桐乡市政府发文，对市场管委会进行调整充实。同年6月29日，桐乡市委、市政府制定《关于加强濮院羊毛衫市场建设和加强管理的若干规定》。

1999年，市场一区、二区、三区率先完成股份制改造。同年6月21日，批准同意设立浙江濮院羊毛衫城发展股份有限公司。8月，市场管委会组织濮院羊毛衫市场第一、第二、第三交易区的8个产权单位，以发起方式组建浙江濮院羊毛衫城发展股份有限公司，实现市场所有权、管理权和经营权的分离。

市场的建成，为濮院及周边地区的羊毛衫生产企业提供了一个羊毛衫交易的场所，吸引了一大批全国各地的客商，对濮院羊毛衫行业的发展起到了推波助澜的作用。当年，除濮院本地羊毛衫企业外，还有绍兴、苏州吴江、上虞、遂昌等10家外地羊毛衫、羊毛纱厂进场，设点交易，全国客商纷至沓来，采购价廉物美的羊毛衫。

一次涅槃

从“筑巢引凤”到“凤引九雏”

2000年，濮院羊毛衫市场发展到了第12个年头。依靠得天独厚的交通地理优势、优惠的政策、严格的管理、宽松的环境，当时的濮院在江浙沪同类市场中一枝独秀，已成为全国最大的羊毛衫集散中心，全国同行业的“领头羊”。

随着名声不断远播，成交量日益递增，一个问题渐渐浮出水面，引起市领导、工商业主的忧虑和关注，那就是濮院羊毛衫的生产仍然依赖于成千上万的个体生产户，没有一个上规模的生产基地，更谈不上一个像样的研发基地。

这是濮院羊毛衫市场的一个致命软肋，只有市场而没有生产基地，最后必然受制于人；同样，只有市场而没有科研基地，引领不了时尚潮流，市场最终必将会走向衰落。

当时，对是否搞生产基地有两种不同的声音：一部分人认为，濮院市场的形成，依靠的是濮院原来有上千家的生产羊毛衫私人企业，搞园区开发可以促进市场的长期繁荣发展；另一部分人认为，搞了园区，市场集聚功能就会减弱，生产基地与市场应该越远越好。

20世纪90年代末，繁忙的毛衫交易（钱伟国摄）

针对这两种思想，濮院羊毛衫市场管委会进行认真调查研究，并开展大讨论：濮院羊毛衫市场作为全国最大的羊毛衫集散中心，必须要有自己的生产基地作为依托，建造工业园区可以集中企业，发挥集聚优势，共享社会资源，创造就业机会。

“一是从濮院市场发展历史看，有了产业基础，才能形成市场，这是实践证明了的。二是从市场功能看，濮院市场是集散功能，少数的经营大户以外地为主，大多数是自行生产、自行销售的，如能提供统一的生产场所，既节约运输、仓储等生产费用，也极大地方便经营者的管理。三是离濮院不远的几个大市场来看，义乌小商品市场依靠的是义乌遍地的小商品生产企业，绍兴市场也同样如此，洪合已经早濮院一步，上马工业园区。四是有利于产品质量、商标进行源头上的规范管理。五是通过园区开发，引进企业，可以提供较多的就业岗位。”浙江濮院羊毛衫城发展股份有限公司副总经理姚锦介绍。

为此，桐乡市委、市政府认为，濮院羊毛衫市场作为全国最大的羊毛衫

2005 年，濮院针织产业园区毛衫生产企业

集散中心，必须要有自己的生产基地作为发展支撑，与市场互促共进，共同发展，形成强大的羊毛衫大产业，实现濮院经济的可持续发展。

2000年1月，桐乡市委、市政府决定，建设濮院毛衫城工业园区，吸引全国各地的羊毛衫、针织服装生产企业向濮院集聚，形成经济聚集和区域生产优势，以进一步促进濮院羊毛衫市场的发展。园区选址羊毛衫市场西侧，首期开发面积1245亩。当年，该项目被列入嘉兴市“五个一工程”，后又入围“浙江省特色工业园区”。

建园初期，为解决建设资金来源，桐乡市政府协调市国资公司出资600万元，濮院镇资产经营公司出资100万元，共计筹集建设资金700万元，利用有限的启动资金，实施土地征用、房屋拆迁、坟墓搬迁、三线迁移、桥梁道路等“五通一平”的基础配套工程建设。积极争取市政府的支持，并出台开发园区的优惠政策，其中有对税费的优惠倾斜，确保园区开发建设顺利进行。在筹建办干部、职工的努力下，只用不到3年的时间，基本完成1245亩规划用地的开发建设，在一片乡野农田上崛起一座现代化的毛衫城，达到“企业集聚、产业集群、土地集约”的目标，增加就业岗位，推动经济发展。曾经分散的农户通过搬迁集聚，建造起漂亮舒适的新房，通过房屋出租增加收入，推进城乡一体化进程。

2003年，濮院镇实施新一轮的总体规划修编，濮院毛衫城规划面积扩大到4.5平方公里，并且在当年开展大征迁，赢得发展空间。至此，毛衫城工业园区规划框架基本完成。2006年8月，经国家发展改革委核准，浙江省政府批准，濮院针织产业园区成为浙江省级开发区。

2008年开始，受国内外经济发展大环境的影响，纺织业整体利润下降，增长势头明显趋缓。在压力面前，濮院镇党委清醒地认识到，以羊毛衫为单一产业的发展模式，产业过于集中，风险度过大，并提出“转型、提升、发展”的工作主线，园区开始注重产业结构的调整——继续巩固纺织产业集聚区，把招商引资的重点由毛针织服装转移到相关的配套产业链上和知名品牌上。

扬弃之间，发展理念悄然嬗变。随即，濮院出台工业经济提升转型的若干意见，以应对金融危机，进一步坚定信心、稳住阵脚、积极应对、寻求突破，加快毛衫产业的提升和转型。

2008年年底，全面启动开发总面积5000亩的高新技术区，成为推动濮院经济转型提升的一个新的重要发展平台。从“筑巢引凤”到“凤引九雏”，园区已经形成机械制造、纺纱、编织、印染、后整理、辅料生产、检验检测、印刷包装、物流仓储等完整的产业链，集中体现国内毛衫业的先进水平，成为我国针织产业集聚度最高、产业特色最鲜明、产业链最紧密的毛针织服装特色产业基地。

2008年的金融危机，使我国的纺织产品生产销售困难重重。面对周边兄弟毛衫市场或倒闭或苦苦支撑的现实，濮院羊毛衫市场坚持巩固“内贸为主，外贸为辅”的主基调，抓市场和产业园区两条腿走路，形成市场带动产业园区、园区推进市场发展的良好格局，加快毛衫产业的转型升级。

近年来，在国内纺织行业不大景气的背景下，濮院羊毛衫市场已经走上了时尚转型、华丽转身之路。市场经过时尚转型的一系列工作，增加了行业内的关注度，使得濮院成为全国专业市场的热点。广东、上海、北京及二三线城市经营户涌入濮院市场，资本和人才大量向濮院聚集，投资者信心得到增强。2015年市场成交额310亿元，较同期增长11%；2016年市场总租金同比逆势上涨21.5%，国贸名品港2～4楼、世贸大厦2～5楼、工贸大道两旁门市部租金涨幅甚至超过了50%，这些反映了濮院毛衫市场时尚化转型带来的的人

2017 年，中国商品市场峰会在濮院召开

气和潜力。

2017年以来，产品的时尚化、系列化和品牌化特征更加明显。由毛衫单品向针织梭织融合发展，系列服装、四季产品大幅增加；由单一的批发市场向批零兼营的综合市场转变，国贸名品港、国际时装城、环贸中心等专业市场门市部生活馆化，市场零售额快速增长，改变了以往淡旺季分明的局面。时尚产业的转型，毛衫一线品牌、服装品牌纷纷在濮院举办新品发布会，使濮院逐渐成为全国最具影响力的时尚毛衫流行趋势发布中心。

与此同时，毛衫产业转型带来的创业平台更大、商机更多，吸引了一批大中城市青年来濮院创业。2018年5月，濮院320创意广场众创空间启用，市外创新人才占80%。濮院毛衫创新园集聚了一批中小企业和创新团队，特别是毛衫创新园引进了20家韩国设计师团队，提升了濮院毛衫的时尚含金量。另外，具有“高学历”“海归”的具有现代化企业管理能力的“创二代”也正式登上濮院舞台，涌现了一批“第七大道”“韩多多”等“创二代”经营的优质品牌。全市场35岁以下的创业者占总体经营户数量的31%，他们也主导了未来濮院市场的发展方向。

一个团队

桐乡市濮院羊毛衫市场管理委员会：筑巢引娇凤，开渠入清泉

要说濮院羊毛衫市场的成就，离不开1994年3月成立的桐乡市濮院羊毛衫市场管理委员会（简称市场管委会）。

2000年，建设濮院毛衫城工业园区初期，濮院羊毛衫市场管委会组建筹建办公室，逐步推进一系列工作：总体规划、项目立项、三线迁移、地形测绘、土地征用、房屋拆迁、坟墓搬迁、调查研究、政策拟定、广告宣传、招商签约、项目奠基、开发建设、手续办理、入园投产……

筑巢引娇凤，开渠入清泉。规模扩大的同时，管委会又注重园区产业链的延伸。园区开发初期，招商引资坚持“三为主”，即以引进毛衫、针织服装生产项目为主，以引进500万元以上投资为主，以引进外地投资者为主的方针，吸引一大批濮院市场周边的投资者和市场的经营大户落户园区办厂，迅速形成特色产业的集聚效应，毛衫产业由松散型向集群发展，实现由小变大、由大变强。

一大批现代化工业厂房相继建成，霞湖世家、浅秋、圣地欧等品牌企业先后入驻园区。2007年年底，园区已经集聚生产企业228家，毛衫业整体装备水平和编织工艺领先全国，涌现一大批名牌产品和行业龙头企业。园区开发伊始，同期建设集中污水处理系统和集中供气系统，并随着园区规模的扩大，两大系统不断扩容，又引进热电联产项目，新建工业净水厂，既降低企业的投资成本，减轻企业负担，又保护生态环境。2007年8月，中国社会科学院将濮院毛衫产业集群列入“全国百佳产业集群”。

2008年年底开始，管委会和各产权单位共投入资金20多亿元，改造、提升羊毛衫市场，优化交易环境，调整贸易结构，拓展市场发展新空间。濮院羊毛衫市场在改造提升的基础上，建成占地35万平方米的市场中央商务区，由濮院国际毛衫品牌中心、中央商城、世贸大厦和濮院国际贸易中心等一大批标志性建筑组成，集会展、办公、外贸、电子商务、写字楼、羊毛衫展示于一体。市场的业态从初创期的露天集市交易转变为室内交易；从有形市场

为主到目前有形无形交融的市场；产品质量从以中低档为主转变为以中高档为主；毛衫产品实现从以前的外来品牌居多到如今的自主创牌为主的转变；市场管理从全省重点整治市场变为省级重点市场和星级市场。

2017年，濮院镇及濮院羊毛衫市场管委会牢牢把握“中国时尚第一镇”的发展总基调，团结一致、务实创新，统筹做好产业转型、市场提升、城镇品质、民生普惠等各项工作，较好地完成了年初提出的各项任务。羊毛衫市场成交额380亿元，同比增长10.14%；固定资产投资70.6亿元，同比增长15.36%；农民人均纯收入32506元，同比增长12.8%。

这一年来，濮院镇及羊毛衫市场管委会突出时尚引领，主动接轨国际化、市场化、专业化的运作模式，以展会、论坛、发布秀为载体，不断植入时尚元素，与中国纺织工业联合会全面构建合作关系，成功举办毛博会、“濮院杯”针织设计师大赛，高规格打造时尚周、购物节等活动。加快提升

濮院一角

“设计+”平台辐射力，完善“保姆型”“导师型”“经纪人型”服务模式，不断深化与韩国时尚协会、北京服装学院、英国考文垂大学等优质时尚资源的合作，320创意广场、毛衫创新园分别入驻设计服务类机构、设计师团队63家、20家。深入推进省级服务业集聚区建设，合理配置佳源中心广场、上上城等商贸体功能布局，加快推动楼宇经济与时尚业态的融合发展。

2018年，濮院羊毛衫时尚小镇亮出优秀成绩单，成为全省七个之一的获省政府命名的特色小镇，也是嘉兴市唯一一个获中国特色小镇及省级特色小镇称号的乡镇。整合产业根基与人文底蕴，突出“小而精”“特而强”，以“一核两翼两带”为中心的时尚产业核心区、旅游文化中心、博览制造中心叠加功能进一步凸显。

一种贡献

昔日路边摊织就全国最大“毛衫航母”

改革开放以来，濮院因毛针织产业发展壮大而获得中国羊毛衫名镇、中国市场名镇、中国毛衫第一市、中国大型品牌市场、全国百佳产业集群、中国最具商业影响力专业市场、中国十大服装专业市场、中国羊毛羊绒服装第一镇、中国纺织服装商业20年杰出市场、全国百强商品交易市场和中国服装品牌孵化基地等称号。

濮院镇在中国乡镇综合实力500强中列第80位，在中国乡镇投资潜力500强中列第19位，是全国重点镇、全国小城镇建设示范镇、全国环境优美小城镇、国家卫生镇、浙江省文明镇、浙江省体育强镇、浙江省教育强镇、浙江省科普示范镇等。2016年，全镇实现地区生产总值83.6亿元，农民人均纯收入28800元。

此外，濮院针织产业集群是浙江省块状经济向现代产业集群转型升级示范区第二批试点单位之一，以针织服装生产为主，形成包括纺纱、编织、印染、后整理、辅料生产、针织机械制造等在内完整的产业链体系，已成为全国最大的针织产业集群之一。

文：梅雪风

嘉兴水果市场

华东第一果市的蜕变

20多年来，嘉兴水果市场从一个普通的水果批发市场发展成如今的华东第一果市。2017年，市场交易量、交易额分别达到265.7万吨和238.81亿元，同比分别增长19.43%和37.39%，亩均纳税21.3万元，晋升全国专业果品批发市场三甲，成为长三角交易规模最大的果品集散中心。

一个契机

填补华东地区专业水果批发市场的空白

20世纪90年代，无论是浙江还是整个华东地区，都尚未出现一个专业的水果批发市场。1992年10月，作为嘉兴市政府的重点民生项目，嘉兴水果市场的前身嘉兴农产品市场竣工开业。老市场位于市区文昌路和320国道交叉口，占地面积53亩，建筑面积1.24万平方米，在浙北地区数一数二。

1992年，尤志江被抽调到嘉兴市供销社，负责筹办嘉兴市农产品市场。期间，他几乎天天泡在工地，像守护将要出生的婴儿，家虽近在咫尺，却很少回去。

面对这样的大市场，尤志江信心满怀。他刚开始想，只要市场大，产品丰，肯定有人气。然而，由于市场定位不明确，导致交易产品分散多样，从副食品到水果不一而足。市场开业，一个月、两个月过去了，望穿秋水，市场还是稀稀拉拉几个人。当年，嘉兴电视台做了一档节目，叫《走国道，看市场》，并以此来推销嘉兴好的区位。镜头从海宁皮革市场、桐乡濮院羊毛衫市场一路拍过来，一片红红火火，相当振奋人心，但到嘉兴农产品市场时，主持人用“门可罗雀”四个字来评价。

银行贷款多，投资那么大，不见几个人影，当时的嘉兴市供销社主任几乎一夜白头，反复叫尤志江商量对策。晚上，躺在简易厂棚里，尤志江夜夜难眠，寒风呼啸，那种冷直到“心底”。早上起来，一摸头发大把脱落，转上一圈不见一个人，眼泪急得都要落下来了，人一下子瘦了10多斤。

1992年年底，市供销社决定外出考察取经。当时还没有高速公路，为了省钱，考察组选择走水路，一路舟车劳顿。尤志江回忆说：“一位女同志把胃里黄疸都吐了出来。”

取经后，大家得出了一个共识——必须搞专业市场，围绕一个品种来做大做强。当时嘉兴市区有数十家经营水果批发的店铺，在方便市民批发水果的同时，也给周边的交通和卫生状况带来一定的问题。

拥挤的老市场

结合市场实际，尤志江产生把这些水果经销商引进市场、打造一个专业水果批发市场的想法。但是要说服这些经营户搬迁，绝对是一件大难事。一些经营户说得很干脆：“即使不要租金，我们都不会去你那鸟都不拉屎的地方。”

然而，尤志江天生就有一股倔劲，敢往虎山行。为了说服个别经营户，他想尽办法，跑的趟数自己也数不清。苦心人天不负，在嘉兴市政府的大力支持下，经过一年多的努力，绝大多数水果经营户都搬到市场里。到1995年，一个专业水果批发市场在老市场的基础上基本形成。

几经涅槃

从门可罗雀到广为传颂的平安诚信市场

市场形成了，货源又成了问题。尤志江来不及品味成功的喜悦，就带上团队到山东、福建、广东等水果生产地招商，一年四季，几乎天天出差。1996年，市场呈现规模化发展的态势。当年，市场交易额达到4亿元，成为浙北地区交易规模最大的农产品专业批发市场。至2004年，凭借嘉兴与上海、杭州、苏州、宁波等城市相距均不到百公里的独特区位优势，市场交易额突破8亿元，逐渐形成“南果北调，北果南运，西果东送”的果品流通大格局，市场呈现区域性集散功能。

随着市场红火，新问题又逐渐暴露出来，市场内鱼龙混杂，打架斗殴、欺行霸市、假冒伪劣等现象经常发生，严重影响正常的治安秩序和交易秩序。

1998年，一个来自福建漳州的黑恶势力想采取缩减经营户、提高价格再分成的办法来垄断市场内的香蕉生意，牟取暴利。如果经营户不配合，其头目林某就采取殴打等手段。尤志江了解情况后，立即联合本地公安，对黑恶势力进行打压。林某立即从漳州调来大批打手，手持砍刀棍棒，高喊“踏平嘉兴市场，灭掉尤志江”的口号，气焰十分嚣张。尤志江并不畏惧，他斩钉截铁地说：“坚决打黑，决不手软。”在公安部门的介入和经营户支持下，最终战胜这股黑恶势力。但欺行霸市的事，还是年年有，尤志江想到用制度管人。2000年，他牵头成立嘉兴水果市场果品行业协会，充分发挥市场经营户自我教育、自我管理、自我服务的“三自”职能。

为了壮大市场发展，诚信工程是市场的核心要素。市场规模大了，就要规范经营，对社会负责，所以嘉兴水果市场一直在推动诚信工程的建设。

企业是投资主体，市场并没有行政执法权去管理或处罚经营户，怎么办？嘉兴水果市场最终决定通过行业协会对经营户进行管理和约束。参与行业协会的会员单位，必须服从行业协会制定的规章制度。违反行规，行业协会就可以进行处罚，这是符合法律的。

以前，包装箱是一个很难处理的问题。2005年，有消费者投诉市场水果箱里填充物比水果还重，当时《嘉兴日报》进行监督报道，弄得满城风雨。那时，这种违规现象比较严重，比如芒果箱内本来垫1厘米厚的纸就可以，但有的商家却垫了3厘米厚；上层水果是好的，下面放差的；甚至把水泥石膏粉混在纸箱的隔层里。一个标准的箱子是2斤，有的商家纸箱却达到6斤……这些行为损害了消费者利益，也不利于市场的规范诚信经营。

对嘉兴水果市场来说，这是场危机，同时也是转机。自此，市场通过行业协会制定包装箱的标准，对每一个果种的箱子品种都制定标准。不仅如

2005 年，嘉兴水果市场搬迁至嘉兴综合物流园

市场的物流区

此，市场还把包装箱管理向产地推广，通过跟产地的运输协会和采集配送公司进行合作，要求他们在产地装车前就严格把关。最后，进入嘉兴市场的时候再进行抽检，合格的进场，不合格的场外整改。

初期，经销商认为市场多此一举，抵触情绪非常大。实践证明，市场的决策是正确的，水果销量不降反增，为什么呢？因为规范经营后，采购商心里安心，到嘉兴市场拿货不用怀疑真假，东西实实在在，成本都是见得到的，销量就上去了。时间长了，经销商尝到甜头，主动配合，因为诚信经营对销售起到积极的推动作用。

经过多年的努力，“平安市场、诚信市场”的良好口碑，在南来北往的运输驾驶员和果商中广为传颂。

一次飞跃

搬入新市场，驶入快车道

2005年，嘉兴水果市场搬迁至嘉兴综合物流园，总占地达到250亩。

应对新流通业态对传统农产品批发市场的冲击，市场尝试通过拉长产业链、打造市场品牌、规范果品包装、整车车上交易等措施，来实现转型升级，效果理想。

第一步，实施品牌战略。一方面打响“嘉兴水果市场”这个客商信得过的大品牌，一方面带领嘉兴经营户注册商标、自创品牌，走农业品牌化之路。在市场管理方的推动下，2002年，市场里诞生了第一个品牌“华通”。到目前为止，已经涌现出“亲情树”“嘉禾金丰”“华杨顶好”等40多个具有市场影响力的品牌。众多果品品牌产生强大的磁铁效应，引领嘉兴果农进行专业化生产、标准化包装、品牌化经营。2015年，嘉兴水果种植突破40万亩，果农10万户，涌现出南湖蜜梨、嘉善黄桃、桐乡槜李等本土品牌水果，嘉兴在周边赢得“甜蜜之乡”的美誉。

第二步，实施平台战略。为此，市场出台《关于促进地产水果流通实施意见》等优惠政策，专门开辟4800平方米的地产水果交易区，培育地产品牌。市场还通过网站、电子信息平台、《简报》等信息网络平台，建立起产销信息网络，开辟地产水果快速信息通道，嘉兴果农在第一时间掌握市场行情和行业先进技术。地产水果逐渐成为市场的一张金名片，引来全球客商前来采购。2015年，地产水果交易额突破10亿元。尤志江曾说，毫不夸张，无论本地种植多少水果，市场都能帮助他们解决销路。

第三步，实施“市场+果农”战略。2005年，市场主办首个农民专业合作社——嘉兴市南草荡水果专业合作社。目前，市场领办参办的农民合作社、水果种植基地10多家，拥有地产草莓、甜瓜、葡萄等水果，总种植面积达到2万多亩，总产值超过2亿元，其中市级品牌产品2个，省级无公害水果基地2个，直接带动农户7万户。近两年，尤志江还积极推进“果农+专业合作社+基地+市场+品牌”的地产水果运作模式，通过发展订单农业、品牌农业等，推进产销对接、企户联合，构建立体式复合型水果产业体系。此外，尤志江还多次组织果农到全国各地，开展优质嘉兴水果推介展示会、展示展销会，还把外地好的品种和先进技术引进来。

尤志江坦言：“我们还有一个非常成功的创新，就是发展整车车上交易。”原来一些需要保质、保鲜、易碎的水果品种，在频繁的搬运过程中会出现不同程度的损耗，而且市场的经营面积有限，装卸场地不足，且装卸成本高昂，市场引导具备一定集散功能的水果品种在车上进行整车交易。

2015年，市场允许砂糖橘在车上交易后，交易量出现井喷式增长，从每天20多车增加到2018年春节每天100多车，说明这一招行之有效。尤志江告诉记者，他们还在努力扩大市场空间，提升容量。只有这样，这个长三角区域老大才能立于不败之地。

一个人物

尤志江：一辈子只做一件事情——服务“三农”

尤志江生于1957年，是个老供销，19岁高中毕业，就去了秀洲区新篁供销社工作。当时，嘉兴新篁供销社还有个小型加工厂——新篁酱园厂。他的第一份工作就是做酱工。

后来，尤志江办起嘉兴市基层供销社第一家针织厂，管理过农资公司，经营过建材，每一件事都很成功，20多岁就担任新篁供销社副主任。本来工作顺风顺水，20世纪90年代基层社改革，新篁供销社被撤并，许多人劝他下海经商，他却憨厚地笑着说，真不想离开供销社。

尤志江常说，他这一辈子只做成功一件事，就是兴办嘉兴水果市场。也正是这件事，正切入供销社推进综合改革、服务“三农”的主题，彰显出供销社应有的正能量。在他的带领下，嘉兴水果市场从辐射半径的700公里，慢慢开始外拓。

2016年，嘉兴水果市场实施内拓外扩发展战略，采用竞拍、租赁、合股等形式，在周边整了90亩土地，筹划建设嘉兴进口水果市场；尝试开展品牌输出，在山东临沂建设分市场，总占地400亩，总投资12亿元，其中一期用地172亩。市场越做越红火，也越做越大，可尤志江心眼却越来越小，他把目光锁定在服务“三农”、带领农民致富上。

尤志江常说，他在供销社整整工作40 年，风也经过，雨也见过，但是觉得黄土地最亲切、农民最可爱，临近退休，最想做的事就是让水果成为嘉兴农民致富的金钥匙、钱袋子和蜜罐子。他是这样说的，也是这样做的。

在尤志江的心里，嘉兴水果市场的建立不仅是辐射700公里之内的百姓享受到全国各地的水果，还在于它帮助嘉兴周边的果农找到销路，富裕一方

市场俯瞰

百姓。2017年，市场交易量、交易额分别达到265.7万吨和238.81亿元，同比分别增长19.43%和37.39%，亩均纳税21.3万元，晋升全国专业果品批发市场三甲，成为长三角交易规模最大的果品集散中心。

文：梅雪风

嘉兴建材陶瓷市场
从小到大，逐步走向行业典范

“我很感激改革开放，很幸运抓住房地产高速发展的时机，让建材市场得到稳健发展。”嘉兴建材陶瓷市场总经理蒋海萍说，“市场的发展历史告诉我们，逆势而为是不行的，顺应改革潮流才是硬道理。”

一个契机

响应改革号召，“散户”变“集市”

很多经济学家都倾向于把1993年看成中国改革开放大业的里程碑。1993年，我国召开了党的十四届三中全会，通过《关于建立社会主义市场经济体制的决定》。

当时，围绕嘉兴市320国道分布着许多以经营生产资料为主的个体户，久而久之形成马路市场。“马路市场给交通出行和城市管理带来诸多不便，也不利于这个产业的整体发展。”嘉兴建材陶瓷市场总经理蒋海萍回忆。

就在这一年，作为市场主体的助产师，嘉兴市工商局决定引路入场，开始兴建嘉兴建材陶瓷市场。经过十多年的发展，时至2003年嘉兴建陶市场发展成为占地40余亩、营业面积8000多平方米，商户200多家，多数摊位面积约25平方米的传统交易市场。

2003年，嘉兴市政府对城市道路进行改造，位于二环路周边的水果、蔬菜、旧货、粮油、肉食品连同建陶市场集体搬迁至新的地址。市场的搬迁，带来的不仅仅是位置的迁移变化，而是从此打开嘉兴市建材陶瓷市场走向成功发展的局面。

几经波折
一路荆棘与繁花相伴

不得不说，嘉兴建材陶瓷市场的发展是改革开放的结晶。在建陶市场的发展过程中，遇到过诸多困难，正是一路以来遇到的挫折，让市场不断跌倒，又不断爬起，一步一步发展壮大，成为今天嘉兴市建材市场的领头羊。

搬迁是市场建成以来遇到的第一个难题。

2003年，总经理蒋海萍上任的第二天，就接到上级的通知，市场要进行

老市场

搬迁。财务总监出身的她还没熟悉市场的基本情况，就挑起搬迁的大梁。

摆在蒋海萍面前的第一座大山便是经营户的强力阻挠。要从原本已经积攒起一定客户群体、交通便利发达的市场，搬到交通不便、前途未卜的新地方，商户们感到不安，每天都想出不同的理由，到总经理办公室上访。市场的负责人不得不白天听群众意见，晚上开会，讨论解决办法。

未搬迁前，每间商户的面积只有25平方米。进入新市场，店铺的面积扩大到原来的4倍，经营户害怕负担不起租金，加之心怀叵测者造谣，捏造分配店铺有暗箱操作的谣言，一时间经营户们纷纷找上门来。为了说服商户们搬迁，蒋海萍带上笔记本，挨家挨户走访，征求大家的意见。

曾经有一位经营户，因为在老市场占据着绝佳的地理位置，希望搬到新市场后也要有最好的位置。他每天上访，不断纠缠市场管理者。为了市场能够公平公开，按照划行归市的发展要求，蒋海萍说破嘴皮子。

“那个时候，我们市场的管理团队还没有建立起来。我外出办事，经常会议室坐满人、堆满事情，等我处理，一切都在试水摸索当中，所以分外艰难。然而，那时又一意外事件出现在市场管理者面前。市场一家店面发生火灾（幸好只是财产的损失，未造成人员的伤亡），在那时，所有的问题都一股脑儿推向市场，整个面临的压力可以想象。”蒋海萍回忆。

摆在蒋海萍面前的第二座大山便是市场改造。

由于市场是集体规划设计，新市场店铺之间都有一条隔开的街道，方便了顾客的挑选，却让建陶市场的经营伤透脑筋。“不论是顾客还是经营户，逛完一圈市场，要不断上下电梯，十分不便。”

于是，一边要做经营户们的思想工作，一边还要对市场进行提升改造。“我一定要感谢当地工商局，他们很有经验。如果没有前期为我们出谋划策的工商干部，我们就没办法做到划行归市。”蒋海萍感叹。

经过深思熟虑，市场选择“分区块一站式市场”的模式。原本只有一家地板专营店，运营起来三天打鱼两天晒网。蒋海萍走访全国多个市场，发现原市场并没有几个响亮的品牌，便想多多引进品牌，带动发展。

让什么样的产品放在一楼，什么样的店面可以到二楼？这个问题困扰市场很久。

2005 年，搬迁至新市场

蒋海萍尽管通过走访，有了更科学的蓝图，然而理想很美好，现实很残酷。很多经营户并不愿意去二楼开店。

在走访过程中，有一个商户表示，如果楼上和楼下一样方便的话，那么把店面搬迁到楼上也可以。一语点醒梦中人，怎么才能做到一样方便呢？

一个偶然的机会，蒋海萍得知萧山有一个市场，有一座天桥可供车行驶。如果可以把汽车开到二楼，二楼设置专业停车场,走几步就可以到店，这不就是楼上楼下一样了吗？得知这一消息后，市场立马着手建造天桥。“那时候，我们已经不计较成本了，就是要让我们的商户满意。”蒋海萍说。

功夫不负有心人。2005年3月28日，嘉兴建材陶瓷市场200多家商户终于全部搬迁进驻新的市场。同时，经过一年多的招商工作，一大批省内建材卫浴一级代理商入驻新市场，更多建材品牌的市级代理商更是蜂拥入驻，搬迁后市场入驻商户数达到了500余户。经营品类，涉及陶瓷、卫浴、家具、板材、橱柜、五金、管道、灯饰、家电、布艺、石材、门窗、楼梯、铁艺、饰品等。当时我们选择的发展战略是：经营上持续经营立足长远，物业上只租不卖，规模上物业扩大10多倍，品牌上高中低齐全，使消费者一站式购齐。市场物业上只租不卖，才能保证市场能持续经营，使市场能统一规划、统一管理、有序经营；才能选择优质的品牌商户，淘汰劣质品牌，净化市场购物环境。

“因为老市场的那场火灾，为避免此类事件的再次发生和把意外灾害事件的损失降到最低，我当时多次去保险公司进行洽谈。那时，针对个体商户的财产保险还未制定出来，我们积极与保险公司谈，要求给市场的商户制定相应的保险。”蒋海萍回忆，这成为嘉兴市第一例财产保险的案例。

这场火灾也给市场敲响了警钟。“老市场发生火灾的地方只有25平方米，却摆放上下铺两张床，居住与经营不分开，是很危险的一个信号。”建陶市场在吸取这次教训后，在市场搬迁规划设计方案时便积极承担责任，耗费一万多一亩的资金，为经营户建造专属的宿舍楼，终于在新市场解决了全国市场都有的通病——“三合一”问题。

同样，发展是解决一切问题的基础和关键。如何发展，是横亘在建陶市场最大的问题。

为了吸引大量布艺商到市场生根发芽，并形成集聚效应，建材陶瓷市场对场地进行科学改造，对原有二楼仓储区和灯具区布艺区进行全面提升改造，将二楼仓储搬出经营区域，统一规划设置灯具区和布艺区，进行高端的装修和二次招商使得全新的“时尚壁布中心、名品灯饰城——灯饰海洋”两大专业经营区域得以提升壮大。

自开业后，市场二楼东面的店铺一直闲置着，面积达两万多平方米。最初，市场打算将这块闲置的场地拿来做展会。可实践发现，曾经设计的一条条弄堂限制展会的发展。后来，为提高场地利用率，市场还曾引进过家装公司，因为早期的建陶市场周围一片荒凉，交通极为不便，也没成功。

多次的失败并没有使蒋海萍气馁。2009年，同行红星美凯龙的开张，不仅带来竞争和危机感，也给市场带来灵感。他们发现，地板是建材市场一个很好的板块，于是果断把店铺改造成地板区块，进行招商。那年，因受到全球金融危机余波的影响，当地多家服务海外的地板企业回国发展，虚位以待的地板展示厅受到商家的追捧，很快就招商圆满。

嘉地广场国际家居中心外景

一次飞跃

从一期到三期，“一站式”经营得以实现

如果要追溯建材陶瓷市场真正全面做到管理者经营户和谐共处，还要从2009年说起。

2009年，红星美凯龙在嘉兴开业。作为一个在国内家居装饰及家具行业中占据龙头地位的专业家居市场，有着很强大的竞争实力。红星美凯龙的到来和建陶市场边上一家农贸市场的转让，给总经理蒋海萍敲响了警钟。在激烈的市场竞争中，犹如逆水行舟，不进则退。

正是这种强烈的危机意识，蒋海萍加快了建陶市场的建设。在此后的近十年时间里，建陶市场经历两次扩张，有了现在的规模。

现在的嘉兴市建筑陶瓷市场早已不复当年狭窄拥挤的模样，市场共有商户953家，157家企业公司入驻。在这个市场内，布艺区占地1万多平方米，七八十家经营户在此落地生根；原本的主营业务陶瓷区有250多户经营户；木材区稳定发展；灯具区占地2万多平方米；五金区占地1万平方米。各个区块齐头并进，稳步向前。“我们把市场内的一块一块区域做大做强，引进中高端品牌，形成规模效应，实现‘一站式’家居市场的目标，提升整体竞争力。”蒋海萍说，为了迎接互联网时代的浪潮，提出“网上引流，线下营销”的政策，吸引客户；普及微信、支付宝等线上付款；推出线上停车系统，惠泽经营户。

为了吸引优质品牌入驻市场，蒋海萍亲自带着经营户考察市场，让他们自主选择心仪的店铺位置。市场二期两万平方米的名品陶瓷卫浴城就是市场结合广大商户和品牌的经营需求进行规划、布局和招商的。

建陶市场每年要花费近千万元的改造资金，改造连廊，改善交通，促进市场更好地发展。

嘉兴市建材陶瓷市场现已成为嘉兴市规模最大、品牌最全的建材家居市场，更是嘉兴地区建材家居品牌总部、旗舰基地、批发源头市场。它还与政府联手，创办嘉兴市家居装饰装修协会，每年举办嘉兴市家博会、嘉兴市家装运动会、嘉兴市建材陶瓷市场年会等多项活动。

国际名品橱柜城

一个人物

蒋海萍：抛却柔情做强硬的市场管理者

把一个年销售额500万元的小市场建设成如今已有1.2亿平方米体量的龙头市场，总经理蒋海萍功不可没。

她原本只是嘉兴市协办的财务总监，只因领导说市场缺人，才临危受命，接下建设嘉兴建设陶瓷市场的重任。

初到市场，她兼任公司财务总监和市场总经理，不断要求自己开拓视野。“那个时候的我，就像windows页面，不停切换，处理事务。”说起来一笑而过轻松有趣，个中艰辛滋味，只有她一个人知道。

她始终坚持公平、公开、公正的原则处理事务，不因商户频繁找上门而向心中的原则妥协。

在接任市场总经理之初，她便定下了“分区块经营，一站式市场”的发展模式，并始终朝这个方向努力。现如今，建陶市场已有成熟的区块分化，每一个区块都能够快速平稳地向前发展，前景一片大好。

对部分商铺，蒋海萍采取竞标招租的方式吸引商户入驻。为了避免出现恶性竞争，她规定招投标的最高价，绝不以损害商户利益来削足适履。

“有许多市场创办多年，一直没有解决员工的住宿问题。早在2005年，我借助一场火灾，帮助市场内的商户处理好财产保险和住宿问题。”蒋海萍骄傲地说。2010年，她还引进食堂，解决市场内经营户、员工的吃饭问题。

作为一名女性市场管理者，在她的身上能够看见更多的是一位决策者的霸气与魄力。处理经营户问题时毫不犹豫，建设市场时不断尝试、与政府协商时精明能干。

一种贡献

吸纳大量劳动力，带动本土经济发展

嘉兴建设陶瓷市场迄今为止总共有3期。20多年的发展，经营户早已把市场当作自己的另一个家。在这里汇集诸多本土企业，带动当地经济的发展。小微企业在这里可以找到市场，生根发芽，茁壮成长。

“2018年1—10月市场已经纳税2800多万元。”蒋海萍介绍。市场初建，正逢国企改革，吸纳了一批下岗工人、失地农民和大量外来务工人员，入驻的1100多家经营户吸纳了嘉兴大量的富余人员。

文：梅雪风　吕姝晨

浙江织里童装市场
立足产业谋新篇　根植服务铸辉煌

岁月的篇章翻至2018年，中国迎来改革开放40周年这个里程碑式的节点。

在浙北，有一个叫作织里的小镇，一家闻名遐迩的童装市场，也因为改革的春风，迎来一个又一个新跨越。

从30多年前一根扁担走四方，到沿街设摊、摊位总数不到百个的路边市场，到如今规模庞大，以童装城为“母体市场”，商城、棉布城、辅料城为“子市场”的市场集群，织里童装市场已经成为当地特色最鲜明、发展最迅速、经济效益持续稳定增长的经济亮点，在全省乃至全国都具有相当高的知名度。

它的发展和壮大，不仅为织里本土以及周边地区的童装企业营造产品低成本销售与产业跨越式扩张的广阔渠道与优良平台，也对本土区域经济的迅猛发展，产生巨大的推动作用。

多年来，织里童装市场已连续荣膺国家、省、市有关部门颁授的全国百强市场、省十大先锋市场、省四星级市场等称号，更跻身于全国商品专业市场最具竞争力50强之列。

一个契机

来自产业的呼唤

织里童装市场的诞生与发展，和改革开放、市场经济的兴盛发展同步，也和织里本土童装产业的萌芽生长、蓬勃兴旺息息相关。

20世纪70年代中期，凭着敢想敢为、敢闯敢冒的精神，织里人冲破当时笼罩在个私经济头上的舆论压力和政策阻力，开始生产销售童装。几十年来，童装产业从无到有、从小到大、从弱到强，时至今日，已经形成一个童装生产企业数超万户、年产量超300亿元的产业集群，成为闻名全国的童装名镇和童装产销基地。

正是童装产业的蓬勃兴起，催生对专业市场的需求。

20世纪80年代中期，正逢织里童装产业步入快速发展轨道之际，众多企业、经营户希望能够在织里本地营建一处专业的童装销售平台，以实现产品

中国织里童装城外景

的低成本销售。于是，织里童装市场应运而生。

30多年来，因产业而生的织里童装市场始终遵循着“植根产业，服务产业，产销滚动发展”的建设思路——产业有什么需求，市场就去积极地发现需求、主动地迎合需求、努力地服务需求、尽可能地满足需求，并把这种对需求的发现、迎合、服务、满足，当成是市场建设发展的契机。

近年来，在建成以批发成品童装为主的童装城基础上，市场还有意识地将其作为织里童装市场的“母体市场”，一方面，努力做好“母市场”的深化管理，巩固经营成果；另一方面，瞄准织里童装产业在发展中不断提出的现实需求，抓住时机，陆续筹划、建设、培育商城、棉布城、辅料城几大“子市场”。

如今，织里童装市场已经形成一个经营规模庞大、功能较为齐全、体系较为完善的“母子市场集群”，市场之间，配套成龙，连成体系，各有专营，优势互补。

来自市场管理方的数据显示，眼下织里童装市场建筑面积达31.86万平方米，营业房（摊位）4118间，辅料市场门店141间，共容纳3280户常驻经营户以及1.8万名从业人员。不仅如此，市场囊括了童装产业链中，从产品设计、开发，直至成品销售、配送等所有环节的经营功能，无论是生产商、采购商、供应商、物流商，都可以在这里获得全方位的服务。

尤其值得一提的是，一路走来，市场年平均成交额已稳超百亿元。2017年，更实现成交额210亿元。

一个特质

深深扎根于产业的沃土

浙江专业市场众多，每一个市场几乎都有自己的专属“特质”。对于织里童装市场而言，立足本土、“母子”格局、服务产业、辐射面广、管理完善，是其鲜明的特色所在。

一直以来，织里童装市场区别于其他市场的一个最主要特色就是，它深深扎根并直接依托于织里本地及其周边蒸蒸日上的近万家童装生产企业。

市场内景

市场与童装生产企业的直线距离，近的只有几十米，远的不超过十分钟车程，企业在市场采购面料、辅料，或是向市场供应童装成品，其流程可在几小时甚至更短的时间内迅速完成。专业市场和产业基地之间的紧密结合，真正实现童装生产与销售之间低成本甚至无成本的无缝对接。

立足本土的同时，市场的“母子”格局则使其实现各有侧重、各有专营——就外部而言，“母子”格局与童装产业链的各个主要环节紧密吻合；就内部而言，“母市场”与三个“子市场”之间又呈现“各有侧重、各有专营、各扬其长、联动互补”的关系。

正是这种内外有机结合的经营格局，使得织里童装市场在为本土及外地厂商的服务中，能够做到多样化和全方位，凡是与童装产业相关的绝大部分经营需求，都可以在“母子”格局的市场体系里，分别找到与之相对应的服务和渠道，从而形成一种良性、互动的产销体系。

作为产地型市场，织里童装市场之于产业发展的促动，同样巨大。

统计表明，织里童装生产企业的数量每年都以15%的速度增长，产量递增幅度超过20%。这两个数据，分别比企业数量和产量位居国内第二的广东省佛山市，多出3000多家、高出1/3左右。

童装产业之外，在市场的引领和带动下，织里的房地产、金融、劳动力、物流、餐饮娱乐等行业相继兴盛——

各大商业银行都在织里设立办事处，加上各地各银行，当地仅金融机构就有15家之多，近3年，年均现金收付量超800亿元；织里的外来打工就业人口数量超过30万人；全镇GDP总值3年来均环比递增10%以上……

多年来，织里童装市场的辐射面不断扩大，磁效应持续增强，真正做到辐射全国，接轨全球。

时至今日，国内不同区域、类型的知名品牌、企业，在市场内均设立直销部，开设形象店；平均每天有近2万来自五湖四海、不同省份的客商在此进行商贸洽谈，从事商品采购；近3年来，织里童装市场涉足电子商务的经营者已占到经营户总数的20%以上，他们率先通过互联网与国内外客商开展线上线下相融合的O2O网络经营活动；每年还有约25万人次的外商慕名从欧美、南非、东南亚等地前来织里童装市场，进行商品采购交易。

有人说，一个市场的蓬勃发展，离不开日臻完善的经营管理机制。在织里童装市场，也不例外。

多年来，市场通过坚持不懈的摸索和实践，使建设与营运不断走向规范化、制度化，整个经营机制不断革新，日臻完善。如今已经基本形成一整套覆盖全市场、适应自身实际、较为健全的经营管理制度，建立了一支年轻化、综合素质优秀、总数超200人的市场建管团队，积累了丰富的专业市场经营管理经验。

就市场本身而言，更是结合服务产业和自我提升，先后投资主建或参与建设了六大公共服务平台，即以“展示中国儿童服饰文化发展”为主要内涵的中国童装博物馆、中国童装商标（织里）重点培育基地、浙江省童装质量监督检测中心、童装信息中心、童装设计研发中心、童购网。

一次飞跃

新起点“破题”起航

40年弹指一挥间。

事实证明，发展是永恒的主题，“发展-整合-提升-创新-再发展”是传统市场再次创业、再上台阶的必然过程。

如今，国内经济形势下行，传统批发市场遭遇周边同类市场竞争、电子商务冲击等多方面挑战，亟待转型提升。和诸多传统批发市场一样，织里童装市场同样面临着如何在逆势中提升功能、创新优势、培育新核心竞争力的问题。

为此，市场一直多方面寻求新时代下的发展新思路，并确定“提升硬件、创新软件、放眼将来、海纳百川，引领市场向全国集散中心转型”的破题之策。

近年来，市场建筑形态的脱胎换骨，为织里童装市场实现新跨越夯实了基础。

考虑到老市场已经难以满足商户水、电、通信、交通、物流等一系列要求，2009年，织里童装市场拆除原营业房及交易大厅，在原址规划新建ABCD四个交易新区。改建后的童装城，集交易、商贸洽谈、电子商务、展示等多功能为一体，不但满足本土产业发展和商户经营拓展的需求，并且为市场未来朝集聚化、信息化、品牌化发展预留可扩展空间，被人们誉为童装名镇的新亮点、新标志、新门户。

为了提升市场品位档次，市场还挖掘新的核心竞争优势，在童装城主城区西部规划建设童装城E区品牌馆，吸引无锡、慈溪、宁波、广州等针织童装原产地的厂家直销商户、品牌代理商等入驻经营。E区品牌馆的快速、顺利建成和投入使用，不但为织里童装市场注入新鲜血液、创造新的活力，更为丰富市场业态，创新管理机制，促进转型升级，起到关键作用。

硬件提升的同时，市场还着重以“一个平台、两个市场、三项建设”为目标，全方位创新软件功能，为市场再发展提供强有力的内在驱动力。

“一个平台”即管理服务中心。随着童装市场硬件设施不断提升，市场的经营业态、人员主体、交易商品均开始呈现多元化，来自商户、采购商、物流商的需求不断增加。为了缓解各类矛盾、规范管理行为、提升市场活力，织里童装市场打造了一个现代化服务平台——童装城管理服务中心。

自2012年投入至今，管理服务中心已为市场商户、采购商、物流商等各类人员提供了包括信息咨询服务、金融服务、品牌推广服务、培训服务、纠纷调解服务、非公党建服务等在内的各种服务。

比如信息咨询。一直以来，服务中心不仅将采集获取的各类商品供求信息、价格信息、流行趋势信息，以及市场各种宣传信息、公告通知，通过大型LED屏、官网平台、微信平台等载体，推送给各类服务对象，使他们及时、准确掌握信息资源和市场动态，还根据市场商务模式特点，自行研发手机移动终端开单系统，替换传统手工开单模式，极大地提高了商务效率和准确度。

又比如金融服务。在市场的沟通和努力下，建行、农行、台州银行、稠州银行已经在管理服务中心设立派出机构，还创新地开展了商铺使用权质押业务。

此外，管理服务中心还成立培训机构。一方面，联系湖师院、职院等大专院校，免费为商户提供学识讲座服务，内容涵盖经营管理、风险控制、安全生产、电子商务等多个领域；另一方面，定期组织部分商户，就当前市场

市场床上用品交易区

管理、经营、需求等问题展开座谈，为商户们之间分析问题、交流经验创造平台。

“两个市场”即实体市场和网络市场。为丰富经营业态、完善产业链布局，织里童装市场近年来开始大力发展网上交易市场。

针对商户在实际经营中的线上线下互动，市场培育、推动“线下实体”与“网上E店”两类业态“并行、互动、互补、互益”的O2O经营模式，以期提升商户在“互联网+”时代下的竞争优势和抗风险能力，使其能更好应对市场大环境冲击。

围绕中小型电商拿货难，市场联合部分优质商户，构筑为此类电商量身定制的童装商品供货平台。一方面，通过这类中小型电商的销售网络，提高市场交易量，缓解市场库存积压问题；另一方面，增强此类电商对市场的依附性和依赖性，为电商新业态的规模化打下基础。

在市场的蓝图中，未来还将建设一个电商馆，将传统商户与电商进行无缝对接。

“三项建设”即信用体系、信息化、品牌建设。

近年来，通过在商户中开展信用体系建设教育活动，制定和落实商户信用考核评定的办法、细则以及奖惩措施等，织里童装市场建立和实施了一套完善的信用体系，有效地带动了市场的管理。

考虑到市场多元化发展、商户经营状态变化等对管理精细化、规范化、信息化的需求日益强烈，市场除了建立数以千计的商户电子档案系统，收纳商户基本信息、从业人员信息、不良行为记录等，还主动开发市场商户经营管理系统和市场管理OA系统。

品牌对市场而言，既代表着市场内销售商品的品质，也代表着市场自身所提供的服务的优劣，两者之间相互依赖，相辅相成。多年来，织里童装市场凭借着在国内强大的知名度和影响力、巨大的商品交易量和提供的优质服务，早已树立起优良的品牌形象。然而，由于受本地生产企业的影响，市场早期的商品中优质品牌较少，久而久之，市场也被烫上地摊市场的烙印。

为了彻底改变这一现状，市场在品牌建设方面频频发力——在市场管理服务中心成立品牌指导站，为商户们提供商标咨询、查询、委托申报服务；

通过E区品牌馆的建成，吸引外地知名品牌入驻，并以此带动本地商户创牌热情；出台优惠措施，鼓励和嘉奖争创优质品牌的商户……

如果说过往40年，是改革开放的春风吹开织里童装市场的蓬勃生长之花，那么未来，改革的号角同样将鼓动、激励着全体织里市场人披荆斩棘、继往开来。

秉承坚韧不拔、脚踏实地的精神，不忘初心，砥砺前行。织里童装市场的新腾飞，正在路上。

文：夏燕

浙江南浔建材市场
续写腾飞新篇章

位于杭嘉湖平原北部的湖州南浔，是一个有着几百年历史的古镇。明万历至清中叶，这里盛产的“辑里丝”名闻遐迩，一举成为“行商坐贾之所萃”的“江浙雄镇”。

20世纪80年代，改革开放的春风吹拂神州大地，市场经济的浪潮也让素有营商传统的南浔人心头涌动。在既无资源优势又无产地优势的情况下，南浔人披荆斩棘、攻坚克难，打造出一个主营建材的专业生产资料市场。短短几年时间，它就一跃成为华东地区乃至全国最大的胶合板集散中心，胶合板年销量占全国的1/5以上。此间，市场发展的“浔建模式”，更是成为社会各界关注的对象。

时光荏苒。多年来，随着不断建设和培育，南浔建材市场已逐渐发展成为经营五金、板材、地板、家具、灯具等建材装饰材料的综合性专业批发市场，产品辐射全国，连续多年居全省生产资料市场首位，并先后获得全国文明诚信经营示范市场、全国重点培育市场、全国转型升级示范市场、浙江省重点市场、浙江省区域性重点市场等称号。

如今，面对电商冲击、实体市场遭遇发展瓶颈等困境，南浔建材市场再度迎难而上，围绕市场扩容、产品调整、管理变革等方面不断发力，纵横捭阖间，就如一只涅槃的凤凰，续写着腾飞的新篇章。

一个契机

“无中生有”的市场

1987年，随着改革开放和人民生活水平的提高，南浔及周边乡镇出现近300户家具生产厂家，从业生产和经销人员逾万人。为此，制作家具的主要材料——胶合板成了当时的抢手货。看到这个商机后，30多户个体经营者带头做起胶合板生意，与上海等地的经销公司、日杂公司建立起业务联系。

渐渐地，一个自发的胶合板集市在南浔永安路出现，不仅满足当地家具生产厂家的需求，也招引来周边市县的一些经销商。当地工商管理部门发现这一现象后，及时介入，并从中牵线搭桥，提供信息，积极培育。到1992年，这条街上已拥有经营户百家，日销胶合板5万余张。

浙江南浔建材市场正门

市场家居体验馆

以后，随着胶合板市场的兴旺，以街为市的市场逐渐暴露出堵塞交通、小灾隐患等弊端，难以满足与日俱增的需求。于是，工商管理部门经过调研和可行性论证，大胆提出建立大型建材市场的构想，并迅速得到实现。

1993年8月，占地2万多平方米的南浔建材市场建成开张，原本沿街为市的上百户经营者纷纷进场营业，成为市场的第一批商户。

那个时候，市场是个新生事物，怎样才能让它实现兴旺发达？为此，南浔建材市场在“以特兴市”上做起文章。

以胶合板产品为主业，是当时市场的一大特色。曾几何时，南浔建材市场上各种进口、合资、国产的胶合板、宝丽板、中密度纤维板等有100多个品种、几十种规格。后来，随着装修装饰业的兴起，市场又不失时机地在稳定胶合板主业的基础上，增设和扩大各类装修装潢材料的交易，先后拓展家具、小五金、油漆、建卫陶瓷、灯具等产品的销售。

一业为主，其他为辅的同时，市场始终坚持货真价实、薄利多销的经营原则。在价格上，南浔建材市场每张胶合板的价格比其他市场价低3～5元，每张胶合板获毛利仅有3～5角钱，但很多经营户采取直接从生产企业或外贸口岸进货，变二传手为一传手，减少流转费用，真正做到薄利多销。

20世纪90年代，为方便外地生产企业和客户进场建立窗口，市场实行先进场经营，后补办手续，房租费、管理费比场外优惠50%的办法，先后招引来上海、江苏等地70余家企业进场设立经销点，并为各厂家提供场内码头、装卸、仓储、金融、餐饮、公交等服务与设施，替他们解决后顾之忧。

尤其值得一提的是，市场当时还实现现货与期货交易的对接。

那时候，随着市场辐射面扩大，交易量逐年骤增，大众买卖越来越多，开始出现买主上门等货、电话催货不断等现象。为解决供不应求的矛盾，建立牢靠的货源基地，南浔建材市场和上海商品交易所建立起紧密的合作关系——市场经营户和交易所90%的会员单位建立经销关系，交易所季度交割的胶合板90%由南浔建材市场收购。

南浔建材市场与上海商品交易所的联姻，不仅扩大了市场进货的新渠道，也大大拓宽了经销规模和经营档次。这种“联姻”现象，还一度引起新闻、经济理论界的莫大关注，被称之为“浔建模式”。

在上述优势推动下，南浔建材市场的发展交易日益活跃，规模不断扩大——到1995年，市场面积已扩大到7.5万平方米，日均销售胶合板20万张，几乎包揽上海商品交易所每季交割的总量，还登上浙江省生产资料市场榜首的位置。

一次飞跃

创新中前行

进入21世纪，经过多年建设、培育的南浔建材市场逐渐转变为一个经营五金、板材、地板、家具、灯具等建材装饰材料的综合性专业批发市场。

2003年后，因管理体制变化，实现管办分离，政府对市场发展的主导权逐渐减弱，导致市场建设发展趋缓。

为推动市场转型升级，2006年，湖州市南浔区委、区政府引进香港建设（控股）有限公司。2009年，又组建浙江南浔建材市场开发有限公司，实施浙江南浔建材市场异地兴建，先后共同投资8.8亿元，完成市场ABCD四个交易区建设，占地375亩、建筑面积38万平方米，共有营业用房3608间，从业人员1万多人。

2010年以来，南浔围绕“老市场平稳关闭，新市场兴旺开业”的总目标，举全区之力整合资源，推进市场转型升级——

2012年，国有五金板材顺利完成搬迁；

2013年，地板家私业态全面开张；

2014年，灯具业态抱团入驻；

……

短短几年时间，南浔建材市场便成为长三角地区规模最大、品种最多、质量最好、服务最优的家居建材专业市场之一，实现又一次重大飞跃。

市场荣誉墙

近年来，随着互联网技术和电子商务的发展，网络平台无形市场的交易成为一种趋势，电商无形市场的形成，让当前的有形市场受到剧烈的冲击，电商平台给以传统经营为主的建材市场也带来一定的竞争压力。

为顺应电子商务形势发展需要，实现线上线下的融合，2015年6月6日，市场建立浙江南浔建材市场网络商城。网络商城的建立，使南浔建材市场依托电子商务网络平台，有效、快捷地扩大知名度。

此外，针对板材区西北角位置偏僻、人流量少的情况，市场又于2016年拆迁部分商铺，建造“玖象家居体验馆”。总投资约4000万元的玖象家居体验馆，占地面积22亩，主体建筑面积达17000平方米。它的建成，和五金灯具、板材业形成互补，不仅提升市场人气，优化业态布局，也为南浔建材市场注入新的活力，成为一个新的亮点。

不断转型提升中，市场也交出了一份份优秀的成绩单——

先后获得全国重点培育市场、全国转型升级示范市场、全国文明诚信经营示范市场、全国百强著名品牌市场、中国建材家居示范市场、省四星级文明市场、省重点流通企业、省诚信示范市场、省电子商务百强等诸多荣誉，还成为南浔乃至湖州的一张金名片。

一个特质

“匠心”办市场

从自发到有序、从单一到规模，一路走来，南浔建材市场的发展过程中无不闪烁着市场管理者的运作匠心。可以说，正是独特的运作管理以及服务质量，才有市场发展的良好势头。

近年来，精细化管理一直是南浔建材市场发力的重点。为此，针对发展过程中出现的一系列“不适应”问题，市场都会一一给出解决方案——

考虑到停车位紧张，重新进行规划设计，对停车位予以改造。为了让客商和消费者有更好地购物体验，特意设置导视系统，在商户的店铺门口张贴二维码，通过互联网技术让定位更加直接准确……

不仅如此，从车辆秩序、环境卫生到消防安全、广告制作、占道经营、治安管理等，一律纳入市场现场管理范围，实现市场日常管理的制度化、规范化、常态化。

早前，为方便商户、消费者，提高市场服务功能，南浔建材市场还成立市场便民服务中心，下设工商受理、税收代征、代开发票、木材签证、市场导购、消费者投诉等，商户、消费者遇到的很多问题，不出市场就能得到很好地解决。

市场党建特色

尤其值得一提的，是市场的党建工作。如今，党建已成为引领南浔建材市场发展的一个“红色引擎”。

此前，市场组织开展“党组织找党员、党员找党组织”的“双找”活动，全面掌握商圈的党员和党组织的基本情况，建立商圈党员花名册，花名册上的信息细化到党员姓名、性别、年龄、籍贯、入党时间、组织关系、营业执照号码、一句话承诺等内容。随后，市场又成立新居民家庭、五金、板材、商户联合会、国际建材城、市场集团公司等6个党支部，初步形成“一总支、六支部”的商圈党建堡垒模式。

为倡导诚信经营、维护消费者合法权益，促进行业健康有序发展，塑造“南浔建材”好牌子，市场还专门成立浙江南浔建材市场诚信联盟，设立消费者权益保障基金，并召开诚信联盟动员会。在党员带动下，商户们陆续加入诚信联盟，目前，联盟会员已覆盖1237户经营户。

考虑到发挥每一名党员的作用，南浔建材市场特别在健全党员联系服务群众机制上下功夫。除了开展设岗划区联户活动，由各支部设立党员示范岗，为经营户提供咨询服务之外，市场还划定党员责任区，分片带动市场入党积极分子、其他经营户诚信经营，引导和监督广大经营户遵纪守法，党员承包户与其他经营户一对一结对子，通过定期走访，了解他们的所需所盼。

在市场，党员亮姓名、亮承诺、亮岗位、亮星级、亮技能更是早已先行一步。每年元旦、七一，市场都会开展党员先锋指数考评（党性体检）工作，根据党性体检结果，对党员进行星级评定，评定结果在党员户标牌、支部宣传栏进行展示，形成党员创先争优、争当先锋模范的良好氛围。

一种思路

酝酿再次腾飞

过往的南浔建材市场，无疑是辉煌的。不过，这并没有阻碍市场不断前行的步伐。如今，南浔建材市场正酝酿着一场更大的提质扩容行动，以期实现市场的再次腾飞。

新的蓝图中，市场面积将继续扩大。在规划的1800亩土地上，除了传统的板材、五金市场，还会把周边的棉布市场、二手车市场、建陶市场等进行统一规整，仓储中心和升级版的“玖象家居体验馆”也将被纳入其中。

不仅如此，在接下来的发展中，市场还期望重塑产业的支撑优势。

都说“市场带产业，产业兴市场”。一直以来，南浔建材市场的形成与发展，不仅带动地方经济的发展，致富当地百姓，更在促使南浔成为“没有森林的木业大区”中发挥积极作用。

市场形成后，南浔涌现出一大批胶合板、家具、木线条、地板、木门等企业，逐步形成家具制造、实木地板生产、胶合板生产、木门生产、木线条加工等产业，由此衍生出木地板产业集群，南浔也因此获得“中国木地板之都”“中国木门之都”等称号。

反之，木业产业的集群发展和不断壮大，也为南浔建材市场的可持续发展奠定强有力的产业支撑基础。

当前，在已有的产业之外，市场还期望通过集聚效应，引进建材其他相关产业，为其提供集科研、设计、质量监控、信息、物流、材料开发、销售等一体化的配套服务，以促使其做强做大。

此外，在更长远的未来，南浔建材市场的发展蓝图也早已绘就——

打造成国际化、特色化、规模化、绿色化的家具建材一站式供应链服务平台，商流、物流、信息流、资金流“四流整合”的家具建材商贸服务基地，家具建材全产业链、全品类、全渠道、全网络的品牌营销中心地，高品质家具建材品牌孵化中心，以及中国江南家居文化特色小镇。

市场俯瞰

其中，高品质家具建材品牌孵化中心的功能是通过商户优选、创客培育、创投引入和品牌扶持，以及共建、共创、共享、共赢的市场创新发展体制，培育一批家居建材品牌企业和品牌商户，打造一批具有国内外市场竞争力的家具建材品牌。

至于中国江南家居文化小镇，则将以中式家居建材为特色，通过文化体验、产品展示、工匠培育和环境营造，打造韵味独特的家居文化新空间。

有人曾经总结，过去几十年，南浔建材市场的红火得益于“天时、地利、人和”——

是改革开放政策、市场经济的确立，使素有经营传统的南浔人有了施展才能的天地；是地处太湖之滨，位于苏杭沪三角中心点，背倚上海大城市，翼拥沪、甬两大国际港口，便捷的交通和优越的地理位置提供了市场建设的有利条件；是政府部门解放思想、支持改革、勇于实践，积极引导、培育和扶持市场建设，才有了“梧桐蓊郁凤凰来”。

时移世易。今时今日，这样的“天时、地利、人和”依然是南浔建材市场跨越发展的优势所在——经济发展、科技和产业革命加速等，昭示着前所未有的历史机遇期；走进高铁时代的南浔，正积极融入全省大湾区大通道大都市区战略，全方位接轨上海；政府部门一以贯之地因势利导、强化服务、精心培育……

一位伟人说：“黄金时代，不在我们背后，乃在我们面前；不在过去，乃在将来。”对于南浔建材市场来说，属于它的黄金时代大幕，当下已经拉开。

文：夏燕

绍兴中国轻纺城
丝路柯桥，缔造“国际纺织之都”

2018年5月26日，浙江省委书记车俊在《柯桥中国轻纺城三十年坚持改革开放打造“国际纺织之都”》专报信息上批示：绍兴柯桥中国轻纺城是改革开放以来我省的一张金名片，来之不易。希望继续坚持改革开放，不断转型升级，抓住“一带一路”契机，努力打造新时期“国际纺织之都”。

中国轻纺城是全球规模最大、经营品种最多的纺织品集散中心，习近平总书记曾先后四次实地调研，关心指导轻纺城市场发展。

中国轻纺城成立于1988年，前后经历三次转型升级过程，从自发形成的一条河边布街开始，发展到初具规模的轻纺市场，再到如今建设现代化的国际纺织之都，走过一条凤凰涅槃之路。

中国轻纺城成立30周年来，始终坚持改革开放不停步，以高水平的开放推动高质量发展，2017年全区实现纺织品出口621亿元，是全省首个单行业出口突破100亿美元的县（市、区），成功创建国家外贸转型升级专业型示范基地，并荣获2017年度全省外贸十强县（市、区）。2017年，轻纺城市场群实现成交额1642.5亿元，同比增长9.2%，成交额连续30年位居全国纺织品专业市场第一位。

1988年10月1日，绍兴轻纺市场建成开业，为当时浙江省最大的室内专业市场

一个契机

从“步”满全球到“布”满全球

1988年，绍兴马山的冯丁岳还是一毛头小伙，干着一份当时人人艳羡的工作——在纺织厂跑业务，心里却盘算着自己的布业梦。

1988年，黎巴嫩小伙李天明尚在襁褓之中，懵懂未知。20多年之后，自己的命运竟会与遥远东方的一座轻纺市场紧密维系在一起。

1988年，总投资660万元的绍兴轻纺市场在国庆当日开业，建筑面积23万平方米，拥有营业房600间，成为全国首家室内专业轻纺市场。“若要富，去卖布”，一时间成为柯桥人的流行语，而轻纺市场的传奇，自此书写。

冯丁岳怀揣着积攒的4万块钱，租下轻纺市场一间营业房的四分之一，开始与市场的风雨同舟。他见证了市场一个个历史的脚印：1992年，绍兴轻纺市场更名为中国轻纺城，成为全国首个冠之以“中国”的轻纺专业市场；1993年，中国轻纺城改组为股份制企业，全国第一家以大型专业市场为依托的规范化股份制企业——中国轻纺城发展股份有限公司宣告成立；1997年，中国轻纺城集团股份有限公司成功上市……

他见证了市场从一无所有到无所不有：纺织品由单一原料、面料发展成集化纤原料、织造印染、创意设计、服装家纺于一体的全产业链；轻纺城成为国际性纺织制造中心、贸易中心、创意中心；全国首创的中国·柯桥纺织指数、中国·柯桥时尚指数成为国内外纺织产业发展和时尚流行趋势的风向标和晴雨表……

而冯丁岳也追逐到他的布业梦：从摆摊到拥有门市部，成立丹顶鹤纺织品有限公司，从内销做到外销。2017年，留学美国的儿子学成回国，布业梦的版图，猛地向国际扩展。

同样在2017年，李天明的绍兴首格纺织有限公司以年增长20%的速度继续扩张，产品远销中东、南美、欧洲等地。3年前，在绍兴留学毕业后在轻纺城跑单的李天明瞄准潜力巨大的户外面料，成立自己的公司，成为扎根中国轻纺城的一名新外商。“中国轻纺城机会太多了，全世界的人都可以到这里来淘金，这里不仅生产梦，更帮助你实现梦。”李天明说。

而今，中国轻纺城已形制浩大：占地面积180万平方米，总建筑面积达

1992 年 6 月更名为中国轻纺城

1994 年 4 月 28 日，轻纺大桥竣工通车，为中国轻纺城向北发展奠定基础（胡劲松摄）

390万平方米，营业用房2.8万余间，市场群注册经营户30648家，较1988年增长62.9倍，形成仓储物流区、原料交易区、面料交易区、创新发展区、国际贸易区等“东西南北中”五大市场格局。这里商贾云集、渠通四海、货走天下：日客流量10万人次，是1988年的11倍，其中境外采购商日均达1万人，另有来自63个国家和地区的常驻外商6000余人；市场交易的纺织品种类达4万余种，其中高附加值纺织品占比达20%，产品远销192个国家和地区，已经实现从“步”满全球到“布”满全球。

2018年5月，柯桥中国轻纺城牵手世界时尚之都意大利，共同启动中欧时尚梦工厂项目，为国际纺织之都更高智慧更靓时尚的全球化新未来，集聚更大的能量。

作为一个集国际时尚文化交流、人才培育、设计研发、品牌塑造、商品输出、市场开拓为重点的创新时尚平台，中欧时尚梦工厂将引进一批以欧洲为重点的国内外时尚产业企业和时尚设计创业人才，发挥产学研一体的优势，协同建设时尚产业集聚中心、创意设计中心、人才培养中心、品牌塑造中心、贸易出口中心，打造成为柯桥时尚产业发展的中枢，助推柯桥中国轻纺城成为“中国的时尚航母”。

未来的柯桥中国轻纺城，不再是轻舟独楫，靠一块布行走天下；而将是千帆竞航，科技、创意、设计、人才、品牌……从全世界云集，向全世界发散，彻底拥抱全球化，全面进入新征程。

一次飞跃

从柯桥水街到丝路柯桥，深层对接“一带一路”

在大漠戈壁上驰命走驿、不绝时月，在汪洋大海中云帆高张、昼夜星驰，千百年前，丝绸之路打开中国对外之路的格局；千百年后的今天，“一带一路”从历史深处走来，传承古今，连接中外，重新激活起丝绸之路的记忆。

2018年3月，柯桥中国轻纺城巴基斯坦面料展亮相巴基斯坦亚洲纺织机械及亚洲服装面料展。占地800余平方米的中国轻纺城展区集中展示19家柯桥企业的上千款精品面料，展会首日客流量就超过3000人次。这是2018年“丝路柯桥·布满全球”活动在海外的首站，也是柯桥中国轻纺城积极走出去提升国际影响力、推动市场转型升级的一个侧影。

绍兴柯桥子归沿航纺织有限公司负责人黄雪琴至今还津津乐道这次参展。她一共带去8个品种的中东风格面料，让她收获好几个客户。“回来后两个月，成交100多万美金，比以往增加一倍，预计2018年能够翻一番。”黄雪琴欣喜地表示，接下来的海外参展，她还要积极报名。

丝路互通，行销海外。紧抓“一带一路”的建设契机，柯桥中国轻纺城向“西”面向欧美发达国家，在美国纽约、拉斯维加斯，法国巴黎等国际知名面料展中尝试建立柯桥馆；向“东”面向“一带一路”沿线国家，开办中国轻纺城国际面料展，为纺织企业在海外市场开疆辟土，提升“丝路柯桥·布满全球”的知名度，打响柯桥中国轻纺城的品牌。2017年，首次独立在缅甸仰光举办中国国际面料展，打通贸易渠道，成效显著。

在意大利米兰，柯桥中国轻纺城首个海外面料展馆——丝路柯桥·米兰馆即将解开面纱，柯桥面料企业将在全球时尚中心意大利缔造自己的大本营。

与一般面料展馆不同，丝路柯桥·米兰馆不是一个为促成短期贸易的小型展销会，而是基于“一带一路”倡议共同推进的一个长期项目，旨在搭建一个“行走在丝路上的集装箱”平台，通过柯桥面料企业的原创研发能力展示，海外时尚设计资源的综合对接，将其打造成链接时尚的咨询平台、链接贸易的资源窗口以及推广柯桥面料的品牌窗口。

2018年以来，柯桥中国轻纺城已成功举办越南对接会、孟加拉国参展、巴基斯坦参展等多个海外贸易对接活动。接下来，柯桥中国轻纺城将持续开启“丝路柯桥”之行系列活动，组织美国迈阿密展、拉斯维加斯展和埃塞俄比亚展等组团参展活动。相关数据显示，柯桥区对东盟、中东欧等“一带一路”沿线主要国家和地区贸易额保持年均10%以上的增速。

“参加海外对接活动，不仅让我们企业有机会享受‘一带一路’相关政策补贴，更是一个很好的海外市场开拓平台，能够帮助我们企业快速了解当地市场，打开产品销路。”绍兴久岸纺织品有限公司相关负责人表示。

墙外墙内共芬芳。月月有会展、天天可时尚，柯桥中国轻纺城已连续20年举办中国绍兴柯桥国际纺织品面辅料博览会，并引进拓展窗帘窗纱、家纺、纺机、印染设备等产业展，融合开展中欧时尚发展论坛、中国服装定制高峰论坛、WGSN流行趋势报告会等多场国字号高端活动。2018柯桥

时尚周（高洁摄）

春季博览会共设国际标准展位1392个，展览面积达3.4万平方米，吸引专业采购商48015人，其中境外采购商7525人，分别较上届增长20.4%和21.4%。2018首届世界布商大会在望。

一幅蓝图

对标世界纺织之都，深化全面对外开放

“为着力建设一个‘国际、时尚、智慧、高端’的现代化柯桥中国轻纺城，除积极引进来、走出去，提升轻纺城整体品牌外，我们还将通过创新发展模式、加快新旧动能转换、坚持线上线下联动、优化市场管理机制等方式，做强做大柯桥中国轻纺城的内在品质与核心竞争力。”柯桥中国轻纺城建管委会主要负责人表示。

在琳琅满目的轻纺城北联市场，找到一块布，犹如在密林中找到一片叶，但只要扫描入口处的智慧找布机，就变得轻而易举。来到网上轻纺城“互联网+”展厅，不仅可以观看面料颜色和触摸手感，还可以直接扫描二维码，实时了解面料的详细信息。

线上展示、线下体验，柯桥中国轻纺城积极探索新型采购模式，推进实体市场与网上轻纺城深度融合互动。截至2018年4月底，网上轻纺城日访问量已达230万次，拥有会员数206万，企业会员62万家，开通商铺数达8.8万家。2017年，平台线上线下交易额实现320.76亿元，同比增长37.5%。

“目前，大数据服务平台的海关进出口数据库已搭建完成，下个月就能投入使用。”绍兴纺织产业大数据中心主任、国家“千人计划”特聘专家张晓明说。正在冲刺中的柯桥中国轻纺城大数据服务平台，将充分挖掘利用实体市场、仓储设施、物流中心、运输车辆以及电商平台等数据，为市场经营户生产经营精准提供决策依据。

走进位于纺织产业创新服务综合体的浙江省现代纺织工业研究院花样设计中心，几名设计师正在埋头进行花样创作。作为柯桥中国轻纺城的产业创新公共服务平台，纺织产业创新服务综合体紧紧围绕新兴产业培育和传统动能修复，围绕资源集聚、协同创新、市场运作、培育孵化等方面，构建技术

创新服务、政产学研协同、科技成果交易、知识产权保护、产业创新生态等九大体系，为中小企业创新发展提供全链条服务。

憧憬眼下，投资100亿元的中纺CBD，将实现纺织、商贸、金融、办公等贸易、商务为主的产业集群，成为中国轻纺城"三次创业"的领头雁；投资10亿元的中国轻纺城跨境电商产业园，将成为"轻纺城+跨境电子商务"的主要承载体；投资50亿元的中国轻纺城现代物流城，将全面提升轻纺城整体形象和物流服务能力……

拉高标杆，内外兼修，柯桥中国轻纺城不断优化硬件和软件配套，致力打造国际化、法治化、便利化的营商环境。深入推进"最多跑一次"改革，出口货物一般原产地证签发、企业年检、企业变更业务即来即办，实现出口企业办理一般原产地证书零费用，申报、审核、打印零上门；推进纺织品花样版权保护，线上"瓦栏网"，线下成立中国轻纺城知识产权巡回审判庭；制定实施全国首个绿色印染团体标准——《绿色印染要求通则》，帮助企业积极应对国际贸易摩擦……

梦好起宏图，行稳步更远。2017年，全区实现纺织品出口621亿元，是全省首个单行业出口突破100亿美元的县（市、区），成功创建国家外贸转型

轻纺城鸟瞰

“纺城＋速度”（蔡海江摄）

升级专业型示范基地，并荣获2017年度全省外贸十强县（市、区）。2017年，轻纺城市场群实现成交额1642.5亿元，同比增长9.2%，成交额连续30年位居全国纺织品专业市场第一位。

九万里风鹏正举，五千年云鹤长鸣。高歌猛进中的柯桥中国轻纺城，将牢牢把握柯桥区“绍兴大城市建设的新高地，接轨杭州都市区的桥头堡”战略定位，深化改革、扩大开放，全力打造新时期国际纺织之都，为柯桥高质量发展增添新动力，为柯桥现代化建设注入强动力。

文：孙良　邱小华

浙江大唐轻纺袜业城

几十载以袜造市，见证袜业兴盛传奇

大唐镇，位于西施故里诸暨市。短短几十年，这个小镇靠着一双双小小的袜子，缔造了一个声名远扬的国际袜都。而大唐人凭着对袜子的执着追求和不断创新，将袜业贸易发展成袜艺经济，继而衍生出多项战略性产业，逐渐形成一座集袜子、轻纺原料、袜机、托运四大市场于一体的浙江大唐轻纺袜业城——占地3.8万平方米、建筑面积5万平方米、年成交额达到130多亿元，成为全国最大最繁荣的袜业市场。

一个契机

几经受挫，从“打游击”里走出来的袜子市场

老一辈的卖袜人回忆起当年的卖袜经历，总会带着不易和艰辛的感叹。20世纪七八十年代，市场经济尚未兴起，如果想自己做点小生意，可能就会被冠上“资本主义尾巴”的名头。

那些怀揣着改变命运初心的大唐人，默默期待着凭借自己勤劳的双手走

第一代袜业市场

第二代袜业市场

第三代袜业市场

上致富的道路。为了从中寻找契机，他们把袜子装进竹篮，忐忑地躲在公路边的庄稼地里，等待着来往杭州金华的长途汽车，迎上前攀着车窗叫卖。以此，拉开大唐袜子交易的序幕。

因为供给需求的逐渐增大，袜商们开始自发形成一些雏形的袜业集市，先后在距离县城十多公里的外陈火车站和5里之外的钟家村（现属暨阳街道金三角村）形成几个交易点。可这些未成气候的小集市只能以“打游击”的形式暗地生存，一旦被税务、“打私办”发现，便难逃覆灭的命运。

袜商们没有因此受挫，开始寻找下一个能够撑起袜子交易的“秘密场所”——他们瞄准了一片桑园，位于杭金公路与绍大公路交会处。20世纪80年代初期，这块区域分别属于三都区和五泄区，因为越来越多袜商的加入，这个路边市场迅速壮大，形成一段600余米长的袜摊。

但这个袜摊同样没有长久。大唐镇首任镇长章水土回忆说，当时，三都、五泄两区的工商和税务部门都到这个路边袜市收取摊位费和税费，有时还会造成重复收取。为了避开收费人员，买卖双方再次深陷“打游击”窘境，后来干脆离开大唐，跑去义乌市场。

袜子交易既有需求，又有前景，却始终没能有个固定场所让其得以发展，诸暨县政府考虑到这一实际情况，也做了相关努力。由时任副县长俞关华牵头，在下骆村圈出一块地，办起一个简易市场。袜商、丝商闻讯火速在这里集聚，热热闹闹做起生意，除了日常的袜子交易，还办了几场物资交流会。眼看市场有了扎根壮大的希望，却是好景不长，有群众向上级反映，称市场交易是破坏蚕桑生产，这刚有了发展苗头的简易市场被取缔了。

十几年里，大大小小的各类集市时兴时灭，一波三折，但大唐此起彼伏的袜子交易却始终没有因此停滞。越来越多的人因为袜子知道大唐，规模化市场的正式形成，已经变得呼之欲出。

1988年，大唐建镇。镇长章水土上任后，着手调研大唐的发展方向，发现发展袜业经济是有基础和必要的。他根据已有的交通和袜业基础优势，提出“以市场发展城镇，以市场发展工业”的“以袜兴镇”之路。他回忆说：“当时，义乌市场以每年1000个摊位的速度增长，很多诸暨人在那里做生意，我们想把他们吸引过来。”筹建大唐轻纺市场的计划被正式摆上议程。

1990年下半年，大唐开始建造轻纺市场，镇党委向市领导打报告，申请在建设中配套设立袜子市场。第二年10月，大唐轻纺市场开业。自此，在大唐人心中具有里程碑意义的第一代袜子市场正式成立，拥有397个原料摊位和1515个成品摊位。丝商、袜商们再也不用奔波担忧，可以安心地在市场里扎根经营了。

一次飞跃

破茧而出，为传统袜业插上远行翅膀

市场之门一旦打开，袜业的发展之路快马加鞭。1992年，第一代市场仅运作一年时间，一跃成为全国最大的化纤丝集散地，成交额达6.1亿元，在全国216个大中型专业市场中，销售额居前20位。

交易盛况吸引了国内各大化纤生产厂家在市场内设点销售，就连全国最大的化纤企业——营口化纤总厂厂长都不禁感叹：“大唐的化纤销售打个‘喷嚏’，全国的化纤行业就得‘感冒’十天半月。”袜业集群不断扩张完善，涉及多类经销主体，也对市场的硬件设施提出更高的要求。钢棚下的“水泥板”摊位已经无法满足日渐增长的交易需求。

1993年5月，大唐镇开始建造占地80亩的第三代大唐轻纺原料机械市场。1995年3月，镇政府将全镇所有袜摊搬进这个新市场。至此，第二代袜业市场诞生。伴随着袜子巨大的诱惑，越来越多散落在各村各地的织袜户被聚集到市场里来。不出几年，第二代市场处于爆满状态，摊位费飙升3倍，却仍有不少企业因无摊可投，被拒之市场门外。1999年，重建轻纺市场再次被提上议程。

同年，一个更为大胆的设想开始在大唐镇萌芽。为了让袜业在“强起来”的同时也“走出去”，大唐镇启动申办中国袜博会的工作。1999年8月，省政府办公厅以抄告单形式，同意诸暨市政府和中国纺织工业协会共同举办中国国际袜业博览会。一双可以让大唐袜业飞向世界窗口的翅膀，已经生满羽翼。

袜博会的邀请函承载着大唐人的热情和智慧，飞往世界各地。其中一张漂洋过海寄到日本，日本前田化纤工业株式会社的代表望着这份来自遥远小镇“第一届中国国际袜业博览会”的邀请，惊讶地感叹道：“小小的袜子，竟能搬上博览会的舞台。”

1999年10月，首届袜博会拉开帷幕，共设展位840个，参展单位达到646家。来自意大利、韩国、美国、日本、中国台湾等十多个国家和地区以及20多个省份的客商远道而来，参加袜博会，纷纷赞叹：“小小的袜子，也能成就

第四代袜业市场

一番天地。”展会最终成交现货1.38亿元，订立期货合同659个，合同成交额9.22亿元，签订中外合资等各类合作项目12个，吸引投资1270万美元。

首届袜博会的成功举办，像一道破晓之光，既让大唐袜子走向世界，也让国外客商走进大唐。因“袜”而兴的脚步越走越稳，实现了经济效益和社会效益的双赢。扩大提升袜业市场的计划也变得迫在眉睫。大唐镇党委、政府经过反复的选址讨论，决定将轻纺袜业城建在方田村和合溪口村，位于大唐、草塔两个袜业重镇的交界处，地理位置十分优越。

2002年7月，第三代大唐轻纺袜业城建成开业。占地400亩，建筑面积12万平方米，拥有1600余间商铺房，基建投资额达2.2亿元，分为轻纺原料、袜子、袜机、物流四大交易市场。市场的信息功能、服务功能、开发功能也无法得到充分整合集约，经销商们能够在这轻松完成一站式采购，年成交额达到100多亿元。

现代化市场的投入运行搭配袜博会等对外展示平台，使得袜业发展仿若如虎添翼，获得更为广博开放的前景。

一场涅槃

让自主品牌搭载电商快车

伴随市场交易量和知名度的不断升高，大唐的袜业集群逐步实现从无倒有、从有到大的转变。所有的发展都不能一帆风顺，产业快速壮大的背后，许多无法回避的严峻考验相继而来。

因为受限于发展观念陈旧、管理体制落后、研发能力薄弱等短板，低端制造和贴标代工的袜子一度占据大量的市场份额，部分经营主体甚至因为没有自主品牌而开始售卖带有商标侵权的袜子，严重影响袜业的长远健康发展。如何规范合法有序经营、推动产业提档升级，改变原有依赖低端加工、贴标售卖的经营方式，成了市场和镇政府新的关注点。

为了攻克这一难题，大唐镇探索多种解决途径，相继出台多项政策扶持，鼓励引导企业创新设计理念、提升品牌效应，并尝试依托实体市场，采取线上线下“两条腿”走路模式，多角度提升市场竞争力。

方田电商园

慎炎鑫是大唐镇慎叶村村民，是大唐镇较早一批接触电商的人。2009年，他在袜业城租了摊位卖袜，注册“蝶风缘”和“糯米团”商标。当时的大唐正处于产业转型升级的重要节点，慎炎鑫正是从那时开始尝试线上线下同步销售的模式。“我现在主要卖童袜，客户基本上是长三角的，一年批发量大概2000万元，线上线下大致各占一半。”慎炎鑫说，以前自己做袜，后来部分外加工，再后来干脆卖掉袜机，改成全部外加工，用他的话说：“轻资产，灵活些。”

同样搭上互联网这辆高速列车的还有致力于创新设计的“时尚”袜业品牌。2008年，刚从中国美院毕业没多久的蔡姗妮回到家乡大唐，发现袜子的交易量虽然庞大，却多以传统的基础款为主，缺乏独特的设计感。“结合当时流行的森系、日系的风格，我们设计出第一批带有花边的袜子，结果当时一上市就售卖一空。”蔡姗妮回忆。这让她看到销售创意设计感袜的蓝海。如今，蔡珊妮创立的Caramella（卡拉美拉）公司每年设计开发1000多个袜子款式，并借助大数据分析，及时更新设计和销售的方向。

大唐人对袜业品牌效益和电商渠道的探索追求，改变传统袜业的销售模式，打破贴牌代工、低价竞争的“怪圈”，也破除产业主要靠低廉劳动力、低端产品、低价竞争的“三低”传统依赖。高端品牌的袜子明显增多，尤其在精品袜行的带头作用下，整个市场的经营者对袜子的质量、包装及加工也更为讲究，展现在摊位上的是越来越多有品牌、有档次、有个性的袜子。

2014年,市场管委会建立大唐袜都电商园区，由于发货量巨大，园区主动与快递公司进行驻点洽谈，以降低商户物流费用。镇政府也出台“电商换市”政策，设立电商扶持资金。电商集聚带来的规模效应逐渐显现，许多经营户在线上接单、线下发货。无法特意赶来袜业城的消费者、采购商和经销商，也都只需浏览网页，便能直观快捷地挑选购买自己喜欢的袜子。

如今，大唐镇已有3000多家电商市场主体，年销售额达50亿元。仅2018年“双11”，单日销售额就达2.5亿元，较上年同比增长近40%，其中销售额100万元以上的企业有20家，诞生了全国棉袜类产品销售冠军。现任镇经发办主任章幸刚介绍：“未来将积极拓展电商海外市场，精准出台跨境电商政策，并致力于培养更多具有品牌意识的企业，共同努力打造大唐‘国际袜都’的称号。”袜业市场的转型，折射的是整个大唐袜业的转型升级。

一个人物

傅国柱：锐意进取，于平衡中寻求突破

傅国柱，大学学历，中共党员，现任浙江大唐袜业城有限公司总经理。2017年8月，调任大唐袜业城担任袜业城总经理兼书记。作为市场的领导者，上任以来的每一天，他都在思考与探索如何让袜业城作为大唐袜业的窗口和名片，更好地展示大唐袜业的魅力和实力，也更好地推动大唐袜业走得更好更远。

在员工们眼中，傅国柱是一个充满变革魄力和进取决心的人。上任当月，在尚未完全熟悉市场环境的情况下，便着手开展袜业城新一轮摊位招投标工作。当时的行业经济形势较为严峻，市场收费方面存在很大压力，工作难度不言而喻。为了切实解决这一难题，傅国柱放弃所有的休息日，坚持加班一个多月，做到“走下去”和“融进去”。他一家一家地走进店铺，与经营

户进行深入沟通，像朋友一样坐下来聊聊天，不厌其烦地听取意见、总结问题。一边耐心细致地向经营户做好思想工作，一边真诚踏实地解决经营户面临的实际困难，最终获得经营户的理解和支持，顺利完成招投标收费工作。

在傅国柱眼里，管理和服务是相辅相成、缺一不可的。“对经营户而言，客户满意是最大的追求，而对我们市场管理者而言，经营户满意就是我们的追求。”他认为，服务和管理都是不能将就的事，只有找到两者之间的平衡点，市场管理才能管到点上，市场服务才能获得认可。

由于袜业城人流量、交易量大，给各项管理都带来很大压力。为解决袜业城地下车库及地面路段拥堵的问题，傅国柱不断探索智能化解决方案，通过分析比对，择优引进智能停车管理系统，很大程度上改善了原有“人多路堵停车难”的问题。为提高市场经营安全性、强化管理可控性，他又提出将市场监控系统进行换代升级，以做到全视角无死角监控，并为管理人员配备多功能对讲机，确保做到信息实时对接，保障经营户安心营业。

除了管理与服务间的平衡，傅国柱还不断探索着稳定发展和突破创新间的平衡。在了解袜业城的实际情况和发展前景后，他制定多项考察方案并逐一落实。围绕打造中国针织原料总部经济的目标，着力构建“线上一站式购物，线下互动体验展示”的销售模式。通过招标方式，引进具有对应项目运行管理能力的供应链主体，共同参与中国针织原料市场的经营管理，多维度

世界袜业设计中心内的高校联盟设计工作室，大学生正在驻地创作

促进产业链资源整合、金融保障、市场运行、平台搭建、中心建设、企业招引等项目的高效运作，从而盘活中国针织原料市场。

虽然上任仅一年时间，但傅国柱高效化的管理风格和人性化的服务理念已经得到市场经营户的肯定，而他独有的在平衡中寻求突破创新的工作方式，仿佛为市场注入一股新鲜血液，为提升袜业城在国内外的知名度作出重大贡献。在他任职期间，市场获得“中国商品市场百强”“浙江省四星级文明规范市场”等称号。

一种贡献

战略衍生，构建数字智能竞争体系

为了加速大唐袜业的再度腾飞，构建多元化采购销的现代化市场，加快推动袜业原辅材料、生产设备、备品备件供应、产品销售、各类袜业信息和袜业生产经营企业向市场集聚，2011年10月，第四代袜子市场——浙江大唐轻纺袜业城建成开业。这个占地3.8万平方米、建筑面积达5万平方米、内设1268个摊位、总投资达2亿元的袜业商圈，一跃成为全国最大的袜子交易专业市场。

升级改造后的市场，从原有的有形市场为主演变为有形无形相交融、专

袜业智库中袜艺文化体验馆

业个性相呼应，集采购、交易、旅游、国际商贸、现代物流、会展、信息咨询、技术交流等综合配套功能于一体的全新综合性智能市场，形成独具市场竞争力的袜业集群。

回首27年，大唐袜业从“提篮叫卖”起家，先后建造四代袜业专业市场，用小小的袜子铺就一段段商业传奇——“6000多家企业、数十万从业人员”的繁荣，缔造中国袜业发展史上的绚丽篇章。但大唐人深知，在充满竞争的时代，谁都无法轻松占据市场，想要获得发展和进步，除了不断努力革新，更需要顺应时代的变化。过去，依靠劳动力和成本的优势，大唐取得全球化战役的胜利，但未来，大唐还需要依靠新的力量，让传统产业衍生出更多战略型产业，让低成本和高效率的优势得以不断凸显。

近年来，浙江大唐轻纺袜业城曾先后多次被评为全国文明市场、全国百强市场、浙江省四星级文明规范市场、浙江省重点市场、浙江省重点培育市场等。2018年1—10月份，市场总成交额达116.4亿元，比上年同期增长1.6%。其中袜子市场成交额58.5亿元，比上年同期增长1.8%，销售袜子近40.3亿双；原料市场成交额52.8亿元，比上年同期增长1.5%；成交各类化纤原料22.3万吨，比上年同期增长0.4%；袜机市场成交额5.2亿元，比上年同期增长0.6%；成交各类袜机近1.5万台，比上年同期增长1.6%。

电商集聚带旺专业市场的人气，也进一步加强了大唐袜业的辐射能力。依托第十二届中国国际袜业博览会举行，大唐镇与阿里巴巴联合举办首届网上袜博会。袜博会开幕式上，袜业城下设“袜业智库”正式开启，总建筑面积达5.8万平方米，即是推动袜业产业改造提升的技术平台，也是充满创意感和艺术感的展示平台，为袜业向袜艺转变提供了强大助力。

“线下市场开动数字化脑筋的同时，大唐袜业的线上销售也有了新的布局。”大唐镇副镇长周骆永介绍，一个定位为“找服务找袜业网，找袜子找袜业网”的独立门户网站——大唐中国袜业网正在如火如荼建设中，该网站已于2017年取得网上交易牌照。依靠数字经济与品质实力，牢牢把握未来袜业竞争的主动权，是袜业城和整个大唐袜业共同的目标，在大唐人心里，一幅“聚焦高质量，拥抱数字化”的未来蓝图已悄然绘就。

文：郦珊珊　安宇

钱清中国轻纺原料城

亚洲最大的轻纺原料集散地

绍兴钱清中国轻纺原料城始建于1993年。经过二十几年的艰苦创业、不懈努力，市场从无到有、从弱到强，实现从最初规模较小、设施简陋的村办马路市场，到如今年交易额超500亿元的现代化纺织原料城的完美蜕变，展现了市场与产业联动发展、互促共赢的生动画卷。它被世人誉为中国轻纺原料第一市、亚洲最大的轻纺原料集散地。

一个契机

产业联动：钱清轻纺原料市场应运而生

1985年后，绍兴钱清的乡村企业如雨后春笋，蓬勃发展。尤其是纺织厂在萧绍平原上星罗棋布，在队、社、区遍地开花。仅钱清地区，就有上百家纺织企业。

这些纺织企业大都二三十人规模，不但纺织机械求购困难，而且纺织原料也供不应求。轻纺原料价格一路飙升，有价无货也是常事。一些脑子里经

1992 年钱清原料市场建起首批营业房

商细胞充足的人，觉得轻纺原料销路广阔、奇货可居，于是就在钱清坝桥头和104国道两侧，三三两两地开设公司和商店，经营轻纺原料。

起初，各经营单位只打算赚些小钱。不料，一两宗生意下来，居然利润丰厚。这生意的打理一发不可收，亲戚带亲戚，朋友携朋友。一时间，经营轻纺原料的公司、商店竞相开设，坝桥头一带很快形成轻纺原料一条街，生意火爆，场面热闹。

1992年11月，绍兴县钱清镇方家桥村党支部书记王郎水组织召开支部会议，分析研究第二年村级经济发展的工作思路，确定谋划建设轻纺原料市场，并着手在104国道萧绍交界的杨家湖地块预征28亩土地。

1993年年底，首期4幢80套、建筑面积4800平方米的营业房建成。沈传茂、童虎根、施建民、孙妙川、王金昌、赵水全、潘兴荣、茅水根、高建庆、邵立明、高建法、王中利、杨水庆、周关祥等22位业主首批进驻市场营业。

同时，市场成立绍兴县轻纺原料市场建设管理委员会，并设置村、市场联防队，名称为钱清镇联防队第二分队。

1994年年初，绍兴县轻纺原料市场管委会讨论研究市场招商工作，并确

1995 年钱清原料市场雏形

立一系列的管理制度。当年，方家桥村又新建6幢2层楼营业房150套，当年投入使用。至此，占地面积28亩的原料市场建成。

同年6月9日，该市场正式向绍兴县工商局申请登记，市场名称“绍兴县轻纺原料市场”。10月18日，市场向工商局申请登记，市场名称“浙江绍兴中国轻纺城钱清轻纺原料市场”。到年底，原料市场共拥有经营户41家，市场成交量16万吨，成交额30亿元，交易品种主要以涤纶DTY为主。

这一年，方家桥村党支部研究决定原料市场向南发展（即现在的329国道北侧）。在钱清镇政府的协调下，329国道北侧的虹桥纺织厂、锯板厂等一批零星个体企业全面拆迁，获得土地100亩。

1995年11月18日，位于329国道北侧，总投资5000多万元、建筑面积4万平方米的12幢营业房、6幢配套仓库建成开业。到年底，钱清轻纺原料市场共拥有经营户102家，市场成交量24.5万吨，成交额60.56亿元，被绍兴县人民政府授予重合同守信用单位。

一次飞跃

快速发展：中国轻纺原料第一市趁势而上

钱清原料市场的快速发展，越来越引起全国纺织行业的关注。

1996年6月20日，中国纺织总会会长吴文英在绍兴县委常委、常务副县长徐茂龙等陪同下，考察原料市场。

同年，黑龙江、山东、江苏等地化纤厂陆续在钱清轻纺原料市场设立厂家办事处。

1998年与1999年，中国化纤协会涤纶长丝专业委员会连续两届年会在钱清镇召开，国家化纤工业局化纤办主任、中国化纤工业协会理事长王超鲁两次参会，每年有来自全国140余家涤纶长丝生产企业参加会议。

1998年9月，投资200万元，建立原料市场信息网络中心。这一年，原料市场被国家经贸委授予全国生产资料十大市场。

到年底，原料市场共拥有经营户385家，成交量64万吨，成交额102亿元。同年，原料市场被浙江省工商局授予浙江省区域性重点市场，被浙江省计经委等单位授予浙江省行业最佳经济效益工业企业。

2000年1月12日，钱清轻纺原料市场与山东昌邑市工商局市场服务中心、昌邑市李家埠镇人民政府合作，创办中国轻纺城钱清昌邑原料市场。10月1日，钱清昌邑原料市场一期工程开始试营业。新建的钱清昌邑原料市场营业房共400套，建筑面积2.93万平方米。市场输出品牌，实现异地发展。

2001 年钱清原料市场收购并改造兰花交易区

2001年9月，原料市场收购浙江兰花集团的下属市场——兰花交易区（现为钱清中国轻纺原料城外贸园区）。到年底，原料市场共拥有经营户620家，成交量76.77万吨，成交额115.57亿元。原料市场的交易品种主要以涤纶为主，棉纱、特种丝为辅，PTA聚酯切片、MEG等大宗原料逐渐活跃。钱清轻纺原料市场已成为全国轻纺原料价格指数的风向标。原料市场部分经营户开始创办生产工厂。

2002年，原料市场被浙江省工商局、浙江省市场协会授予浙江省百强市场称号。2003年，原料市场被浙江省人民政府授予省重点市场称号。

2004年4月，原料市场开通旨在为企业提供电子商务租赁服务的“在线商厦”，使化纤企业和流通公司能以较低的投入就拥有集贸易、竞价、拍卖、招标、运输为一体的商务网站。

2004年年底，原料市场年成交额达150.58亿元。到2005年年初，已发展为占地350亩、拥有五大交易区、共1800余套营业用房、800多家经营户的轻纺原料集散地。

在快速发展的十多年间，钱清原料市场年交额1999年跃过百亿元，2004年达150亿元，并开办专业网站，在纺织行业中声名鹊起，被世人誉为中国轻纺原料第一市。

一次升级

“双改”提升：全球性轻纺原料采购中心呼之欲出

为了顺应全球经济一体化发展趋势和商品市场提升发展的内在需求，2005年，钱清轻纺原料市场确定“南北中西”四大市场错位发展格局。为进一步增强发展后劲，绍兴县委、县政府决定对市场进行“双改”，即一方面对市场进行改制，把原村办市场改为县镇控股、村参股的国有市场；另一方面对市场进行改建，通过重新规划、拆旧建新，把市场打造成现代化的、全球性的轻纺原料采购和物流中心，为纺织产业的发展提供坚实的后方基地。

2005年，积极推进企业改制，成立县镇控股51%、村参股49%的绍兴县中国轻纺城钱清轻纺原料市场开发有限公司这个市场改造升级的主体。

市场正大门

2006年，绍兴县委、县政府进一步改革体制，撤销中国轻纺城钱清轻纺原料市场管委会和市场改造升级领导小组，成立中国轻纺城钱清轻纺原料市场建设管理委员会，明确为科（局）级单位，专门领导和从事市场的改造升级工作。

市场改造升级以留住现有经营户，同时进一步吸引新的经营户为目标，以突出专业性、商务低成本、服务优质化以及维护社会稳定为主要原则，目标是建成影响力大、带动力强的全国最大的现代化轻纺原料交易市场。

整个市场改造是以“先建新后改旧，流动开发”的方式进行的，按照不影响市场现状要求，周密计划，精心组织，落实“确保进度、稳定、效果”目标，工程建设、新区招商、宣传推广三条线齐头并进。

确保进度，快速推进工程建设。为了同周边的萧山中纺城竞争，抢抓市场机遇，在市场建管委的领导下，市场公司组建强有力的工作班子，周密计划，科学安排，交叉施工。2005年，拆除旧仓储建筑面积15000平方米；启动一期建筑面积40000平方米的营业房工程，至2005年年底，土建全部结顶；6幢25800平方米仓储物流中心建成，并投入使用。2006年，进一步调整完善市场的改造升级规划。一期工程即新建的12幢计480间（240套）营业房、建筑面积40000平方米的土建工程和近25000平方米的场外工程于8月完成，并投入使用。同时，对二区进行拆迁，拆除旧房15000平方米，对所涉及的108家经营户进行搬迁，搬到新建的一期工程里。

2007年，市场进一步提升改造升级的发展目标，提出市场升级发展的“六字诀”总体思路，即“改、建、拓、扩、配、研”。“改”就是改造传统交易区，“建”就是建设业态创新区，“拓”就是拓展市场延伸区，“扩”就是扩大仓储物流区，“配”就是完善配套服务区，“研”就是启动原料研发区。

轻纺原料市场改造升级工程对市场进行新的规划、设计、改造。在原料市场旁的古运河上，建成平桥6座，改善市场的经营环境。直至2009年5月，完成钱清中国轻纺原料城传统交易区整体改造工程。总投资4亿元，占地面积350亩，改造后的原料城经营面积达14.3万平方米，市场配套仓储面积达5万平方米。

目前，市场拥有经营户1000多家，产品主要包括棉纱、涤纶、氨纶、粘胶、PTA、聚酯切片、特种丝等品种，并包含数千个规格型号，国内各大化纤、棉纺企业都在原料城设有直销点，产品销售范围覆盖全国并辐射东南亚地区。2016年，市场成交额561亿元，同比增长5.18%，税费合计10975万元。原料城以其巨大的市场规模、庞大的交易数额和齐全的原料品种成为国内轻纺原料价格走势的晴雨表和同类市场发展的风向标。

一次触网

网上市场：打响“轻纺原料采购在钱清”品牌

随着信息化的不断深入和电子商务等现代交易方式的出现和兴起，钱清中国轻纺原料城以服务产业发展、服务经营户为出发点，在拥有强大实体市场的基础上，着手进行依托现代信息技术的网上市场建设，实施网上市场反推实体市场、实体市场带动网上市场的发展战略，努力把钱清中国轻纺原料城真正建设成为一个具有现代化、国际化水平，电子商务和实体市场相结合

市场外景

的轻纺原料交易中心，打响“轻纺原料采购在钱清”的品牌。

2007年，钱清·中国轻纺原料城在原料市场信息网站的基础上，成立国资控股的浙江钱清轻纺原料电子商务有限公司，注册资本3000万元。网上市场投入的设施是国内一流的，推出的中远期交易、现货挂牌交易、竞买竞卖交易三种交易模式，考虑了方便、快捷、规避风险等因素，为网上交易提供完善的交易平台。其主要内容有以下三方面：

品种管理系统：把钱清中国轻纺原料城实体市场经营者经营的品种汇集成钱清中国轻纺原料城的品种库，展示市场所经营的品种，吸引全球的轻纺原料采购商。同时，建立会员服务部，为会员寻找新型和特殊原料，引进新型和特殊原料会员，增加市场的经营品种，把钱清中国轻纺原料城建设成为一站式服务中心，真正实现轻纺原料购销在钱清。

会员企业报道窗口：展示市场十几年发展的历程，对发展中的会员企业进行全面报道，向社会宣传各企业的经营管理理念和企业家思想，展示企业的发展历程。

交易模式多样化：网上交易市场在线交易平台集中远期交易、现货挂牌交易、竞买竞卖交易等交易模式为一体，通过对实体市场十几年的轻纺原料交易研究分析，制定一整套科学的、严谨的交易规则及风险防范制度，为买卖双方提供一个公平、公正、公开的电子商务平台；同时，为各类企业提供网上营销、降低交易成本、预买预卖、套期保值、发现价格、规避风险、减少欺诈等功能。

网上交易市场还引进相关机构，为入市交易的企业提供质押融资、物流服务、信息分析等延伸服务。企业通过综合运用三种交易模式，可满足企业自身的各项需求，打破时空限制，使企业足不出户便可快捷、方便、安全地实现全球贸易，大大降低交易成本。

网上交易市场从2009年6月试运营至今，已发展会员200多家，网上成交额达69.3亿元。

一种贡献

五星市场：亚洲最大的轻纺原料集散地实至名归

钱清中国轻纺原料城于2010年被评为省级五星级文明规范市场，于2013年、2016年连续两届通过复评验收。

绍兴市柯桥区钱清镇方家桥村党委书记、绍兴中国轻纺城钱清轻纺原料市场开发有限公司总经理王郎水告诉记者："创建'五星级文明规范市场'，不仅是我们完成市场整体改造升级后的一项提升工程，而且是我们实现市场可持续发展的一项战略工程。通过这几年的发展，我们深深地感受到，无论是市场的经营环境和管理服务水平，还是市场对区域经济的影响力，都发生实实在在的变化。"

通过五星级标准长效管理，使得市场的环境和秩序井然，基础设施配套更加齐备，整体形象发生可喜的变化。市场内广大经营户以及外来客户都深刻感受到五星级市场所带来的变化，都深刻地体会到规范管理、诚信经营、守法经营的优越性。广大经营者对公司品牌形象的创建、产品陈列摆放，甚至产品研发投入都能够高度重视，经营的理念发生变化，经营的方式也发生变化，诚信经营和文明经营的意识得到进一步增强。

这几年，受出口环境、人工成本持续上涨以及行业产能过剩等等因素影响，纺织行业遭受多重寒流的侵袭，这对市场管理者来说既是前所未有的

压力，又是一次竞争力提升的大考验。王郎水说："我们变压力为动力，面对挑战，严格以'五星级文明规范市场'的标准和要求来规范管理市场，并不断创新发展思路，开拓新空间，规避风险，增强市场综合竞争力。近年来，市场交易规模不但没有萎缩，还逐年提升，2017年市场交易额达561亿元，税费合计超过1亿元。"

钱清中国轻纺原料城的发展壮大，对带动钱清镇纺织产业集聚区的发展和绍兴纺织产业链的发展都起到积极作用。近年来，在提升市场传统交易区建设的基础上，已基本完成占地面积1000亩的"大钱门"国贸区的开发建设。通过市场对纺织产业链的带动，钱清镇形成了PTA、化纤、织造、染整、服装的完整产业链，纺织产业集群优势非常明显。市场的快速成长，加快了钱清城市化建设的进程，而且也培育了一批优秀的经营人才，带动了一方百姓就业、创业致富。

钱清中国轻纺原料城先后被评为全国生产资料十大市场、中国最大化纤原料交易市场、省重点市场、中国百强商品市场、五星级文明规范市场、全国诚信示范市场、浙江省商贸流通业诚信示范企业，钱清镇被中国纺织工业协会评为中国轻纺原料市场名镇。

钱清中国轻纺原料城始终坚持用长远的眼光来谋划市场的发展，始终坚持市场、产业、城市联动发展方针不动摇，亚洲最大的轻纺原料集散地实至名归！

文：张瑜　邱小华

新昌中国茶市
引领新昌茶叶产业的腾飞

在中国，产茶的地方很多，产名茶的地方却很少，也很难。绍兴市新昌县在改革开放的历程中，仅用20多年时间，就把“大佛龙井”做出了名声，茶园面积达到12万亩，产业链总产值超过76亿元，获得国际金奖30多个，成为茶界的“黑马”。

那么，新昌茶产业的腾飞，又有什么秘诀呢？一句话道出其中的奥秘——创办一个市场，引领了新昌茶产业的腾飞。

一个契机

新昌茶产业崛起
成功的第一步是产业转型，领先一步的关键是创建市场

新昌是浙江东部的一个山区县，有“八山半水分半田”之称，总面积不过1200平方公里，是浙江茶叶的主产区之一，是国内出口“珠茶”的生产基地。

20世纪80年代中期，传统的珠茶销路不畅，原来只管种、不管卖的茶农

陷入卖茶难的困境。新昌县委、县政府及时提出调整结构“圆改扁”的战略性举措，由专业技术人员牵头，有组织有计划地安排能手，培训茶农掌握炒制龙井茶的技艺。在这些示范点制作出来的茶叶，被国家茶叶监督检测中心评为浙江龙井茶的极品。

此后，“圆改扁”培训在全县36个乡镇全面铺开，先后举办培训班500多期，43万总人口中，共有5万多人参加过茶叶培训班，形成一支有10万多人的“圆改扁”生产、采摘、制作队伍，有18万人从事茶叶及相关产业。

当全国茶产业的战略转型刚开始起步时，新昌已完成人员培训和茶园改造的关键一步，使茶农、茶园成为为“大佛龙井”崛起而储备的战略性资源，为“大佛龙井”的发展奠定了基础。

“圆改扁”的成功转型，让茶农品尝到从几元钱一斤珠茶提升到上百一斤龙井的高效益甜头。可如何将山区产的龙井茶销往大城市，又成为一大瓶颈。

平民百姓也能创造奇迹。

1993年春，新昌县回山镇雅里村村民潘正老，将原先在杭州从事建筑业时结识的几位做茶叶生意的朋友，请来雅里村，收购茶叶。因所产茶叶具有高山茶的天然品质，价格又比杭州龙井低，茶商便和村里约定定点收购之

新昌中国茶市规划示意图

事。此后，前来收购茶叶的客商不断增多。

同年5月，由雅里村投资建造、有70多个摊位的新昌县第一家名茶市场在一个小山村里诞生了。

随后，回山、安山、镜岭、遁山等茶叶主产地也相继建立了13个名茶专业市场。但是，这些自发形成的产地市场，往往地处偏僻、交通不便、设施简单、辐射功能小，与日益发展的茶产业不相适应。

1995年4月，一个由政府搭建平台，拥有360间营业房、800多个交易摊位的浙东名茶市场在新昌县城的104国道边应运而生。这是新昌县政府为解决茶农卖难困境，在全国领先建办的第一个产地茶叶市场。周边嵊州、东阳、天台等地的茶农，纷纷前来交易，各地茶商闻讯而来，交易旺盛。至2004年年底，市场交易茶叶4700吨，交易额达4.6亿元。

茶叶市场为产区茶农和销区茶消费搭建起一座绿色桥梁。但在短短的几年时间里，市场已经超负荷运行，不能适应新的发展。

2003年，新昌县政府开始酝酿第二代茶叶市场的迁建。2006年，“中国茶市”顺势而建。这个由浙江诚茂控股集团投资6.5亿元建设的茶业综合体，集文化、休闲、旅游、购物于一体，于2008年正式投入运营。

茶市总用地面积230亩，总建筑面积246558平方米，商铺1478间，交易摊位800多个；拥有茶叶检验检测中心、茶叶价格形成中心、茶文化休闲旅游中心、茶叶电子商务中心和市场管理现代化服务中心等功能。目前，已有省内外的1000多户茶商入驻茶市，连接全国30多个省份的150多个销地茶叶市场；茶市直接带动周边县市茶农100多万户，茶园面积100多万亩，春茶旺季时日交易人数达到1.3万余人，日交易量16万余公斤，日交易额达到9000多万元。2017年，交易额达到50.99亿元，取得良好的经营效益，已真正成为全国最大的龙井茶交易集散中心。

一次飞跃

新昌茶产业的腾飞，成功的核心是市场转型提升

中国茶市不但规模大，建筑新颖亮丽，环境优美，成为名优茶交易的理

中国茶市开业典礼

想场所，还着重建设完善了五大中心：

一是市场管理服务中心。通过市场管理服务中心，规范市场经营秩序，制定和完善各项市场管理规章制度。对内做到岗位明确、制度到岗、职责分明，并完善相应的考核、考勤制度，用制度来指导和规范市场管理人员的行为；对外把各项管理制度在交易秩序、卫生环境、物业管理、信息发布等日常的管理服务工作中贯彻落实，做到及时打击欺行霸市、强买强卖等不法现象，规范茶叶市场管理，树立茶市良好形象，营造公开公平公正、注重质量、诚信经营的经营环境。

二是茶叶检验检测中心。为保证名茶产品的质量安全，提高市场管理质量和水平，市场投资150多万元，配置茶叶检测设备，成立茶叶检验检测中心。并于2011年与全国茶叶研究所合作，对茶市交易的茶叶进行不间断不定期的抽样检测，定性和定量检测达2500多批次/年。通过对茶叶实施农药残留量等一系列检测，为茶商提供检验报告，同时引导茶叶生产向无公害、绿色方向发展。

三是茶叶价格形成中心。中国茶市是全国最大的绿茶交易市场，在市场内交易形成的茶叶价格，不仅对全省的茶叶交易具有价格指导作用，且对全国的绿茶价格具有重要的影响力。市场在2009 年设立电子显示屏，及时发布

2010 年，大佛龙井价格指数发布

交易价格信息。

2010年4月，经过中国茶叶流通协会对新昌相关生产基础和产业链的认真细致考察，确定该茶市作为“全国茶叶价格指数调查定点市场”，成为全国绿茶的价格形成中心。将大佛龙井作为国内首个发布价格指数的绿茶品种，有利于国际国内茶叶贸易的有序发展，有利于增强政府部门制定行业政策和发展规划的科学性和合理性，有利于增强我国茶叶产业在茶叶国际贸易中的话语权。同时，可为广大茶叶采购商和经销商提供更加快速、准确、完整、及时的茶叶市场行情信息，实现茶叶信息发展的升级换代，步入茶业发展的指数时代，成为茶叶产业发展的风向标。

四是茶叶电子商务的中心。根据发展需要，市场逐步开展电子商务服务。2008年5月，开设市场网站www.chashi-china.com；2009年5月，提升网站服务功能，开通网上交易业务；2010年9月26日，总投资300万元，采用B2C电子商务交易模式，在全国茶叶专业市场中第一家登录网上专业市场。逐步将市场从完全的有形市场，发展成为有形市场与无形市场相结合的新一代茶叶交易市场。

2014年，中国茶市电商平台与中国邮政储蓄银行联合投资，实施实名制茶叶交易质量安全可追溯系统并网升级，迅速促动“网上茶叶”的电商销量。2017年，茶市电商已达335户，注册会员35万人次，年网上交易额达到7.8亿元，其中线下成交5.9亿元、线上成交1.9亿元，交易笔数200多万笔。目前，成功打造线下（实体店）体验、线上（互联网）购买、线上线下相融合的O2O模式。

五是茶文化休闲旅游中心。新昌本是旅游胜地，景点众多，游客如云，市场的繁荣为开发茶文化旅游提供丰富的茶类资源，也满足人们对茶文化知识日益增长的需求。“中国茶市”紧扣互联网时代的消费特征，推出“旅游+特产”的概念。以市场为依托，投资1500万元，配套建设3万平方米的茶文化公园、2万多平方米的佛茶之祖——支遁公园和1000多平方米的茶文化展览馆。茶公园和茶文化主题公园种植20多个茶树品种，塑建佛茶之祖支遁雕像及茶文化历史人物雕塑，供游客休闲观赏；茶文化展览馆浓缩中华茶文化的精髓，展现新昌茶文化的特点，是浙江省县级首家规模最大、内容最全的茶文化展览馆。2009年，“中国茶市”成功创建国家AAA级景区，并先后与上海、杭州、宁波、绍兴等地的100余家旅行社签约。游客在饱览新昌秀丽风光之余，到“中国茶市”品茶、看茶艺表演、参观茶文化展览，购买茶叶。通过融合发展，新昌的旅游和茶产业双双获得新的生命。据悉，“中国茶市”每年要接待游客4万余人。

每一个游客都是一个传播场，他们不仅在新昌体验茶产业，接受茶文

中国茶市电商平台升级仪式

第五届中国新昌茶祭大典

化，而且通过微信等方式，主动参与其中，成为“中国茶市”和“大佛龙井”最直接的传播者；而网络的力量让“大佛龙井”长上翅膀，将影响力拓展到无形之中。茶市已成为浙江省内第一家旅游与茶产业相结合的最佳旅游观光休闲景点，充分发挥茶市集散茶产品、带动茶产业、促进茶消费的多功能作用，对全省茶文化、茶旅游、茶休闲、茶观光的发展起到促进作用。

一个人物

陈霞：市场果实累累，离不开一个紧跟时代的管理团队

历经十年，中国茶市获得各种荣誉称号。2008年，获得农业部授予的

定点市场、浙江省骨干农业龙头企业、浙江省三星级文明规范市场和绍兴市十佳农业龙头企业；2009年，获得商务部命名的全国双百市场、浙江省四星级文明规范市、浙江省十佳休闲观光农业精品路线；2010年4月，被中国茶叶流通协会列为中国茶叶价格指数信息采集定点市场，中国首个绿茶价格指数——大佛龙井在中国茶市发布；7月，被浙江省人民政府列入浙江省现代服务业集聚示范区；9月，被中国商品市场峰会组委会授予中国最具发展潜力商品市场；11月，被浙江省人民政府认定为重点市场；2011年11月，被中国社科院评为中国百强商品市场，被省工商局评定为浙江省十大转型示范市场；12月，被认定为国家级AAA级旅游景点市场；2012年，被绍兴市政府列入绍兴市现代服务业集聚示范区；2013年11月，再次被中国社科院评为中国百强商品市场；2016年，被评为浙江省智慧市场和浙江省重点市场，并选上浙江省市场协会副会长单位。

这诸多荣誉的背后，有着一支紧跟时代步伐的管理团队，当然更是离不开一个得力的市场掌门人——新昌中国茶市总经理陈霞。

2008年1月，中国茶市正式投入使用之时，从农业局局长退下来的陈霞担任中国茶市总经理一职。

“智者总是多能！能者也是多才！”众人用这两句话评价陈霞。短短的几年时间，一个全国最大的龙井茶市场，在陈霞率领的团队的精心管理下，逐渐成熟起来。第一个绿茶价格指数在中国茶市发布、第一个开通电子商务平台、全省唯一的茶叶专业市场进入全国百强市场、全省唯一的茶叶专业市场进入全省重点市场、全省唯一的茶叶专业市场进入省级文明规范四星级市场等，众多的“第一”，无一不和陈霞的辛勤付出息息相关。

2012年，陈霞被新昌县委评为县级优秀党员；2014年，获得中国茶业经济十大经济人物荣誉。

“人生如尺，尺度在心。心静则尺平，心明则尺准。”这是中国茶市总经理陈霞为人处事的座右铭，“市场与商户共赢，管理与时代同步”则是她管理茶市的心得体会。

陈霞在不断提升管理团队的管理服务理念、员工品行素质的同时，每年都要对茶市商户的经营理念、营销技巧、法律法规、茶叶专业知识等组织几期培训班，通过请专家进来授课、组织商户走出去考察学习等形式，让商户懂得，市场不但是赢利的场所，更是发展事业、为社会做贡献的平台。

一种贡献

市场带动效应彰显，有效促进浙江茶产业经济的发展

“一个市场，带动100万茶农，连接100多万亩茶园，辐射全国30多个省份150多个销地茶叶市场”，这是中国茶市的真实写照。

市场开业十年多以来，呈现出茶商涌入、交易火爆的良好局面，无论在经济效益还是社会效益方面，都取得了明显的成效。

经济效益显著。茶市以其交通便捷的区位优势、茶产业集聚的市场基础、硬件优越的交易环境，吸引全国各地的茶商入市经营。目前，已经有1000多户茶商入驻茶市，分别来自北京、上海、广东、福建、江西、台湾等省份及浙江省范围内的磐安、嵊州、上虞、天台、临海、开化、缙云等地。通过他们的销售网络，连接全国30多个省份的150个销地茶叶市场，取得较好的经营效益。春茶旺季时，日交易人数达到1万余人，日交易量16万余公斤，日交易额达到9000多万元。2017年，交易额达到50.99亿元。据统计，茶市龙井茶交易的平均价格也由2007年的97.87元/公斤提高到2017年的306.62元/公斤。

更为明显变化的是，中国茶市已从原来单一的龙井茶交易，发展成为一个多茶类、多茶产品的交易茶市；从单一的商品交易转型提升为茶产品交易展示、茶文化旅游休闲、茶知识交流传播的多功能茶市。

社会效益明显。茶市的繁荣，同时也拓展了茶产业的发展空间，带动培育了一批茶叶加工、茶叶包装、茶叶机械制造、仓储运输、餐饮住宿、旅游观光等产业链的发展。全县一支上万茶农贩销茶叶的商贩队伍随茶市的发展而逐年扩大，一个从小到大的茶机械产业迅速扩展。据统计，全县已拥有茶叶机械加工企业30多家，年产茶机近4万台，茶机械产品销往全国各地，成为新昌茶产业的一个新的增长点。另外，茶叶包装产业、仓储运输、餐饮住宿也随茶市的发展而发展，相关产业链已超过76亿元。

新昌中国茶市外景

茶市的兴旺和发展，有力地推动了新昌县及周边地区茶叶产业的提升，为茶农降低茶叶的物流成本，增强抵抗市场风险的能力，促进茶叶的生产和流通，带动农村增效农民增收，发挥了集散辐射功能。中国茶市不但引领新昌茶产业的腾飞，也有效地促进了全省的茶产业经济的发展，成为新昌农业的一张“金名片”，成为浙江茶叶市场的一只“领头羊”。

文：陈霞　安宇

华东国际珠宝城
中国珍珠　世界梦想

为了圆几代人渴望将中国珍珠产业走向国际化的梦想，华东国际珠宝城历经数次提升发展，结合自身在山下湖珍珠小镇建设运营中的核心产业优势，以全球珍珠集散中心为定位，努力打造集产、加、销一条龙服务于一体的中国最大规模的国际性珠宝交易平台。

这是中国递给国际市场的一张珠光宝气的时尚名片。

一个契机
中国珍珠国际化的梦想，催生一个珠光宝气的国际市场

20世纪70年代，位于诸暨市山下湖镇长乐村白塔湖畔的两位村民，在白塔湖水域育珠成功。当时受历史原因影响，珍珠产业并没有得到推广和发展。直到党的十一届三中全会后，山下湖的养蚌育珠逐渐兴起。

到80年代初，养蚌育珠已普及到全镇95%以上的农户，年产珍珠达20多吨。不到两年时间，从幼蚌繁育到珍珠接种到育珠管理到产品加工，很快形

成一支专业队伍。虽然珍珠养殖得到本地政府部门的支持，但在80年代至90年代初期，由于珍珠还属于药材，受国家归口经营和市场流通限制等政策影响，销路成为一大难题，珍珠产业的发展进入瓶颈期。珠农们偷偷摸摸南下广州售卖珍珠，被抓和罚款是常事。

1985年，敢闯敢拼的山下湖人受江苏渭塘珍珠市场的启发，用毛竹、油毛毡、书桌等简易工具，在自家门口搭建了第一个珍珠市场——广山珍珠交易市场，既方便交易，又在一定程度上规避被抓被罚的风险。1987年，由于中央颁发珍珠必须归口经营的文件，第一代珍珠市场被迫关停。当地党委、政府从山下湖珍珠产业发展的大局出发，通过上级部门的支持，易地创办名义上为农副产品交易、实际以珍珠交易为主的“西江农贸市场”，即第二代珍珠市场。

为适应山下湖珍珠产业的快速发展，1989年，第三代珍珠市场拔地而起。这一代珍珠市场不但吸引众多国内外珠商，扩展珍珠首饰的开发，还得到上级领导的考察指导，大大提高了市场知名度。

随着改革开放政策的不断深化，珍珠统一经营制度全面放开，山下湖的珍珠养殖面积不断扩大，珍珠产业发展迅速。1992年，在交通方便的诸涠公路交叉口，第四代珍珠市场正式开业。20世纪90年代后期，珍珠开始成为大众追捧的珠宝饰品，市场需求急速增长，山下湖的珍珠加工业规模快速壮

第四代珍珠市场

诸暨珍珠老市场旧照片（第五代）

大。在硬件和软件兼备的条件下，诸暨珍珠产业进入快速发展期。

1999年，国际淡水珍珠价格攀升。为了满足市场交易的需要，推动全市珍珠产业再上新台阶，在新世纪钟声敲响之际，第五代珍珠市场新建完成并投入使用。

经过几代人的共同努力，诸暨珍珠市场历经数次变更，规模不断扩大发展，但仍然缺乏足够的创新能力和国际竞争力，无法扭转国际上对中国是“珍珠大国而非强国”的普遍印象。为了圆几代人渴望将中国珍珠产业走向国际化的梦想，华东国际珠宝城于2008年应运而生，也就是诸暨第六代珍珠市场。

一次飞跃

做中国珍珠文化发展的使者

诸暨逐步发展成为中国淡水珍珠产量最大的区域，世界淡水珍珠的98%产自中国，而中国80%以上的淡水珍珠来自浙江诸暨。依托诸暨珍珠产业优势，一个辐射全球的世界性珍珠珠宝交易中心稳步前行。

华东国际珠宝城与诸暨山下湖珍珠产业紧密结合，市场依托珍珠产业发展起来，珠宝城的繁荣兴旺又极大地带动了珍珠产业的发展壮大。目前，诸暨市山下湖淡水珍珠养殖面积38万亩，养殖户3000多户，珍珠产量占世界产量的73%，全国总产量的80%。依托如此强大的产业支撑，华东国际珠宝城以全球珍珠集散中心为定位，努力打造集产、加、销一条龙服务于一体的中国最大规模的国际性珠宝交易平台。

珠宝城以现代化、智能化、国际化的建设要求，以珍珠产品为龙头，以金银、宝玉石等首饰为支撑，集珍珠、珠宝、金银等加工、批发、零售、出口于一体，研发与生产相结合，打造具有交易、展示、设计、鉴定、信息交流、物流配送、金融结算以及专业保险等多种功能的专业化、现代化国际珠宝加工交易中心。同时，通过实施“三次创业”，不断壮大市场主体，全面推进市场升级改造、完善综合配套、优化管理服务、强化招商隆市、实施品牌战略、推动创意产业、发展电子商务，不断提升市场的集聚力、竞争力和影响力。

2008年开业以来，华东国际珠宝城经过10年的高速发展，入驻商户由原来的395家拓展到1400多家，拥有珍珠深加工企业400余家，其中销售额超5000万元的珍珠企业19家，国内唯一珍珠上市企业1家，国家级重点龙头企业2家。市场辐射美国、日本、俄罗斯及东南亚等60多个国家和地区，交易商品由原珍珠市场单一珍珠业态（以珍珠原料及半成品批发为主）上升到珍珠深加工成品、首饰品、宝玉石、水晶、K金等几千个品种的批发、零售相结合。2017年，市场成交额达110亿元，市场淡水珍珠年交易总量占全国的80%，占世界淡水珍珠总量的73%以上，奠定了世界淡水珍珠交易中心的地位。

华东国际珠宝城市场七彩名歌商行女老板谢燕敏女士是2008年最早一批入驻的商家之一，见证了市场的建立和成长。她告诉记者：“提起珍珠，大家就能想到山下湖，山下湖珍珠已经成为一张金名片。市场的发展，我们都看在眼里，实实在在地感受到市场的国际影响力。现在市场环境好，每天来这边上班很舒适，生意也比较稳定。在这里经营，我们感到踏实安心。”

华东国际珠宝城市场内景

一场涅槃

打造国际化的珍珠时尚高地

市场的发展无法一劳永逸，也不会永远的一帆风顺。进入互联网时代，产业的制约、市场本身的局限，让华东国际珠宝城一度举步不前。

诸暨华东国际珠宝城有限公司执行董事、总裁马飞告诉记者，2014—2017年，山下湖传统珍珠原料产量增长70%，但是珍珠市场交易量和珍珠指数增长幅度仅有17%，落后的产业运营理念导致产品的附加值低，行业增长潜力缓慢。同时，市场商铺出租仍然是传统的线下模式，缺乏新媒体线上线下相结合的运营理念，用户只能通过传统电话中介、实地走访的形式获取商铺信息，无法借助新媒体平台更加准确、更加及时地了解实际商铺的信息。

他认为，在互联网时代，珍珠交易管理平台要与时俱进，一要突破人才限制，培养既精通新媒体运营又能熟练掌握外贸业务的高新复合型人才。因为未来珍珠交易管理平台贸易面向的是来自不同国家、语言文化、生活习俗、宗教信仰的客户，交易需要涉及新媒体运营、在线支付、物流通关、计算机网络等综合知识技能，而且要懂得和灵活运用现代互联网的新媒体运营模式，通过丰富的互联网语言黏合客户。二要加强品牌的锻造。当下，传统珍珠交易管理平台在产业转型的过程中，不重视品牌知名度的提升和企业文化内涵的挖掘，没有足够重视和转化当地历史特色发展旅游观光所带来的客户流量和市场发展的潜力。

怎么办？2018年，华东国际珠宝城全新启航，由传统交易市场的经营管理模式，转型升级成为珍珠特色小镇的专业运营商。马飞告诉记者，新形势下，公司将结合自身在山下湖珍珠小镇建设运营中的核心产业优势，配合政府打造一个国际化的珍珠时尚高地。

1.“旅游+”产业转型

华东国际珠宝城丰富市场商业业态，提升文化和购物体验，以“旅游+”带动产业转型。增设珠宝首饰国际精品街，计划引入80户国内外品牌及原创涉及品牌，提升品牌定位和零售占比；引入休闲业态，提升购物消费体验；打造爆款旅游IP，增强互动和体验性；提升区域艺术氛围和文化价值，增设国际会展中心，计划联合每年珍珠节、行业年会、艺术巡展等资源，集中策展，深入挖掘珍珠的文化和价值。

市场上热闹的采购场景

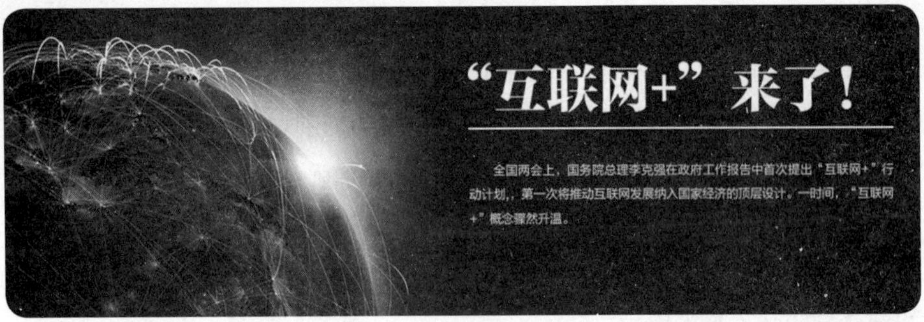

“互联网+”战略宣传图

2.“互联网+”产业升级

华东国际珠宝城加强产业孵化培育，打造国际化创新高地，以“互联网+”带动产业升级。一方面，珠宝城顺应当下热门的“互联网+”发展潮流，积极开展青年电商产业孵化园，推动产业的升级和发展；另一方面，致力于打造线上线下相结合的新零售模式，利用当下微信、微博、今日头条等自媒体平台的巨大流量优势，进行流量变现。

为了实现转型，华东珠宝城作出以下三大努力：

（1）引入新型高技术人才，推动公司网站的建设改版。同时，对公司的微信公众号和官方微博进行内容改版和优化，编写符合当下大众潮流的营销软文，帮助公司吸引和牢固更多的粉丝。

（2）寻求与大V、大咖和网红进行合作，比如华东珠宝城考虑对知名度较高的网红的直播进行赞助，在直播过程中植入珠宝城的广告，利用网红的巨大粉丝量进行推广，提高知名度，从而进行流量变现。

（3）创办青年电商孵化基地和青年电商创业基金，为富有才华的青年新媒体创业人员提供良好的发展环境和资金支持，大力鼓励大学生团队创业，积极与越秀外国语等院校开展校企合作。

一个人物

马飞：一个长谋善断的年轻智者

马飞，现任诸暨华东国际珠宝城有限公司执行董事、总裁。别看他年纪轻轻，资历却不凡。

因在超大规模集成电路设计研发创新中能力突出，马飞25岁就担任中国百强县长兴县科技局局长助理，辅导多家企业成功完成多项南太湖精英计划、科技部火炬计划等科技项目的申报。30岁带领超过100人团队，完成阿里巴巴集团唯一即时通信产品钉钉的首个金融产品的研发和上线，获得互联网和金融界的广泛关注和好评。

在团队遇到疑惑的时候，马飞不喜欢直接为成员们提出解决的方案，更习惯于以提问的方式“授人以渔”，启发员工。提问，是帮助团队成员解决问题的一个好方法。他通常会让员工如何去描述自己的挫败，并让他们在白板上写下来，然后从各个角度对其进行全面分析。很多情况下，仅仅通过描述问题，就能够轻松找出解决的办法。即使这样有难度，他的提问也会启发、指导员工从新的角度审视问题，或者揭示另一种可能。

马飞非常重视进行权力的下放，以提高个体员工的工作效率。在制定团队目标的时候，他通常把精力集中在能够取得怎样的成果，以及何时能够完成任务上，然后将具体的操作细节留给团队成员自己去把握。也有例外。当有人求助，或者看到团队成员抓耳挠腮、不得其解的时候，马飞会伸出援手，先看一看他们的工作方法，并没有直接命令他们去做任何事情，而是应

华东国际珠宝城执行董事、总裁马飞

该用开放的思维，帮助他们渡过难关，将重点放在结果而不是过程。

一种贡献

“中国珍珠之都”上的皇冠

华东国际珠宝城在不断提升自身产业的同时，结合市场发展实际，引领市场内经营企业注重产业链的不断延伸，提升产品附加值。适时向产业上下游延伸拓展，并衍生一大批具有巨大经济价值的周边产业。目前，市场内有长生鸟、胡庆余堂、东方巨星等20家企业专业生产高档贝瓷产品、高规格建材及装饰品、珍珠粉、珍珠化妆品、美容保健产品等珍珠延伸产品。与此同时，秉承“发展旅游产业、带旺市场繁荣、促进产业升级”的市场运营战略，大力发展工业旅游经济、特色文化旅游经济，与多家旅行社开展经典合作，有效带旺市场人气，进一步拓展珍珠产业链，促进当地旅游业的快速发展。

华东国际珠宝城先后被评为全国诚信示范市场、中国百强市场、国家AAAA级旅游景区、中国最具商品价值品牌市场50强、浙江省五星级文明规范市场、浙江省重点市场、浙江省智慧市场试点单位、浙江省十大转型升级示范市场、引领产业市场30强、浙江省工业旅游示范基地、中国高校珍珠艺术设计联盟实验基地、中国浙商行业龙头市场、自驾游基地、巾帼创业示范

华东国际珠宝城企业所获荣誉概况

华东国际珠宝城市场俯瞰

基地等称号。珠宝城（服务业）商标获评浙江省著名商标。

2018年，华东国际珠宝城切实发挥在珍珠小镇建设中的产业核心作用，围绕“旅游+”及“互联网+”规划，有计划地、持续不断地投入人力、物力、财力，打造以产业为灵魂，以文化为精髓，以创新为动力的特色小镇，逐步实现休闲旅游、商贸物流、数据信息、先进制造、珍珠文化传承、科技教育的有机融合，进而带动整个珍珠产业的转型升级。

文：王琼瑶　苏苏伟　吴军

义乌中国小商品城

一个连续蝉联27年的市场冠军

义乌曾经是浙江众多贫困县之一。正是对发展小商品市场的一贯坚持，自1991年起，义乌的小商品市场年成交额已连续27年蝉联中国专业市场冠军，进而成为全球最大的小商品批发市场。

这是一个见证数字奇迹的历史跨越。从最初的马路市场到现在的世界小商品之都，在改革这条路上，义乌中国小商品城未曾停歇。

一个缘起

湖清门前冯爱倩与县委书记谢高华的“争吵”

在义乌廿三里街道的货郎鼓广场上，有一组“鸡毛换糖”的铜像，这里是闻名天下的义乌中国小商品市场的发源地。

改革开放初期，商品经济在部分地区萌发，手工制品、农产品摆上集市。在农业小县义乌，一些人开始做起贩卖日用小商品的生意。.

彼时的冯爱倩在义乌饭店上班，每月的工资仅为18元，丈夫杨兴桂每月也只有20多元，算是个铁饭碗，但家里老少共有8口人，日子十分艰难，常常吃不上饭。

“总得找点出路。义乌人自古经商，农闲时走街串巷鸡毛换糖的做法给了我启发。”冯爱倩从亲戚朋友处凑了300元，到外地的百货公司进了一批便宜的纽扣、鞋带、别针等小商品，来到廿三里摆摊。

第一天净赚6元多，冯爱倩开心极了。“我原来辛苦一天也不过9毛钱，摆摊的第3天，我就赚了22块钱，在当时是一笔巨款。”

然而，当时马路市场的合法性尚未得到认可。这种经商方式被扣上“投机倒把”的帽子，政府还特地成立打击投机倒把办公室，专门负责堵、拦、没收货物。

不堪忍受“打办”人员驱赶罚没，又苦于无处讲理，冯爱倩在县委门口拦住当年新任县委书记谢高华，责问为什么不允许农民摆摊。

谢高华并没有赶走冯爱倩，而是听了她讲的困难。最后，谢高华对冯爱倩说：“那么，你先摆去好了。”

正是这次“讨说法”，已经嗅到开放气息的谢高华不久之后做出一个在当时非常大胆的决定。

1982年，义乌市场发展历史上著名的“四个允许”产生了：允许农民经商、允许从事长途贩运、允许开放城乡市场、允许多渠道竞争。当地人开始

义乌第二代小商品市场（摄于 1984 年，郑运福摄）

义乌第三代小商品市场（摄于1986年，郑运福摄）

放心大胆、甩开臂膀做生意。

1982年9月5日，政府用水泥板搭起两排简易摊位，建成义乌第一代市场——稠城镇湖清门小百货市场，成为义乌小商品市场最初的雏形。“市场很简陋的，摊位用水泥板搭起，几乎就像是一个集市。对于商贩们来说，在这里可以名正言顺做生意。我至今还记得搬进市场的样子，每一个人都是笑着的，不用风吹日晒了呀。”义乌人何海美成为市场的第一批商户，拥有一个1平方米左右的摊位。

当时专管湖清门市场的工商所副所长徐至昌记得，湖清门的生意非常红火，经营户头天拿来的货，第二天保准能卖光。后来做生意的人越来越多，经营大军从湖清门向新马路两头延伸。

两年后的1984年，义乌县委、县政府提出一个大胆口号：兴商建县。这一年12月6日，义乌第二代市场——新马路市场建成，正式更名为义乌小商品市场。商户们搬进水泥摊位，钢架玻璃瓦棚顶挡住烈日暴雨。

“这个时候，小商品市场人气已经非常旺。除了省内不少商贩过来摆摊外，福建、广东甚至更远地区的商贩，开始出现在义乌。市场中的商品相比百货商店，品种更多，价格更便宜，很具有吸引力。”何海美回忆。

1986年9月，位于城中路的第三代义乌小商品市场建成开业，内设4096

个固定摊位和1000余个临时摊位。两年后，义乌撤县设市。

“政府搭台，企业唱戏。”在很短的时间里，这个资源匮乏的小城，迅速形成辐射全国的小商品市场，各地客商蜂拥而来。

1992年，市场第四次移址扩建，第四代义乌小商品市场篁园市场正式建成。在这一年的3月，国家工商总局宣布：义乌小商品市场以成交额10.25亿元的业绩，位居全国十大市场榜首。同年9月3日，国家工商总局批准义乌小商品市场更名为义乌中国小商品城，“华夏第一大市”从此美名远扬。

一个契机

向世界出发的“东方快车”

“20世纪90年代早期,虽然提出‘义乌商品走向世界’的口号，但当时国内市场都做不过来。”原商城集团董事长何樟兴接受媒体采访时说，乌鲁木齐、黑龙江和广西等边境地区的分市场，吸引很多从事边贸的外商，当他们得知购买的商品大多来自义乌，且在义乌选择余地更大，就陆续来义乌采购。

20世纪90年代末，到义乌的外商开始增多。最初，外商来自中亚、东南亚和俄罗斯等邻近国家。到2000年，全球各地的客商不断增加。

在义乌市副市长施文臻看来，义乌市场国际化,最早的推动者和受益者是华侨华商，“20世纪90年代中后期，华侨华商到义乌,生意非常好做。我记得有位华侨曾说，在义乌做一个月贸易，比在欧洲做20年赚得还多”。

2001年，对义乌中国小商品城来说，是一个分水岭。这一年，中国加入世界贸易组织，义乌小商品城集团则启动对外贸易的主要载体——国际商贸城一期建设。

2002年，国际商贸城一期开业，吸引212个国家和地区的客商，国际商路八面来风。

2002年，开办7年的义乌小商品博览会正式更名为义乌国际小商品博览会，并首次升格为国家级国际性展会。

2005年，义乌的国际贸易额首次超过国内贸易额，标志着义乌中国小商品城完成从全国性的区域市场向国际市场、从中小企业内贸平台到国际贸易平台的转变。

与之相对应的是，义乌小商品城经营户的思想观念也出现巨大的变化，“从国内转向国际，个体素质和外贸技能全面提升”。

浙江巨龙箱包有限公司执行董事邵宝玲告诉记者，加入世贸组织前，义乌小商品主要面向国内市场。“我们在加入世贸组织的第二年宣告成立，一开始就定位在国际市场，根据需要开发产品。”经过近十多年的发展，昔日“蜗居”在一块不足5000平方米厂房的小厂，如今已经成长为浙江省箱包行业的龙头企业。

邵宝玲和她的巨龙箱包，只是义乌商人的一个缩影。加入世贸组织，对于义乌中国小商品城来说，是一次拥抱世界、融入世界的机遇。走向世界是义乌中国小商品城的自觉选择，也为义乌中国小商品城赢得新的发展机遇。

“打个喷嚏让全世界都感冒”，这个比喻似乎不再专属美国，在日用消费品领域，也适合义乌。凭借规模、信息等优势，义乌中国小商品城为全国20多万家企业构筑起共享式的产品展示、经贸交流平台，成为国内劳动密集型产业融入全球生产网络的重要通道。

2005年，在联合国与世界银行、摩根士丹利公司等世界权威机构联合发布的《震惊世界的中国数字》报告中，义乌市场被称为“全球最大的小商品批发市场”。

如今，每年到义乌采购的境外客商近50万人次，有100多个国家和地区的1.3万多名境外客商常驻义乌。义乌的商品出口到世界210多个国家和地区，吸引沃尔玛、麦德龙等20多家跨国零售集团和30多家国内知名连锁超市常驻采购。

一场危机

培育进口，不断扩大的生意圈

2008年，全球金融危机来袭，大量依赖出口的义乌中国小商品城也不可避免地受到冲击。交易额的下降、外商人数的减少，不无让义乌中国小商品

义乌商贸新区（吴献华摄）

城开始思考改变。

单靠出口动能不足，培育进口市场刻不容缓。从市场发展轨迹来看，培育进口市场，无疑是义乌发展大棋局中的一枚关键落子。

2008年，进口商品馆成立，义乌中国小商品城开始打造进口商品集散中心。

在这点上，义乌中国小商品城和义乌市政府不谋而合。

为了加快进口市场的培育和发展，义乌市先后出台《促进进口贸易发展十项举措》《关于促进义乌保税物流中心发展的若干实施意见》《进口贸易综合服务企业认定办法》《义乌市进口产业政府增信基金实施方案》等系列政策，推动进口贸易发展。

2011年，义乌获批国际贸易综合改革试点，指出：要成为转变外贸发展方式的示范区；要成为带动产业转型升级的重要基地；要成为世界领先的国际小商品贸易中心；要把义乌建设成为宜商宜游宜居的国际商贸名城。

就在这一年，进口商品馆搬迁至义乌国际商贸城五区市场，经营面积达10万平方米，经营100多个国家的8万种产品。其中，非洲产品展销中心作为国家战略项目，经营乌木制品、工艺品、珠宝首饰、鼓等5000余种非洲商品。

印度商人菲利普在义乌原先是个出口商，主要将中国产品出口到美国、加拿大及海湾国家。现如今，他开始在义乌国际商贸城做起进口生意，并把总部搬到义乌，进口世界顶级檀香香薰和檀香精油等印度特色产品到义乌，然后通过义乌这个平台销往中国大陆及港澳台，以及周边国家。

在义乌国际商贸城，像菲利普这样经营进口商品的商人绝非个案。义乌中国小商品城希望通过引进欧美、日韩等发达国家中小企业生产的优质商品，着力打造全球日用消费品进入中国的桥头堡。

2014年11月，全世界运输旅程最长的货运班列——“中欧”班列开通，如今义乌已开通至阿富汗、英国等共9条线路，输出“中国制造”，也带回海外商品，让义乌中国小商品城“买全球、卖全球”的通道变得豁然开朗。

2015年，作为加快培育进口商品“世界超市”的重要平台，首届进口商品博览会举办，初步确立义乌中国小商品城在进口消费品领域的龙头地位。同一年，为满足国内市场对进口商品不断增长的消费期望，打响义乌进口市场品牌，义乌中国小商品城举办以“发展进口贸易、培育进口市场”为主题

商贸新区（季建武摄）

的首届义乌进口商品购物节。

在“一展一节”基础上，义乌中国小商品城通过遍布全国的“义乌系”市场或开辟新的市场，拓展进口商品的分销渠道，布局进口商品销售网络，支持进口平台企业“走出去”。

“境外中小企业生产的二、三线品牌消费品，尽管在中国不够知名，但产品生产不缺乏工匠精神，品质优良、价格适中，他们缺乏的就是像一线品牌那样进入中国市场的畅通入口。”义乌市贸易局进口科科长朱勇健表示，境外中小企业可通过企业入驻或者通过招募代理商的方式，在义乌中国小商品城发展进口业务。作为优质贸易平台，义乌会帮助他们把商品销往中国各地，乃至世界各地。

义乌中国小商品城进口市场的蓬勃发展，带动义乌市场由“买全国、卖全国”向“买全球、卖全球”的飞跃，形成出口、进口、转口并重的多元化发展新格局。

11月5日，义乌中国小商品城和义乌中国进口商品城在美国纽约时代广场发出“奇迹中国，商贸义乌，世界小商品之都”的声音，引来世界各地游客的争相围观，正是对此最好的诠释。

一种飞跃

日新月异的“生意经”

陈艳云是义乌国际商贸城一区商户，主要经营各种气球产品。她的父母是义乌第一代商户，商铺里销售的气球都是自家工厂生产的。与父母做生意不同，除了负责义乌国际商贸城实体商铺销售，陈艳云也将产品放到“义乌购”上销售，并聘用专门的电子商务团队。目前，网上销售已初见成效。

如今，在义乌国际商贸城，像陈艳云这样既坚守实体商铺，又开始尝试电子商务的商户越来越多，线上线下融合发展，正成为广大市场商户的标配。

21世纪的头10年，是互联网蓬勃发展的10年，也是义乌市场走向顶峰而又危机初现的10年。阿里巴巴、淘宝、天猫、京东等电商巨头以席卷天下之势，创造一个又一个的销售奇迹，同时也给作为实体市场龙头老大的义乌中国小商品城市场前所未有的冲击与思考。

转型发展、转危为机，对义乌市场来说从未显得如此现实与紧迫。

2002年，作为义乌中国小商品城的官方网站，“义乌购”平台正式上线，自此担负起推动义乌中国小商品城乃至整个义乌市场线上线下融合发展的重任。

“打造世界‘小商品之都’的义乌，需要‘义乌购’这样的标志性互联网电子商务大平台。”在“义乌购”总经理王建军看来，从来就不只是一个网购平台，更是一个依托实体市场，集采购、服务于一体，线上线下融合发展的“互联网+”市场平台。

作为义乌中国小商品城的官方网站，“义乌购”自成立以来，就担负起推动义乌市场线上线下融合发展的重任。经过五六年的发展，目前义乌市场5.3万家实体商户已全部上网，“义乌购”在线商品达300万种，日均独立用户访问15万人次，“义乌购”手机APP日均下载量超过5000次，“义乌购”网上营业执照已核发8000余本。借助“义乌购”独特的360度商铺全景展示，采购商足不出户，便能身临其境，逛义乌市场。另外，“义乌购”还推出诚信交易保障体系，通过商铺信用等级、投诉处理、担保交易、受欺诈买家赔偿计划四大内容，让每一笔交易都有诚信保障。

义乌国际商贸城洪英电器的销售人员李梦霞拿着手机，通过视频为客户展示新产品。10分钟后，对方选定台灯、手电筒、灯泡等10多款产品下单。3个小时内，李梦霞和其他6个同事，就先后为各地客户做了50次“网络直播”。“很多客户都在微信、‘义乌购’等平台，通过视频直播看样、下单。”销售总监王丽玲说，这种销售方式直观便捷，成交率高。

2016年10月，“义乌购”旗下的“快递通”正式上线，标志着义乌本土市场在提高采购效率、深化人性服务中迈出的重要一步。

驻扎在义乌的跨境电商卖家能方便快捷地到义乌市场进货，但如何让义乌以外地区的中小跨境电商卖家也能方便地从义乌市场进货呢？2018年，“义乌购”跨境专供项目正式上线，将为中小跨境电商卖家提供可靠便利的网上货源渠道。

文：何颖

永康中国科技五金城
擦亮五金产业金名片

从单一商品集聚，到会展、技术、人才、文化等多功能集合；从区域市场到全国市场，再到国际市场；从金城市场到金都市场，再扩展到网上市场……1992年创建的永康中国科技五金城，见证了改革开放以来永康千千万万弄潮儿艰苦奋斗的历程。

20余年的时间，在见证永康从小五金到大五金的转变过程中，中国科技五金城也由小到大再到强，以其独具特色的发展模式和轨迹，从初出茅庐的探路者变成卓尔不凡的行业领跑者。

一个契机

一城崛起　解码五金名城发展新势力

百工之乡、五金名城，五金文化在永康延续上千年。

1992年，在永康发展史上，有两件事留下光辉灿烂的一笔，一是永康撤县建市，二是五金城开业。

1992年10月8日，《人民日报》刊登时任永康市委书记孙忠焕、市长王建平的署名文章，祝贺浙江永康撤县建市，同时刊载永康市设立经济技术开发区和兴建全国最大的五金市场的消息。

这是永康五金城第一次登上《人民日报》，也是第一次在全国乃至全球亮相。

这年农历除夕前一天，《永康日报》上刊登一则商业广告，内容为双股金钗宝地五金市场招商。仅仅十多天时间，收取摊位费的摊位就达到1320个，初次招商盛况空前。

1992年12月21日，五金城首期工程竣工开业暨投资开发恳谈会在双股金钗隆重举行，市党政领导、外宾、商户、市民、外商共计上万余人参加庆典。五金城开业被评为永康市当年的十大新闻之一。

然而，初建时的五金城，四周都是农田，冷冷清清。一间间矮矮的平顶房，一个个铁皮、石棉瓦搭建起来的简易棚里，凭着一个货架、一张桌子，商户们就开始做起买卖。没有人会想到，这一间间低矮简陋的小摊棚，最终会崛起成为国内最大的五金产品集散中心。

设施虽然简陋，五金城的辉煌发展由此起航——

1992 年永康五金城首期市场开业

1998 年的五金南路

1993年，试营业的五金城市场成交额达到3亿元。一年后，在五金城市场带动下，永康从事五金行业企业达1400多家，从业人员15万余人，占全市劳动力一半，创年产值80多亿元。1996年，五金城市场乘势追击，兴建7万平方米的一区大型室内市场；1997年3月，一个1.2万平方米全国最大的屋顶花园落户五金城，同年10月，建成1.3万平方米的五金广场；1999年，建成1.5万平方米的五区市场……

进入21世纪，五金城走过第一个辉煌的10年。

这时的五金城，已完成市场结构优化和调整，彻底告别摊棚式的简易营业房，面貌焕然一新；经营户逐渐摆脱低小散的经营局面，向公司化运作转变；信用建设取得突破性进展，获得全国诚信示范市场荣誉，国内外知名五金产品纷纷入驻加盟；全年市场成交额始终位于全国同类市场榜首。

面对成绩，市场决策者并没有止步，反而向着更高的目标迈进。

2006年，改造建成1.1万平方米的六区市场；2007年，1.8万平方米的七区市场投入改造；2011年，永康国际会展中心正式启用……伴随着每一个发展节点而来的，是市场成交额的逐年稳步上升——

从1993年的3亿元到2017年的458亿元，五金城经历的变化翻天覆地。在这里，无论防盗安全门、日用五金、沙滩车和保温杯，还是建筑材料、模具材料、机械设备和金属材料等，大到汽车，小到螺丝，都能找到。在这里，每天有无数信息在中国科技五金城传导，生产要素得到有效配置，若有哪种配件跟不上来，马上就能组织外地货源来填补缺口。

区域化生产扩散的关键，在于专业市场引导下的分工协作。在永康的经济浪潮中，中国科技五金城扮演生产组织者、信息传递者、产品推广者的角色，为推动区域五金产业的集聚发展发挥了重要作用。

而发生改变的不仅只有五金城。在五金城里，胡振钱又开始忙碌起来，整理货架，打扫店铺，摆出新品。这个20年前还只是五金城内的小杂货商贩，如今已经成长为全国业界赫赫有名的“钻头大王”。

“胡振钱”的故事，永康每年都在上演。站在科技五金城这个巨人的肩膀上，众多小商贩变成大老板，一批小作坊成长为大企业，永康的五金产业正不断成长，脱胎换骨，向科技含量高、品牌价值大、产品阵容强的现代五金转变。

时至今日，作为一个集群化、产业化、现代化的开放型交易市场，五金城已拥有金城市场、金都市场两个实体市场群，“尚五金”电商平台和17万平方米的国际会展中心，设有日用五金、建筑五金、工具五金及机电设备、金属材料、装饰建材等经营区块，市场交易品种19大类上万种，辐射全国各地及世界170多个国家和地区，真正实现集五金产品与生产资料交易、信息发布、五金展会、五金指数、网上市场于一体。

“买五金、卖五金，要到中国科技五金城”，已经成为人们的一种自发和自觉。

一次飞跃

大“展”身手　点燃五金城新引擎

在永康市区东南面，从高处俯视，一个规模巨大的建筑宛若一只展翅欲飞的金凤凰，在阳光下璀璨夺目。这就是永康国际会展中心。这只金凤凰，不仅是撬动永康会展产业全面发展的神奇支点，也是激发五金城发展的新动力。

中国五金博览会，是五金城崛起过程中的浓重一笔。

2015 年 9 月 26 日永康国际会展中心，第 20 届中国五金博览会开幕式盛况

1996年，永康电动工具、金属冶炼铸造、金属压延、五金衡器、家用电器、汽车、拖拉机、摩托车整机生产和零配件加工等行业大步向前迈进，时任金华市委常委、永康市委书记的李强却清醒地意识到，永康五金产业存在着明显的“低小散”现象。

如何突围？当时义乌举办中国小商品博览会的成功经验让李强找到方向。于是，举办一个前所未有的中国国际五金产品博览会的想法应运而生。

然而，作为一个县级市，要举办全国乃至国际性质的大规模专业展会并非易事，从资金到招商到组织，都面临着极大的考验。

随后，在办与不办的争议声中，李强在关键时刻一锤定音：办！并在永康市委九届十次扩大会议上提出“让永康五金走向世界，让世界五金汇集永康”的口号。

1996年10月6日，为期四天的首届中国五金博览会在五金城广场拉开帷幕，商品交易额达到5.69亿元，大大超出预定的2亿元计划。博览会结束后，一股更大的商贸交流热潮在“五金之乡”涌动。

天行集团前身是一家从事小五金制造的家庭作坊。从4000元资金、40平方米工厂、4名生产工人的小五金家庭作坊起步，成长为现在销售收入、上缴国家税收以每年近30%的幅度递增的龙头企业，能取得今日傲人的成绩，五金博览会功不可没。

“五金博览会刚开始举办，我们就参展了。企业在历届五金博览会上打响品牌，尤其在铜产品出口方面，一直呈上升趋势。”天行集团办公室吕主任说，是五金博览会帮企业树立形象，现在合作多年的老客户也有不少是在

2013 年发布全国首个五金行业指数——中国 · 永康五金指数

五金博览会上“结缘”的。

像天行集团一样，中国五金博览会带动了一大批本地企业成长壮大，走向国际。每一届博览会，都成为众多国外商贾巨头云集的盛会，俄罗斯、巴西、意大利、澳大利亚等100多个国家的客商都在这里淘金。可以说，中国五金博览会为永康五金走出国门提供了机会，也为世界了解永康、接触永康提供了平台。

如今，走到第23年的中国五金博览会不仅规模一届大于一届，外向度一届高于一届，成效也是一届好于一届。目前，已发展成为国内规模最大、效果最好、影响最广的国家级、国际性五金专业盛会。

如果说，中国五金博览会的举办为永康会展经济成功开局，那么，2010年起，依托“中国门都”既有优势，从中国五金博览会剥离出来的另一品牌展会——中国（永康）国际门业博览会，则将会展经济向专业化的高度引领。

迄今为止，门博会已成功举办9届，成为继中国五金博览会之后又一个“让永康五金畅行世界，让世界五金汇集永康”的重要平台。

而在中国五金博览会和门博会这两大“龙头”舞动下，五金城会展经济也迎来“多点开花”，办展频率越来越高、范围越来越广：农展会、汽车展、装备展，大型峰会、公司会议以及企业文化娱乐活动等，显示出强劲的生命力。

尤其值得一提的是，在会展公司成立后，五金城更向专业化办展迈进一大步，创新服务业态、发展会展经济，成为转型升级的重要路径之一。

此间，除了充分利用国际会展中心，不断扩大五金博览会和门博会等专业展会的规模、层次和影响力外，五金城还走出去办展，引进中国发明博览会、中国国际五金电器博览会等全国性专业展会，使展会真正带动市场和区域经济的发展。

一场融合

电商引领　走出五金城新版图

如果说，五金城的兴起与发展是永康“一次出发”成功的重要标志，那么在永康“二次出发”的新征程中，围绕“电商引领发展、走出去发展”，五金城又绘制了一幅五金新版图。

2015 年 9 月 26 日与阿里巴巴云市场签约

2015年2月，五金城特别组建了一个全新的团队——电商产业发展公司。自此，翻开了电商发展的新篇章。

自主开发的“尚五金”商城，以采购批发、自营品牌业务为导向，通过三网营销（PC端、微信端、手机APP）兼B2C和C2C等模式共同发展，开通限时购、尚直营、特色市场、党员店铺、展示厅等多个板块功能，致力打造线上线下深度融合的专业性、权威性网上五金交易平台。

一年后，立足于甄选优质产品的“五金优选”直营平台正式开启试运营。

为给消费者提供更好的购买体验，除了不断完善优化线上平台功能外，五金城还积极谋划布局线下市场，在宁夏银川、湖北恩施、河南郑州以及多个高速服务区开设多家“五金优选”直营店，让人们亲身实地感受到永康五金的魅力。

之于实体市场，和“智慧+”的接触也越来越紧密——

通过将线下的资源整合到线上、商户地理位置采集、定位等功能的实现，人们来到五金城，只需扫扫二维码，即可获取需要的市场信息，并通过导航前往商铺。

走出去举办2016年中国（北京）国际电动门自动门展览会

2016 年 9 月 26 日启动“尚五金”商城三网营销上线仪式

升级完善“尚五金”商城，创建“五金优选”直营平台，开设中国科技五金城天猫旗舰店，开发“智慧五金城”小程序……短短3年时间，中国科技五金城集团从容地借助电子商务这条“高速公路”，实现从店铺管理者到平台打造者的角色转变，形成与成熟实体市场相呼应的新格局。

五金电商生态圈的打造，同样助推永康五金走出去。

近年来，五金城把国内五金专业市场作为子平台，加盟入驻“尚五金”电商交易平台，将网络扩展到全国。同时，还积极开展跨境电商业务，努力拓展海外市场。五金城期待的目标是：让所有的五金市场联结起来，搭建一个共荣共生的五金电商生态圈，以实现平台共享，释放集聚效应。

融合发展的同时，五金城还牢牢掌握行业的话语权。

2013年9月26日，国内首个五金指数——“中国·永康五金指数”在第18届五金博览会上首次成功发布，标志着永康五金行业进入指数化时代。

作为全国第一个五金指数，除了编制专业、严谨、科学之外，它也是目前少数几个在商务部“商务预报”平台上发布的指数之一。此后，五金指数不仅进入中国商品指数十强榜单，还作为地方传统支柱性产业的风向标，入驻“浙江价格指数平台”。

眼下，全国乃至全球五金行业生产商、采购商、经营者都可以通过“中国·永康五金指数”网站，或者商务部“商务预报”平台，及时掌握最新的五金市场信息。企业、商家能通过浏览了解指数变动情况，生产适销对路的商品，选择经营品种和进货时机，调整定价水平和优化库存。可以说，指数已真正成为产业的风向标、市场的晴雨表。

如果说过往，五金城以敢闯敢干的勇气和自我革新的担当,闯出一条新路、好路，实现从“赶上时代”到“引领时代”跨越的话，那么未来，在“二次出发”的新机遇中，在全体五金城人的共同努力下，更好、更大的跨越，同样可期、可待。

文：何颖

东阳中国木雕城
长风破浪正当时

2018年11月15日，中国木雕行业最具规模的盛会——第十三届中国（东阳）木雕竹编工艺美术博览会暨中国（东阳）木雕红木产业发展大会在东阳中国木雕城拉开大幕。

一幅幅精致的中国木雕城和木雕红木家具品牌企业的广告，“簇拥”着41万平方米的中国木雕城。

从2007年东阳世界贸易城创立，十多年来，东阳中国木雕城历经成长、发展、转型升级的阵痛，实现凤凰涅槃，从单一的木制工艺品市场，逐步发展成融合商业、旅游、文化等功能于一体的木文化商旅文产业综合体，成为国内最大的木雕、竹编工艺品和红木家具市场之 。

一次涅槃

谋定而动　化蛹成蝶

东阳中国木雕城的前身是东阳世界贸易城。2006年，按综合性市场进行规划、推广的东阳世界贸易城拔地而起，涉及服装、针织、鞋类、饰品等多个行业。

但办综合市场，义乌已走在前列，全国尚没有一个市场可以撼动其地位。于是，世贸城采用“柔性转型”的方法，在东阳市委、市政府的支持下，打破当时办全国综合性市场的思路，开始走专业市场之路，在市场内进行划行归市，将世界贸易城分为服装针织和工艺品两大专业市场，工艺品市场包括木雕、竹编、草编、仿古木窗、礼品、饰品等，吸引近60位省级以上工艺美术大师入驻。

以东阳木雕、竹编精品为主的东阳工艺精品馆迁至市场，中国工艺美术学会木雕专业委员会常设机构入驻。

凭借着东阳雄厚的木雕产业基础，工艺品专业市场中的木雕产品集聚效应和竞争力明显增强。而服装针织由于缺乏地方优势产业的支撑，经营不尽如人意。

业态调整，规避与周边市场的同质化竞争，杀开血路，无疑是唯一的选择！

与此同时，社会各界对市场转型升级的呼声日益高涨，认为东阳应该建立一个能够覆盖全国、辐射世界的木制工艺品批发的大型市场。东阳籍中国

木雕城外景

工艺美术大师陆光正就认为，市场的建设要能体现东阳木雕地方特色，以木雕、竹编和其他工艺品进入，充分考虑东阳工艺美术需求，建设成比世贸城一期更专业化、更高档次的市场，打造全国乃至全球木雕基地。中国工艺美术学会副秘书长王永庆认为，木雕市场必须立足东阳本地区，将木雕做足，从环境艺术到实用艺术，从陈设摆件艺术品到旅游纪念品，也可延伸工艺美术相关行业。

经过广泛调研，东阳市委、市政府最终确定将世贸城工艺品专业市场转型升级为中国木雕城，将其打造成为国内最大的木制工艺品和木雕（红木）家具集散基地。

对于这一业态调整，在陆光正看来，“是一次水到渠成的转型”。他说，“东阳木雕”久负盛名，东阳以木雕业为主的工艺美术企业有3000多家，年产值近150亿元，传统优势和产业优势都很明显；而且市场内已集聚全国四大木雕上千家知名企业的数万种产品，而且工艺美术大师云集。可以说，目前的市场定位完全符合产业实际和市场发展规律。

2009年8月，第四届中国(东阳)木雕竹编工艺美术博览会前夕，东阳世贸城城门上方的“东阳世界贸易城”几个大字换成了“东阳中国木雕城”。

这是一次凤凰涅槃的转身，对东阳木雕业乃至全国木雕业的发展都产生了深远的影响。

一个产业

匠心智造文化木雕

吴友冠，江苏常熟人，在东阳中国木雕城，有他的紫云居根艺工作室。

在吴友冠看来，根雕也是一种文化。商家在这种文化中找寻经济价值，同时也拓宽根雕艺术的生存发展空间。如果将两者割裂开来，你就会发现他们都难有存在的空间。所以，他认为，做根雕首先要做的是文化。

“现在的木雕城恰恰把市场的文化内涵充分展示出来了，办出有自己文化特色的市场。”吴友冠说。

在东阳中国木雕城，因为文化的魅力被吸引过来的客商比比皆是，这当

中国（东阳）木雕竹编工艺美术博览会

中有像吴友冠这样专门设立工作室的国家级、省级工艺美术大师，还有“东艺”“友联”“珍木居”“铭华”“善工”等在行业内有实力、有一定知名度的木雕红木家具企业。

目前，东阳中国木雕城集聚东阳木雕、黄杨木雕、福建龙眼木雕、广东潮州木雕等全国四大木雕上千家知名厂家；吸纳福建、海南、广西、云南、四川、江西、上海、江苏、广东等省份及东南亚国家的木制工艺品进入，可以说是世界精品会聚木雕城。

东阳木雕作为中国四大木雕之一，在东阳有上千年的传承历史，2006年被列入国家首批非物质文化遗产保护名录。2008年，东阳木雕申请注册证明商标成功，成为地理标志著名品牌。2009年7月1日，在杭州召开的首届中国·浙江工艺美术博览会上，东阳被中国工艺美术协会授予中国木雕之都称号；2009年7月13日，又被全球中小企业联盟授予全球木雕产业合作基地称号，成为该组织最新设立的全球十大产业合作基地之一。

在东阳乃至全国，东阳中国木雕城承载的更是继承传统文化的重任。

走在东阳中国木雕城，处处洋溢着浓郁的文化氛围，许多采购商进入市场，一待就是一天甚至几天，他们与作品交流、会意之后，满载而归。在这里，商家对每件“雕品”不叫“商品”，而叫“作品”。

如在商品准入上，选择艺术性强的工艺品、旅游纪念品、工艺礼品，强化市场文化特征和艺术市场内涵，达到很好的招商效果。如在市场推广上，着重塑造市场的文化品牌，让受众感知市场的文化艺术特质。

与此同时，面对这么多商户和顾客，作为市场管理方，东阳木雕城提出立身之本——引导商户守诚信、重服务、优质量。

早在开业之初，东阳中国木雕城就努力规范木雕·红木家具行业经营行为，积极推动企业诚信制度建设，增强企业诚信观念和诚信风险防范意识，促进木雕·红木家具行业持续健康发展。

为规范市场的经营秩序，打造舒适、安心的购物环境，东阳中国木雕城要求市场内所有经营木雕红木家具的经营户必须实行“一书一卡一证”的标识标注制度，要求所有入驻市场的红木家具产品必须进行百分百材质认定，确保消费者购买到的每一件红木家具都货真价实。此举在木雕城市场内逐步形成“诚信等于机遇、诚信等于市场、诚信等于收益”的经营共识，提升商户的口碑和经营效率。

品牌保障固然重要，但商家诚信系统的建立，检测手段和监管机制的跟进，同样不可或缺。东阳中国木雕城内设有国家木雕及红木制品质量监督检验中心，消费者在东阳中国木雕城所购的相关产品均可委托该中心检验，真正实现放心购物。

此外，木雕城在市场内积极推动推出“先行赔付”的诚信购物服务。据介绍，依托国家级木材检测中心和木雕红木诚信促进会，木雕城将成立专项诚信基金，开创行业内先行理赔的诚信经营市场典范。

一次牵手

内外兼修谋发展

2011年6月，复星集团联手阿里巴巴、富春控股、美特斯·邦威、杉杉控股、新光控股、横店东磁等七大浙商企业，与东阳市人民政府在杭州签署合作协议，共同打造东阳中国木雕文化博览城，总投资超百亿元。

复星集团董事长郭广昌是土生土长的东阳人。每逢重要场合，他都会惦记着东阳木雕。2012年，他曾携两件东阳木雕作品亮相华尔街，分别赠给美国保德信金融集团和美国前总统克林顿。

在郭广昌看来，要最大化地将木雕产业的资源优势转化为产业优势，东阳仍亟须一个集群化发展、产业化经营、配套化服务的整合型大平台出现。于是，东阳中国木雕城二期即中国木雕文化博览城由此应运而生。

如果说项目一期为东阳木雕产业提供了一个规模集聚的航母级市场，二期中国木雕文化博览城则是东阳乃至世界木雕文化产业的整合型大平台。

东阳中国木雕城二期在对市场的业态规划上，设置以木雕建筑装饰、木雕家具、仿古家具、佛教用品等木雕主题的业态为核心，竹编、陶瓷、织锦、玉石、字画等其他品类的中华国艺互为补充，在整体产业上形成良性循环，将完美实现从百亿元市场到千亿元平台的华丽升级。

诚如亚太地区手工艺大师、中国工艺美术大师陆光正所说："东阳木雕是国家级的非物质文化遗产，从东阳木雕的整个长远历史来讲，亦是有不可磨灭的文明烙印。如果要进一步有所提高、有所发展，必须要有一个很好的平台。东阳中国木雕城，正是这样一个使木雕文化亦是历史文化能够更加发扬光大的好平台。"

浙江大清翰林古典艺术家具有限公司是木雕城成立以来首批入驻的商家，用董事长吴腾飞的话来说，一路见证并参与木雕城的发展。"这十多年，木雕城在发展的同时，进一步打响了大清翰林的品牌知名度。"

"多年来，木雕城犹如东阳木雕红木家具的一张金名片，外地客商来东阳选购红木家具的第一站，都会来这里。"浙江中信红木家具有限公司董事长李忠信告诉记者，入驻木雕城的两年，每年的营业额都保持着30%左右的增长。

基于此，2017年，中信红木新创的古典红木家具也亮相木雕城。

东阳市明堂红木家具公司总经理张向荣说，近年来，市场需求、消费观念一直在改变，明堂红木与木雕城一样，在把握趋势的同时，将市场知名度、品牌美誉度一步步快速提升。

“以前倾向于卖家具，而如今更侧重于卖生活方式。”因此，明堂红木第六代展厅更注重红木家具、空间等生活方式的结合。张向荣说，展厅给消费者的印象不能只是欣赏，而应是对空间布局的合理利用、居室环境的合理搭配，来营造并引导消费者购物，木雕城亦可如此，“届时，一定会给消费者一个全新的认识。”

东阳中国木雕城总经理、浙商建业商管总裁、星纬资本总裁助理沈斌说，“作为一个文化窗口，作为一个产业终端，也作为一个商业平台，木雕城承载着几千年的中国木雕和红木文化，以及生生不息的工匠精神；同时，让传统文化走进现代生活，让传统工艺形成现代产业，东阳具有强大的产业资源集聚能力。并且，木雕红木和现代空间设计、现代家居家装正快速连接，随着中国文化回归大势和文化消费的巨大增量，它正潜移默化地走进当代人生活的方方面面。作为传统而又崭新的‘供给侧’，我们正迎来一个巨大的历史机遇。”

一场融合

大步迈向商文旅综合体

2017年5月，复星开始垂直管理东阳中国木雕城。正是从那一刻起，木雕城开始焕发新生机。

“复星接管木雕城后，更多是在为木雕城赋能。”沈斌说，复星在全球有许多优质资源，正在把这些优质资源进行整合，分步植入木雕城的运营中。

具体来说， 是组织能力的升级，系统性地导入复星集团的管理资源和管理体系；二是产品的升级，产品力是核心能力，木雕城今后将重点打造“两心三轴五片区”；三是品牌的升级，对品牌系统、视觉系统、形象系统等进行全方位的优化、改造和提升；四是运营系统的升级，从物业到服务、从会展到旅游、从电商到行销等系统导入复星管理体系，强化执行力管理和品质管理。

值得一提的是，2017年12月，木雕城二期红星美凯龙东阳商场开业，在以木雕红木家具为主的传统家居市场内，开出一家现代家居家饰市场，似乎有些格格不入，但这是一招“妙棋”。

“家居市场一旦不能与时俱进，就会被市场淘汰。”星纬资本联席总裁王光达说。目前东阳有多家红木家具市场，竞争激烈，红星美凯龙商场进驻东阳中国木雕城，成为东阳家居市场的一个亮点。

作为红星美凯龙和木雕城精心打造的第八代情景体验式商场，红星美凯龙东阳商场总建筑面积达18万平方米，配有1000个流动车位和超大规模停车场，汇聚国内外的200多个家居品牌，集家具、建材、灯饰、软装、家纺等为一体，其中进口品牌多达50多个，是浙江省内拥有高端进口品牌最全面、数量最多的家居商场。

而更为重要的是，随着红星美凯龙商场的入驻，该商场带来的专业运营团队、管理模式、营销方式，以及顶级的硬件、丰富的业态、品牌集群、高品位理念，将推动东阳家居市场的升级。

“红星美凯龙的引入，是木雕城实施‘请进来战略’的重要一步，也是现代家居家饰与传统国艺木雕红木家具一次完美的互补和融合。”王光达说，依托双方先进的商业理念和强大的运营实力，必将升级东阳甚至浙中地区的

市场内景

家居消费体验。

红星美凯龙东阳商场在木雕城二期开业，使木雕城形成木雕国艺、传统家具、现代家居、文化交流、会展旅游一站式的产业链条，在给消费者带来更高品质生活的同时，也带动城市与区域的商贸流通、文化旅游的发展。

“我们将以木雕红木为产业基础和文化根脉，展开全产业链的延伸，实现从木雕向多品类工艺美术品，从红木家具向现代家具、家饰家装拓展，让市场拥有更多体验性，更具生活化和现代感。”沈斌说。

郭广昌曾表示，东阳中国木雕城融合文化消费的新商业模式，也为东阳的经济转型带来新的增长空间。

对此，沈斌及其团队正大力推进将东阳中国木雕城从传统的商品交易中心转型成为木文化商旅文产业综合体，用他的话来说，就是“可看、可逛、可玩、可淘，可参与、可体验、可学习、可购买，这是我们‘以文成旅、以旅兴商、以商强文’的总目标。”

“2018年，我们打算在两条路上把这张‘城市名片’擦亮，一个是‘请进来’，另一个是‘走出去’。”王光达说，一方面通过国风馆等平台的打造，把商家和匠人引进来，把艺术、人文等元素与原有的亮点整合起来，打造出具有独特文化魅力的新平台。

另一方面，是把“东阳匠人”这个东阳独有的“文化IP”推向全国。“木雕城计划建造一个‘匠人村’，把东阳有名的能工巧匠请到‘匠人村’中，把优秀的木雕、竹编等手艺通过‘匠人村’平台展示出来。”王光达说，星纬将运用自身的资源优势，将东阳匠人这个“文化IP”，推向全国。

“打造木雕城品牌，其实也是在打造东阳木雕红木家具产业的品牌。”在王光达看来，东阳木雕作品不是传统的快销品，它是中国文化传承的一个载体，如何利用东阳木雕这一文化载体，形成具有广泛影响力的核心价值，这是今后要做的事情。

多年前，复星集团提出大文化、大旅游战略，对木雕城的发展定下基调。现在，木雕城由原先单一的工艺品市场升级为旅游购物市场，并再次进化升级为复星·国风生活商旅文综合体。

文：何颖

金华农产品批发市场
从“提篮小卖”到“农产航母”

说到金华的农产品批发市场，很多人都知道来自全国各地的蔬菜水果在此集散，这里有比水果店更新鲜更便宜的进口水果，这里可以买到品种齐全性价比很高的茶叶。

20多年来，金华农产品批发市场从一个马路水果批发市场，发展成全国十大果品批发市场。如今，随着华东金华农产品物流中心的建设，一个档次更高的农产品航母市场呼之欲出。

一个契机

万事开头难　告别马路办市场

20世纪80年代，金华本地的不少菜农都会将自家产的茭白、黄瓜、桃子、柑橘等挑到金华市区售卖。久而久之，从金华小码头到通济桥下的马路边，形成果蔬交易市场。

由于价格便宜，吸引越来越多的人来这里买卖水果和蔬菜，农产品交易一片繁荣。但马路市场势必带来脏、乱、差，缺斤短两等欺诈行为也很常

市场规划示意图

见。早在1986年，供销社就萌生将马路市场“收编”进正规市场的想法。

供销系统的干部职工凭着对商品经济的敏感度，觉得金华办农产品交易市场肯定能行，这与得天独厚的地理位置分不开。金华位于浙江省中部，是浙江沿海与内地交往的必经之路，也是浙江省与邻近省份之间的重要交通枢纽，这就给农产品批发市场的集散功能的发挥提供了有利的硬件环境。据统计，彼时，金华的农产品一年有12万～14万吨的吞吐量，对外部市场的辐射能力在一个苹果上就得到直观的体现。

据介绍，1989年进入金华站的苹果卸货量为1200个车皮，其中950个车皮的货物转销外地，而台州、丽水、温州和邻县一年总共只有250个车皮，金华已经成为皖、苏、浙、闽、赣诸省销量最大的集散中心，数量还在不断扩大，进货渠道也从单一的山东，逐步延伸至辽宁、银川、河南等地。金华当地的农副产品资源也十分丰富，仅柑橘就有3万吨，桃、李、梨、枇杷、杏子、葡萄、西瓜及甘蔗等品种年总产量12万吨左右。

1989年3月，由原市果品食杂总公司投资创办的金华果菜批发交易市场开工了，地点就选在当时十分荒凉的双溪西路上，47.3亩的占地面积在省内已位列前茅。

金华果菜交易批发市场的建设条件的确艰苦，建设者戏称这里夏天是“坦桑尼亚”，冬天是“西伯利亚”。但最难的还是探索经营模式、改变商贩观念，这么大的市场无处借鉴，要靠自己摸索。1990年7月，为了解决资金难题，一期市场一边还在建设，一边开始试营业。他们发现，要让“提篮小卖”的商贩进入市场经营，哪怕免收摊位费，很多人也不愿意。为了解决这个问题，在相关部门的配合下，他们想了不少办法。

不断攀升的交易额，证明兴办市场是正确的。第一年营业5个月，销售额达到1441万元，第二年成交额上升到5760万元。1996年，二期市场投入运行。到2000年，市场全年销售额约5亿元。第一批提着篮子、扛着米筛进入市场的11个商户，腰包慢慢鼓起来，成了先富起来的那批人。

一场涅槃

遭遇成长烦恼　迁建迫在眉睫

在市场和商户都渐渐做大的时候，市场也越来越热闹，交易场所已经不能满足经营所需，再加上交通拥堵等问题日益突出，市场迁建迫在眉睫。

1998年，市场迁建提上议事日程。此时，不少部门已经看到农产品市场的前景，也想筹建。最后，市政府决定由市供销社对市场进行迁建，地点从原来的西关搬到现在的东关。

众人眼中的香饽饽，接过之后才知道并不那么好啃。2000年9月，金华农产品批发市场项目开工，首当其冲的还是资金问题。征地没钱怎么办?市供销社发动职工集资250万元，解了燃眉之急。工作人员到北京跑项目没资金报销，干部职工自己掏钱垫上。凭着这份执着，供销人克服一个又一个困难，实现市场的又一次华丽转身。

2001年9月28日，金华农产品批发市场开业。作为一家供销社投资的全资企业，从2001年搬入新市场，到2007年二期扩建，市场占地面积达到201.3亩，建筑面积10万平方米，有营业房844间，2万吨双功能冷库1座，交易大棚1.86万平方米，停车场1.8万平方米，商务楼1.2万平方米，农业展览馆2万平方米。

市场主营产品从果蔬发展到水果、蔬菜、茶叶与冷冻食品四大类农产品，购销网络辐射全国30个省市，并形成自己的特色。尤其值得一提的是，水果批发量一直位居全国前十。

“这得益于差异化经营，我们一直走的是水果品质化、精品化的发展路线。”金华农产品批发市场综合部经理方舟说，市场以精品水果为龙头，吸引全国各省市的水果和东南亚、美洲、欧洲等进口水果进场，形成辐射本省和周边江西、福建、安徽等省的水果批发交易网络。

据介绍，蔬菜批发市场主要以本地蔬菜为主导，吸引海南、甘肃、内蒙古、山东、云南、广东等省份菜源，形成辐射江苏、江西、安徽及本省周边地市的蔬菜批发交易网络；茶叶市场则以本地茶叶与外地茶相融合，品种齐全、常年经营、联结茶庄为特色，形成辐射山东、辽宁、陕西等省份的茶叶批发交易网络。

方舟说，农批市场20多年的发展与市场逐步规范伴生。目前，金华农产品批发市场已经成为助推“三农”发展与居民消费的重要平台。本地蔬菜、水果80%以上通过农批市场销往本省及外省市，市民生活中95%外来水果和80%外来蔬菜由农批市场供应。同时，市场作为调节市场的稳定器，建立果蔬应急保障体系，在数次应对特殊恶劣灾害中发挥积极作用。金华农产品批

市场外景

发市场也是农产品生产的信息平台，形成的电子交易价格，成为政府决策和信息发布的参考依据。

在金华农产品批发市场，已经开展全监管全检测试点和IC卡追溯等食品安全“双体系”建设，以确保从这里销售的农产品的安全，以让老百姓消费得更放心。

早在2005年，金华农产品批发市场在浙江省率先建立农产品准入制度，实现“环环有记录、环环可追溯”。记者看到，每辆进出市场的车子都会领取一张IC卡，详细地记录车牌号、农产品的品种、数量、货源、买家等信息，相当于农产品的身份证明，将伴随整个流通环节。

20多年来，一支忠诚的经营队伍始终与市场携手同行，成为市场发展的重要资源。天成果业负责人许衍是市场里的水果经营大户。他父亲许克良，就是从小码头市场迁入市场的元老级人物。他坚信，只有扩大平台，才能把生意做大，而非流动的摊点。他们率先在市场经营进口水果，率先在外地拓展市场，率先加盟水果连锁品牌。到了许衍手上，在农批市场拥有34个店面。在许家的带动下，一些亲朋好友、帮忙的伙计在长期耳濡目染下，都成了水果老板，天成果业也被业内人士誉为水果行的“黄埔军校”。许衍深有体会地说，这与市场规模的扩张以及管理的日渐完善分不开，管理者越来越懂经营了。据介绍，目前市场有经营户430个，比2002年增长120%。同时，农产品经营方式由经销发展为代理制，单个商户的农产品交易规模也在扩大。2017年，商户平均年成交额近3000万元，比2002年增长近3倍。

一次飞跃

创业再出发　争创全国第一流

2017年，市场交易量与交易额分别达到221.1万吨和114.2亿元，同比分别递增12.5%和13.8%。近10年来，市场的年交易量增幅达15%以上，交易额增幅达10%以上。

市场发展前景令人欣喜，但面临的现实挑战也不容小觑。譬如各地民资进入市场领域，电子商务风起云涌，均给原有市场带来不小冲击，必须要有

市场内景

新的作为、新的突破。市供销社开始酝酿建设新一代市场。

2016年6月27日，华东（金华）农产品物流中心项目开工，这也是目前华东地区在建的最大农产品市场。

“金华的农产品市场，不管是创办时间，还是市场规模、层次，都走在前列，具有先发优势。”金华市供销社党委书记、主任陈福雨说，新迁建的市场项目占地600余亩，从全国来说都是大市场，不仅仅名称有变化——华东（金华）农产品物流中心，而且层次有了很大提升，经营种类增加花卉、干果、副食品、水产品等。

陈福雨表示，处于不同阶段的三代市场肩负着相应的历史使命。第一代市场将商户请进市场定点经营；第二代市场不仅局限于金华农产品销售，还充分考虑如何丰富市民的生活；第三代市场要在更加严酷的竞争中，充分发挥现有优势，瞄准更加高远的目标，走出一条社有经济转型升级的新路子。

新市场的目标是争创全国一流的农产品交易市场。华东(金华)农产品物流中心这一新名称的背后，要打造四大中心的定位，即依托浙江，辐射江西、

市场内短途接驳

安徽、福建、上海等省市的跨省区域农产品集散中心，集交易、运输、配送、加工、储藏等功能于一体的物流中心，联结产销、汇集全国各地市场信息中心，现货交易、期货交易、电子交易等各种交易方式相融合的交易中心。

“不管在哪个发展阶段，供销社服务农民、惠及市民的职能贯穿始终;不管哪个市场，建设中都会有难题，但金华供销人团结拼搏、坚韧不拔的精神永不磨灭，创业之歌永远嘹亮。”陈福雨说。

新建的华东(金华)农产品物流中心总建筑面积58万平方米，总投资20亿元，主营物流农产品为水果、蔬菜、水产品与冷冻食品等，规划打造成为集四大中心为一体的大型现代化鲜活农产品物流中心。预计到2020年，农产品物流量达到340万吨，物流额达到160亿元。

整个项目按照功能设有商务区、交易区、物流中心区等三个主要功能区，还有电子交易中心及农产品科技研发、检测中心、商务酒店和管理用房等配套。

“新市场将更加智慧。”在方舟看来，随着大数据的应用，未来的华东（金华）农产品物流中心将成为汇集全国各地市场信息的中心。

链接——

金华农产品批发市场大事记

1. 1990年7月，金华市果菜批发交易市场成立。市场坐落于婺州街与双溪西路交叉口，占地47.3亩。

2. 2000年2月，金华农产品批发市场有限公司成立。

3. 2001年9月，金华市果菜批发交易市场整体搬迁到环城北路117号，占地106亩。市场更名为金华农产品批发市场。

4. 2003年5月，金华农产品批发市场经省农业厅等部门认定为浙江省省级骨干农业龙头企业。

5. 2003年7月，金华农产品批发市场被金华市人民政府评为金华市农业龙头企业。

6. 2003年10月，金华农产品批发市场被省工商局认定为浙江省百强市场。

7. 2006年7月，金华农产品批发市场被中国果品流通协会评定为全国十大果品批发市场、全国优秀果品批发市场。

8. 2007年5月，金华农产品批发市场进行二期工程建设，占地95.3亩。市场一期、二期合计占地面积为201.3亩，总投资2亿元。

9. 2007年12月，金华农产品批发市场获得全国供销合作社系统先进集体称号。

10. 2009年9月，金华农产品批发市场被商务部授予双百市场工程称号。

11. 2012年4月，金华农产品批发市场被省供销社认定为浙江省供销社系统农产品龙头企业。

12. 2012年8月31日，金华市人民政府第33次常务会议决定实施金华市农产品批发市场迁建工程。

13. 2014年1月，金华农产品批发市场被浙江省商务厅认定为浙江省重点流通企业。

14. 2015年，金华农产品批发市场被浙江省工商局认定为三星级文明规范市场。

15. 2015年12月5日，注册登记成立股份公司，华东（金华）农产品物流中心项目迁建工作投资主体正式确立。12月22日，拍得项目地块，项目建设已进入实质性的实施阶段。

16. 2016年6月27日,华东（金华）农产品物流中心项目开工建设。

文：何颖

义乌农贸城
书写一首23行的创业长体诗

从1995年至今，义乌农贸城从果品市场、蔬粮批发市场起家，通过整合提升原有的副食品市场、果品市场、秀禾基地等农副类市场业态，探索打造收藏品市场、茶叶精品街、模具城、商业综合体等文化、工业和商业类市场业态，并先后取得农业产业化国家重点龙头企业、农业部定点市场、中国商品专业市场竞争力50强、中国商品市场百强、浙江省重点市场等称号。在义乌这片生机勃勃的土地上，农贸城人已然书写一首23行的创业长体诗，字字含情，句句如心。

一个契机

“风起于青萍之末，浪成于微澜之间”

20世纪80年代，义乌辐射全国的小商品专业市场已现雏形，各地客商蜂拥而来。在讨价还价声中，一辆辆满载小商品的货车驶向全国各地。然而，不少从各地返程的货车只能空车而归。为了避免货车“满载而出，空车而归”的尴尬，不少驾驶员动起脑筋，将各地的特色水果运回义乌，比如山东的苹果、广西的芒果、新疆的香梨和海南的香蕉等。

货车驾驶员将这些水果整车卖给义乌当地的水果批发商，水果批发商再将这些水果分销到义乌乃至金华的水果摊贩。由于价格便宜，不仅义乌当地的水果批发商深受吸引，越来越多的外地水果批发商也来义乌批发水果。久而久之，在义乌市丹溪路自发地形成了一个水果批发区。因为是自发形成的，存在脏、乱、差的问题，缺斤短两等欺诈行为也时有发生。

早在20世纪90年代，义乌市政府就萌生将这个自发形成的水果批发区“收编”进正规市场的想法。

1993年，义乌市政府下发《关于同意创办义乌市农贸市场的批复》，要求“高起点、高档次、大规模、多功能”。

彼时，义乌中国小商品城已经位列全国十大市场榜首。在义乌中国小商品城的“孵化”之下，建设一个规模宏大、管理先进、档次较高的专业性农

义乌副食品市场

产品批发市场，是义乌市场体系向多层次、多元化、立体化发展的需要。与此同时，当时义乌的大农业已形成一大批农产品、农副产品生产加工的专业村，各地的“土特产”非常需要一个综合性、大型的交易集散地，使它们走向市场。

在义乌市政府看来，建好义乌农贸市场，直接地为发展义乌的“一优两高”农业提供有效的服务，为义乌的农业和农民走向市场、提高农业的经济效益创造良好的环境。

1995年，义乌农贸城的第一个市场果品市场开业。

他们发现，想让这些商贩从丹溪路水果批发区搬迁到城郊新落成的果品市场并非易事，多数商贩存在抵触情绪。为了解决这个问题，农贸城集思广益、深入调研，在相关部门的配合下，三番四次、不厌其烦地与商贩沟通，积极引导商户进市场，有序规范经营。最终，丹溪路水果批发区的经营户全部搬进义乌农贸城果品市场。

1996年，义乌蔬菜批发市场开业。和果品市场类似，蔬菜批发市场也是一个搬迁市场。此前，位于市中心的绣湖附近有一个蔬菜批发市场，每日庞大的交易量给市场容量和交通等带来不小压力。于是，义乌市政府决定将位于绣湖附近的蔬菜批发市场进行搬迁。

市场内景

开业初期，义乌农贸城蔬菜批发市场由于地理位置较偏，人流稀少，生意冷淡。农贸城人用自己的智慧和勤奋，不断邀请、劝说周边蔬菜商贩来农贸城蔬菜批发市场经营，同时加大对外宣传力度，主动帮助商户张罗生意，慢慢地僵局被打破，越来越多的蔬菜经营户主动入驻。

义乌农贸城蔬菜批发市场也从最初只有几家店面的小格局，逐步发展成为浙江地区最大的蔬菜批发市场之一，从最初的简易批发做到拥有蔬菜批发区、超市区、冷冻区、鲜肉区、禽蛋区、水产区、调味品区、酱菜区、自产自销区等多品种的综合性批发市场，拥有蔬菜批发店面96间、批发场地116个、超市区摊位182个。

之后，义乌农贸城粮油批发市场和花卉市场相继建成。

至此，义乌农贸城这座“农贸航母”正式启航。

一场飞跃

“问渠哪得清如许，为有源头活水来”

2008年，因规划调整，义乌市对宾王副食品市场进行搬迁，义乌农贸城又承担起副食品市场的建设和搬迁任务。

为了让经营户顺利入驻，农贸城想了很多办法，可谓“苦口婆心”。市场集团农发公司党总支书记、董事长兼总经理吴俊雄回忆，从经营大户着手，跟他们细致分析搬迁的各种利弊，设身处地地了解和消除他们的各种顾虑，通过引导大户，调动他们的带头作用，循序渐进，引导全体经营户接受和认可市场搬迁。

2008年10月，总投资3亿元的义乌副食品市场建成并投入使用，建筑面积14.8万平方米，内设标准商位2160个。宾王副食品市场的经营户顺利搬迁到义乌副食品市场。

从义乌副食品市场成立的那一天起，义乌农贸城就十分注重对市场经营户的培育和支持。“只有经营户发展好了，我们的市场才能发展好。”吴俊雄深知“皮之不存，毛将焉附”的道理，所以，义乌农贸城非常关注经营户的发展，积极解决经营户的各种困难。

在义乌副食品市场经营红枣生意多年的山西人蒲女士，早年经商都靠租用商位。前几年，她用多年的积蓄投标市场内的两个摊位，每到下半年，为储备大量货源，总是手头吃紧，想向银行融资，又担心没资格。她表示："因为我没有在义乌购置房产，只有商位，到银行融资有一定困难，找人担保，对我们外地人来说也非易事。"让蒲女士惊喜的是，义乌农商银行客户经理告诉她，该行现在有商位质押贷款，可以帮助他们解决融资难、找担保人难的问题。像蒲女士这样在义乌副食品市场经商的外地商户并不在少数，商位质押贷款一经推出，大家纷纷叫好。

此外，为减轻经营户商位租金压力，义乌农贸城积极与银行商谈，又在副食品市场开展租金贷项目，多渠道解决经营户的融资难问题。

2008年开始，义乌市政府大力发展进口贸易，培育进口市场。义乌农贸城在进口市场开拓方面有着天然的优势，下属的义乌副食品市场在三楼名特优新展销中心开辟进口食品专区，还出台多项针对进口企业的补贴政策。

2010年，在澳洲经商多年的王光德将义乌农贸城副食品市场作为开拓国内贸易的第一站，设立澳新精品馆。"义乌市场辐射全球，不论是内销还是转口，都越来越好了。"说起进口生意来，王光德信心十足。

义乌农贸城积极引进各种进口行业知名企业。

2017年9月20日，深圳市一全通电子商务有限公司旗下的汇四洋进口食品馆在副食品市场三楼开业，代表着深圳市一全通公司与副食品市场的深度融合正式开始。

汇四洋进口食品馆由一群平均超过10年零售及国际采购经验的专业人士组成，从五大洲进口拥有可追溯供应链的食品，合作对象包括法国（Casino）、澳洲（Woolworths）、英国（Morrisons）等知名连锁超市，致力成为国内最大、产品最丰富、最适合国内消费的进口商，为中国消费者提供优质、大众化的进口商品服务。

近几年，副食品市场大力培育进口市场，与多个国家和地区开展贸易合作，进口业务量扶摇直上。其中，泰国扮演着重要的角色，每年通过副食品市场向义乌出口大量桂圆干、荔枝干、休闲食品、饮料等特色商品。不断攀升的销量，让泰国馆顺理成章落户义乌农贸城副食品市场。

一次提升

“删繁就简三秋树，领异标新二月花”

和其他商品市场一样，义乌农贸城也受到互联网等新经济形态的冲击。在吴俊雄看来，更需要一种处变不惊、虚怀接纳、乘势而为的情怀与能力，更需要准确地去谋划义乌农贸城的长远发展。

2013年7月，义乌农贸城组建义乌绿禾电子商务有限公司，创建生鲜电子商务平台——绿禾网。绿禾网于2013年9月上线运营，2014年5月开放基于微信公众号的“微商城”，成为手机版的移动电商。

据了解，绿禾网目前涵盖生鲜蔬果、禽肉水产、休闲食品、干果炒货、粮油米面、酒水饮料、日用百货、农副礼品等八大类商品，以生鲜蔬果、禽肉水产为主打品类。

餐饮行业的传统采购模式，是供货商送货上门或商家直接去批发市场采购，采购效率低、成本高、透明度低。而在“绿禾购”平台上，商家或采购员只需点点手机，就可以坐等货物上门，而且每笔交易都能开具正规发票。绿禾网改变的不仅是批发商的销售方式，更是商家的采购方式，不仅简化农产品流通环节，也拓宽批发商的销售渠道，降低商户的采购成本。

义乌农贸城对互联网的拥抱并不仅仅停留于此。

对于副食品市场来说，食品安全是人们最为关心的问题。在这方面，义乌农贸城也有自己的秘密武器，那就是食品准入智慧管理系统。

“我们现在这个新系统，检查商位商品的备证情况十分智慧，工作人员只要在IPAD上输入店面号、商品名称，系统就会自动显示该产品的备证结果是已索证或未索证，大大提高了工作效率和工作质量，不像以前，需要在一大沓索证卡中一行行地寻找。”吴俊雄介绍。

据了解，副食品市场自搬迁前的宾王时期起就开始实行准入管理制度，老版准入系统一直沿用至2016年7月。索证备证过程包括索证、信息登记、信息录入、打印索证卡、核对索证信息、发放索证卡、纸质档案保存等，除了信息录入通过电脑输入资料外，其他工作均由工作人员手工操作完成，整个过程程序繁琐、方法落后、效率低下。随着移动信息技术的快速发展，智能手机的广泛使用，自2014年4月开始，副食品市场准入工作团队开始对当下的工作方法提出质疑，开始思考如何创新将移动终端设备、智能技术与市场索证备证工作紧密结合起来，如何把日常索证巡查工作变得更为方便、快捷、智慧化。经过团队不断探索与周密思考，大家把自己平时的工作进行分解，一个步骤一个步骤地进行大胆设想，优化工作程序，并与软件开发人员不断磋商，最终形成《副食品市场食品准入智慧管理系统功能需求方案》。

通过运用“互联网+”技术，义乌副食品市场实现食品“来源可溯、去向可查、风险可控、责任可究”，筑牢食用农产品安全防线。

依托实体市场发展电子商务，义乌农贸城走出一条虚实结合的新路径。

此外，义乌农贸城也大力鼓励引导市场经营户业态转型。

2016—2017年间，随着蔬菜批发市场和花卉市场的相继搬离，如何开发原有地块成为义乌农贸城面临的重要抉择。

2018年8月28日，以“万茶荟秀禾，品茗漫商城”为主题的“秀禾问茶”茶叶精品街开业，是原义乌农贸城蔬菜批发市场搬迁后转型亮相的首个项目。

在“秀禾问茶”茶叶精品街一侧，徽派建筑风格的商铺古色古香，另一侧，小桥流水，亭台楼榭，让漫步这里的市民倍感惬意。

“秀禾问茶”茶叶精品街将优质茶商集聚一堂，借助义乌的市场、物流和客流优势，将茶叶销往世界各地，同时带动茶文化的传播。

据了解，“秀禾问茶”茶叶精品街是在原义乌农贸城蔬菜批发市场的基础上打造而成，总投资2500余万元，由茶及衍生品市场、茶文化博览中心和老舍茶馆三大功能区块组成，采用开放式公园场景设计，涵盖六妙、品品香、七彩云南等多个知名品牌，依托义乌国际化都市的优势，打造具有地域特色的茶文化主题街区，成为市民休闲、文化体验、商务洽谈等活动的重要场所。

这还不是义乌农贸城蜕变的全部。根据义乌市场有机更新规划，原义乌农贸城蔬菜批发市场整体搬迁后，农贸城经过反复调研、规划，决定将这里打造成“绣湖里商业中心”，服务于周边3公里范围内的居民小区。

据悉，绣湖里商业中心项目占地4.8万平方米，将打造一个集茶文化、餐饮、儿童游乐、时尚购物、生鲜超市、生活服务、运动休闲、影院等生活服务于一体的主题街区，建造一个功能比较齐全的商业、教育、服务、娱乐等休闲中心，为广大市民提供一站式服务。目前正在工程施工和项目招商中，将于2019年5月正式亮相。

23年的创业路荆棘重重、雨雪风霜，国企转型发展内在需求仍在不断攀升。在兼顾社会责任与企业效益的前提下，义乌农贸城始终坚持高点站位，立足该市整体市场布局，谋划企业转型途径，整合提升农副类市场业态，探索打造新的市场业态，提升企业竞争力和风险抵御能力。义乌农贸城在积极拓展、科学落实新项目的同时，将充分依托各类市场业态，围绕“践行新思想、实现新征程、展示国企新气象”的宗旨，统筹产品推进农副产品、文化、商业和模具产业等的多元化全面提升发展，继续谱写扎实奋进的发展篇章。

文：何颖

衢州粮食电子商务产业园
汇聚五谷，连通万家，天下粮食，衢州集散

曾任浙江省委书记的习近平说过，发展出题目，改革做文章。具有1800多年历史的江南名城衢州，一直是浙、闽、赣、皖四省边际交通枢纽和物资集散地，素有“四省通衢、五路总头”之称。衢州粮食电子商务产业园利用衢州独特的区位优势，19年风雨兼程，19年春华秋实，从马路市场、物流市场、网络市场数度转身，互联网时代的大粮食之路终让市场“汇聚五谷，联通万家，天下粮食，衢州集散”的美誉成真，“衢州粮食”也从浙西一隅跃升为全省乃至全国粮食行业的金名片。

一个契机
从马路市场到衢州价格中心

衢州粮食电子商务产业园地处衢江综合物流中心，占地208亩，建筑面积近6万平方米，仓容4.68万吨，店铺124间，拥有完备的硬件基础和广阔的市场腹地。

作为全国首家粮食行业综合性电商园区，产业园内有衢州市唯一一家获评4A等级的平台型电商企业、浙江省电子商务百强单位——中国网上粮食市场。2017年，通过市场化运作，粮网累计实现交易量83.53万吨，交易额22.14亿元，交易品种涵盖稻谷、大米、小麦、玉米、油脂、大豆等。亮眼数据的背后，凝结着19年来衢州市委、市政府以及市场监管部门和数代“衢粮人”的智慧和努力。

20世纪90年代末，随着现代工业和城市化的加速推进，粮食基础性地位的作用日益彰显。浙江省作为市场经济的先发地区，每年粮食缺口总量达1000万吨左右，粮食对外依存度达55%，成为全国第二大粮食主销区。衢州地处浙江西部，紧邻闽、赣、皖等粮食主产区，是浙江省与主产区开展粮食产销合作的重要通道，利用四省边际的区位优势，1998年，独具慧眼的衢州市委、市政府创办产业园前身——衢州粮食批发交易市场。

亲历者说：

在亲商方面，市场送温暖、解忧愁、争优惠，在这里经商很安全、放心，市场就是经营户的“娘家”。那还是第一代马路市场，经营方式传统，市场秩序较为杂乱，但较早开展的粮食流通贸易形成包括产、销、储、运、加工等在内的具有一定规模的粮食物流格局，成为浙西连通其他省市粮食物流的重要枢纽，为保障全省粮食安全作出重要贡献，造就了第一代市场的繁荣。

——时任市场副主任的黄建平

一次飞跃

“国字号”粮食盛会，粮食指数诞生

21世纪初，在经济发展从东部向中部的梯度转移中，衢州区位优势逐渐弱化。“衢州的发展需要拿出特色来，粮食业也要走特色化发展道路。”在国内大多数经济主体对网络经济还不屑一顾的时候，2004年，该市场就以发展网上粮食市场来拓展现货市场发展空间，创办综合性粮食电子商务网站——

“中国网上粮食市场”，成为浙江省粮食系统最早实现网上交易的电商网站。

衢州市委、市政府也无时不在扩大市场影响力上落笔下墨，其中一大举措是举办粮交会。自2001年以市场为平台，举办首届区域性粮交会，历届粮交会规模不断扩大，内容不断丰富，已逐步成为全国粮食系统颇具影响力的会议品牌。特别是第四、第五届粮交会，将主题转向“开创崭新粮食经营模式、打造现代粮食物流体系、向互联网要效益”，富有信息化时代气息，为不断培育和发展无粮食市场发挥重要作用。

2006年9月，在第五届衢州粮交会期间，衢州粮食批发市场与国家粮食局发展交流中心签订共同营运“中国网上粮食市场”的协议。“中国网上粮食市场”从此真正立足衢州，面向全国。

网站以政策性粮食的网上交易为切入点，数年坚持不断进行市场化运作，其构建的加盟市场经营模式，使粮企不需投资、无须配备专业的IT技术人才，就可无门槛跨入IT行业。至目前，全国已有10个省31个地区的现货市场加盟粮网，并带动全国1700多家涉粮企业参与网上交易，累计实现交易量353万多吨，交易额86亿多元。交易品种涵盖稻谷、大米、小麦、玉米、油

老市场

脂等。

网站举办的早稻网上交易会，以网上早稻谷采购交易和现场现货洽谈活动为主要内容，是产销区之间以网络为平台、创新合作方式的有效实践。到2006年年底，市场已形成占地114亩、经营面积3万多平方米、仓容近6万吨、铁路货位28个的规模。全年实现粮食现货交易量70.9万吨，交易额14.6亿元，实现网上电子交易5万多吨。市场年粮油交易额在全省位列第一，衢州由此成为连接粮食主产区和主销区的一个重要桥头堡。在全国，衢州也是第一个形成集仓储、批发配送、加工、信息四位一体的现代粮食物流模式。这一粮食物流模式已在全国得到推广。

为在新时期与时俱进地发展现代粮食物流，衢州市委、市政府决定迁建市粮食批发市场，建成一个集“粮食仓储、批发配送、加工、信息”为一体的现代粮食物流中心。该中心总规划占地近1平方公里，首期用地500亩、投资2.3亿元。

为确保衢州市粮食物流中心的成功培育，在国家粮食局、省政府的大办支持下，衢州市申办和争取在2007年承办首届中国(衢州)粮交会，这是培育衢州市“十一五”粮食物流的创新性举措，也是国家粮食局首次在非省会城市举办全国性的展会。2007年11月，国家与粮食相关的部委办局、世界粮农组织、全国30多家名牌粮油企业同时参会，令衢州粮食影响越来越广泛。时任衢州市政协副主席、市贸粮局局长，现任衢州市副市长的马梅芝就曾评价认为，“衢州成功申办中国粮交会，以后各届中国粮交会都将在衢州召开，这对‘天下粮食，衢州集散’的落地有着战略意义。”

因汇聚当时浙西重要粮食交易功能，一方面江西、安徽等粮食主产省的稻谷主要通过衢州销往浙江，另一方面北方产粮省的饲料原粮也主要通过衢州销往江西、福建等地。省内很多储备粮都通过衢州人之手进行补库。这样，衢州无形中确定周边产粮区的粮食收购价，也影响着周边省市的粮食销价。

此后，国家发展和改革委员会又在粮食现代物流发展规划中，将衢州列入全国内陆城市散粮物流节点布局之中。在浙江，被列入布局的仅杭州和衢州。同时，正在兴建的浙西粮油物流中心（市粮食物流中心）也被列入国家发展改革委“十一五”重点资金扶持项目。粮食市场的搬迁，因此得到省长基金和省级有关部门共2500余万元的资金支持。

亲历者说：

衢州不是粮食主产区，却是浙江省及周边地区的早稻定价中心、价格形成中心，这是令人振奋的。早稻收割前，江西等周边地区每天都有很多电话打来，问衢州价格定了没有。只有衢州价格定了，他们才敢定价格。商务部、国家粮食信息中心、中国粮食行业协会网等十几家有关单位也都要求定时上报衢州的粮食价格信息，这从侧面说明粮食“衢州价格”的影响力。从某种程度上说，衢州已成为周边省市的粮食物流中心、粮食加工中心和粮食信息中心。

——衢州粮食电子商务产业园总经理曹昊

一场涅槃

全国首家粮食行业综合性电商园区

随着近几年粮食行业集约化发展、交通物流体系的逐步发达，传统批发市场集散交易模式受到极大冲击，再加之受到场地及设施严重不足以及市场交易辐射半径难以无限扩大等瓶颈制约，批发市场转型势在必行。2015年，市场针对性提出“网上网下融合发展”的战略规划，并借新市场即将整体投入使用之机，衢州市粮食电子商务产业园于2016年正式挂牌成立，并于2018年6月开业。

这是全国首家粮食行业综合性电商园区，也是衢州市最为亮丽的粮食产业金名片。产业园采用全国粮食市场首创的集中管理模式，全托盘作业，统一装卸，统一保管，采用现代互联网技术，集“一站式”仓储物流、金融、电子商务等服务于一体，对所有出入库、库存信息进行动态维护，及时向商户提供实时货物装卸及库存信息的一种全新管理模式，提高作业效率，降低经营成本，提高场地利用率，让商户省钱更省心。

开园仪式上，中国粮食健康论坛暨“粮食市场4.0”发布会同时举行。衢

新市场

州市人民政府副市长马梅芝表示，衢州市粮食电商产业园被寄予厚望，是衢州发展健康大粮食流通的一条新路子。它秉承“互联网+”思维，在中国粮网和原粮食批发市场业务的基础上，破体制，创机制，让物理空间产生化学反应，推动粮食市场与时俱进地进入4.0时代，引领粮食市场探索发展新平台、培育新物种。

她认为，优质的营商环境不仅能提供良好的基础服务，更能创造一个能够支撑客商业务发展的良性生态体系，通过吸引众多粮油企业与产业园公司深度合作，搭建一个以大粮油产品为主的多产品、多渠道、多业态的产业生态体系圈，孵化全新业态，实现传统产业弯道超车，新兴产业换道超车。

浙江省粮食局副局长韩鹤忠肯定产业园的互联网探索。他认为，衢州粮食电子商务产业园在发展道路上实现模式创新，平台功能模式以及粮网线上线下相结合的发展道路，是传统粮食市场对山海协作工程升级版的适应，是践行新发展理念和高质量发展的必然要求，其发展目标与全省粮食工作的目标高度一致。

衢州市结对友好城市，也是产业园重要的地区合作伙伴之一的吉林公主岭市领导孙策认为，通过双方对口合作，可充分发挥各自地域优势，强强联合，乘互联网时代、高铁时代、消费升级时代的东风，促进两地粮业发展，成为“衢时代”一份重要的成绩单。

园区经营户们认为，运营的思路和以往大有不同，园区提供很多经营资源和服务资源，与商户共同发展。比如帮客户提供产品资源和合作机会，解决信息化的问题、融资的问题、证照代办的问题。衢州市粮食电子商务产业园“一站式”的货物管理方式，让他们省了不少心，可以腾出手来专心做生意，服务好下游客户。

亲历者说：

产业园以践行大粮食发展观为己任，通过“大粮食+互联网+金融”等方式和途径，铸造粮食发展新平台，实现资源集聚、业态融合、产业升级。产业园的创新探索，令“汇聚五谷，连通万家，天下粮食，衢州集散”美誉成为现实。产业园的开业，引起新华社、浙江日报、浙江在线等主流媒体的关注和报道，新华社相关报道的阅读率更达到50万之巨。衢州市副市长马梅芝认为，找到一条路子，理清一个方向，才能走在前面。衢州从申办成功全国性粮交会开始到创办中国网上粮食市场、衢州市粮食电子商务产业园，不可能的事情一一变成现实，其背后是一支队伍，一批肯干事、能干事、会干事的衢州人共同努力的结果。

——衢州粮食电子商务产业园总经理曹昊

一个人物

曹昊：运筹帷幄，决胜千里

曹昊，2007年至2017年任职于衢州市广谊粮油有限公司。十年粮食从业经历，让他对粮食行业有深层次的了解，在“粮网”线上线下市场的开拓与发展中发挥重要作用，是“大粮食生态体系圈”建设以及新时代粮食发展道路的践行者。

产业园以总经理曹昊为核心的管理团队秉承利他、守纪、创新、勤奋、激情的创业精神，遵循现代公司治理机制，以价值创造为牵引，创新机制体制，激发内生动力，坚决贯彻衢州市粮食局和衢州东方集团达成的战略框

架，成立混合所有制的公司来运营园区。

产业园作为全国首家粮食行业综合性电商园区，运营团队着眼于行业趋势，积极谋划发展战略，构建“1+2+4+8”运营体系，即一个愿景、二大板块、四大体系、八大功能。

一个愿景，即成为新时代粮食健康产业规则和标准的引领者。健康是粮食产业未来发展的方向，产业园顺应中国从市场引领向规则引领的潮流，创平台、列规矩，做新时代粮食健康规则的领跑者。

二大业务板块，分别是产业园的服务平台建设以及经营业务平台建设。产业园以“粮食市场4.0”战略思维为引领，通过“1+N”形式功能叠加，不断添加新动力，创新大粮食流通模式，打造“粮食市场生态体系圈”。

时代在变化，产业园的发展更要坚持“六位一体”的创新体系，不断开创新窗口，四大体系八大功能为产业园“1+N”之路提供无限的可能，也为产业园成为新时代粮食健康产业的引领提供成长的沃土。在衢州这片热土上，产业园运营团队将与广大商客抱团协作、凝心聚企，助推产业深度融合，撬动转型升级，合力打造一个“三生”融合、充满活力的粮食电子商务产业园。

19年风雨兼程，19年春华秋实。产业园坚持以人民为中心，不断满足人民日益增长的美好生活需要，在坚持粮食市场4.0模式发展的道路上，不断推进粮食行业体制机制的创新。通过进一步整合资源，再造物流，提升功能，创新机制，运用现代大粮食理念与技术，不断改造传统的粮食流通模式，产业园必将在浙江乃至全国现代化粮食流通渠道建设中起到创新引领的作用，把衢州的资源优势转变成经济优势，引导和促进农业结构调整，增加农民收入，为保障国家粮食安全、促进社会主义新农村建设、构建和谐社会作出更大的贡献！

衢州市汤飞帆市长来考察市场

一种贡献

天下粮食，衢州集散

衢州市粮食电子商务产业园的发展，不只是粮食市场自身的发展，对衢州经济多方面的影响力正逐步显现。

粮食市场成立之前，衢州仅有零散几家小规模米厂，年加工能力4万吨的米厂仅1家，总加工能力不超过10万吨。市场成立后短短数年，市区年加工能力4万吨以上的米厂已有10家，最大的一家米厂年加工能力即达10万吨。原先饲料厂只有2家，后来年加工能力超过4万吨的饲料加工厂就有4家。衢州的粮食加工厂，将江西等地的稻谷拉进来，通过加工后再外销，省内销售市场遍及每个地区，并远销广东、广西、上海等全国市场。衢州是养猪大市，年出栏生猪三四百万头。粮食物流业的发展，解决养殖户资金瓶颈，降低农户的养殖成本，饲料原料品种齐全、质量好、选择余地大，养殖户一个市场内就可买齐所有东西，省钱省心。目前，养猪业已成为衢州农村经济的重要支柱产业。

新的平台只是新的起点。独木不成林，走大粮食之路，让两个市场真正走向市场，在深度融合中实现创新发展，是粮食市场4.0战略思维的核心内涵。产业园紧跟新时代衢州发展战略体系，凝聚各方力量，在“活力新衢州，美丽大花园”建设的大背景下，以“1+N”的发展方式实现自我裂变。

全衢通平台致力于协助解决商家如何宣传推广、如何精准引流、如何提高销量、如何增强客户黏性四大痛点，致力于打造一个衢州放心农产品的体验版，让消费者通过看、听、尝、享，全面了解农产品生产和流通的全过程、品质标准，让优质农产品真正做到“从田间到餐桌”的全程监管和可溯，为今后优质农业、定制化农业的深入发展打下基础。

与此同时，产业园利用自身优秀的仓储物流资源，为电商平台、连锁餐饮、连锁超市客户提供本地城市仓储配送服务，全面覆盖消费领域，打造消费供应链的基础设施。通过产业园城配项目的实施，仓储拣货效率可提升150%，人力成本节约50%，每天可以节约80个小时的人工工作量；同时，在过程管理与配送优化方面，配送签到率、提货及时率、客户签收率达到98%以上，车辆周转率稳定在1.7～1.9之间，运营效率方面领先其他在同城物流企业。

“汇聚五谷，联通万家，天下粮食，衢州集散”，以开放、共赢为指导思想，逐步打造电子商务新模式、新标准。改革开放40周年，衢州市粮食电子商务产业园这张金名片，必将谱写出更加熠熠生辉的新篇章。

文：于倩

舟山国际水产城
精耕细作，华丽转身，打造渔港新地标

从750平方米，到35万平方米的占地面积；从建筑面积零的突破，到发展为19万平方米、高达99.9米的渔港“新地标”商务大楼；从流动鱼贩间简单的地摊交易，到国内外客商云集的筑巢经营；从单一的鲜品交易，到活、鲜、冻、干水产品综合交易……舟山国际水产城用30年的时间华丽转身，蜕变为多产业互动提升、商旅文融合发展的国际化渔市。

一个契机

墩头造市

回顾过往，舟山水产品销售之路历经坎坷。早在1985年3月，国家全面放开水产品市场和价格政策后，舟山的沈家门渔港就自发形成鱼市。随之而来的偷税漏税、强买强卖、航道受堵、沿港设摊、路面邋遢、鱼腥弥漫等不良现象，日益突出。

为制止这种情况，当地政府发布了《关于加强水产品批发交易市场管理的通告》，工商、公安、财政、渔政、渔监等部门各司其职，密切配合，较快地阻止了渔市的混乱状况。同时，按通告要求，在滨港路西端的海军码头场地内设立全区水产品交易市场，于1989年5月20日开张。当年，这个新生市场的交易量就达到6000吨，交易额达4000万元。

水产品交易市场的兴盛，让人们看到水产品交易的广阔前景。1991年上半年，普陀区区长马其忠带领有关部门人员到实地进行考察；次年2月，舟山市政府副秘书长陈嗣盈和普陀区副区长刘爱世带领市建办、计经委、工商局、水产局等部门负责人赴杭州，向省政府副秘书长周洪昌作了《在沈家门建造水产市场》的汇报。

省政府认为，在舟山建立专业的水产品市场，对发展经济、搞活流通是完全必要的。省政府同意在普陀建一个市场，并提出由政府牵头，以工商管理为主，水产部门负责经营。

市区政府根据省政府指示，经过充分的调研分析，决定把这个市场迁址到墩头、蒲湾地段。墩头建场的初始阶段是在1991年，当时工商局向政府贷款40万元，建造码头开市。

到1992年3月，区政府为加强对市场的领导，成立普陀区市场建设领导小组办公室，进行市场一期工程开发建设。一期总投资600万元，填土6000平方米，驳岸240米，建起栈桥3座，浮码头5座，建造交易大厅1100平方米，营业管理用房1500平方米。配备日供水能力135吨和500KVA供电设施等一

水产城外景

套，使市场条件得到改善。

1992年6月，水产品交易市场正式迁至墩头，冠名为舟山市沈家门水产品交易市场。市场体制升格为科级事业单位企业化管理，改由区政府直接领导，区工商局在市场设工商所，区财政局在市场设税务办公室，公安部门在市场设立治安办公室。区政府规定，场内的工商、税务、公安部门由市场管理。到1995年，市场冰鲜年交易量达7.9万吨，交易额6.3亿元，比建场初期分别增加12倍和15.7倍。

一次飞跃

水产城全面崛起

1994年年底，国内贸易部出台的《全国商品市场规划纲要》明确提出要在大连、舟山、青岛、诸城建设一批重要的水产品批发市场。浙江省政府随后致函国内贸易部，要求批准舟山水产市场为国家级中心批发市场。舟山市委、市政府也将市场二期建设列入“9388”工程项目，作为市区政府建设项目的重中之重。

1995年2月10日，舟山市委等四套班子领导带领有关部门主要负责人赴现场办公，一致同意普陀区委、区政府的汇报意见，并发出《关于加快发展沈家门水产品交易市场问题专题会议纪要》。

在这样的形势下，普陀区政府乘势而上，于1995年3月14日成立舟山市沈家门交易市场二期工程建设指挥部。为确保国家级市场的建设，区政府确定“两手抓”方针，一手抓市场总体规划的实施，一手抓资金的筹措。

根据舟山市政府安排，由普陀区政府与舟山市建行签订第一份联合开发建设渔市大街协议书，拉开1995年市场二期工程建设的序幕。为推进建设，市场建设指挥部抽调30余人的队伍，进驻蒲湾村开展工作，期间通过招投标和招商引资，在兴建路南边投资5000万元，建起4800平方米的干水产品市场，同时建造一批小冷库和冰库，兴建市场商业服务区、文化娱乐区、仓储区、停车场等综合服务区、13层高的渔都大厦，进一步完善市场内的道路、水、电、通讯管网等配套设施建设。

经过3年开发建设，市场内的“四区一街”（活品交易区、鲜品交易区、冻品交易区、干品交易区、渔市大街）框架基本形成，总投资3.5亿元，其中自建项目1亿元，招商项目2.5亿元。

1997—1998年，通过流通领域秩序整顿，将分散在荷外、东河市场、海军码头三地周围的52家活品经营户有计划引进场内。经营户采用场、船挂钩方式，把渔民捕获的活梭子蟹收集起来，统一向国内外市场批量销售。冰鲜经营户从建场初期67家发展到187家。

1999年7月，东河二楼干水产品市场和日新市场干品经营户整体搬迁至干品交易区，并创出舟山批发企业特色品牌。这样一来，市场交易从单一的冰鲜鱼向活、鲜、冻、干多元化发展，使市场成为水产品聚集地。这种聚集效应还催生周边饭店、旅社、银行等服务业的发展。市场先后改名为舟山水产品中心批发市场、中国（舟山）国际水产城。

2009年，时值中国（舟山）国际水产城20周年庆典之际，第三代市场的提升改造工程全面启动。此次改造按照“以商务开发带动市场改造，以市场升级换代带动商贸繁荣”的总体思路，以“交易、展示、观光、旅游、购物、商务有机结合”为目标，体现高档次、高品位、高标准、能接轨国际的要求，改造建筑总面积19余万平方米，分三期进行：一期建设完成商务大楼及其裙房、服务式公寓、渔需品超市等；二期建设鲜品交易区、交易大厅，同时完成城市旅游服务配套设施建设；三期完成其余的活品交易区、活鲜品超市、物流运配中心及其他后勤服务配套等设施，共投放资金5.5亿元。

从2010年开始，水产城启动总投资13.5亿元、总建筑面积20万平方米的提升改造工程。2015年5月，活、鲜、冻、干水产品交易区和商贸旅游服务区等项目全部竣工并投入使用，全面建成水产新城。

一个人物

胡校山：从传统管理走向创新经营

知屋漏者在宇下。近几年来，随着海洋渔业资源的衰退和国家供给侧结构性改革的实施，产业结构单一、信息交换不对称、竞价机制不完善、诚信体系脆弱等传统专业市场的弊端逐渐凸显，物业管理型企业发展模式早已跟不上时代的脚步。因此，寻求机制体制新变点，成为当前市场迫切需要解决的最大难题。

识时务者为俊杰。水产城并没有抱守残缺、循规蹈矩，而是在当家人、水产城董事长兼总经理胡校山的带领下，主动融入国家“一带一路”倡议与舟山自由贸易港区建设，大力构筑“互联网+水产交易+信息服务+商贸旅游”产业联动网，探索出一条转型升级的新路子。

胡校山，中共党员，舟山国际水产城董事长、总经理，在职MBA。曾任舟山市普陀区公安分局政工科副科长，普陀区纪委办公室主任，蚊头镇党委副书记、镇长、书记，中共舟山市普陀区正科级组织员，普陀区总工会主席、党组书记。接手舟山国际水产城以来，胡校山实现从传统管理走向创新经营的成功转变，从四个维度为“创新”注入自己的注解。

创新交易方式。大力推行电子交易结算改革，建设电子竞价拍卖和海上互联网交易两大平台，努力构建“电子拍卖+海陆互联+质量追溯”三位一体的交易创新格局，有力推动海陆渔情信息无缝对接和水产品生产有效供给，对现代渔业和水产品流通产业的发展作出了贡献。

创新信息服务。2013年1月，建成中国首个水产品价格指数，并在农业部官方网站正式发布。数年来，累计发布综合月水产品价格指数54次、90个品种169个规格水产品日价格快讯30万余条。作为地方传统支柱性产业的风向标，“舟山水产品指数”于2016年成功入选“浙江价格指数平台”，在为行业主管部门、当地政府和水产品经营户及时了解和掌握水产品商情信息与价格动态等方面发挥了巨大作用。

创新电商发展。按照李克强总理“互联网+”的指示精神和省政府“电商换市”的总体部署，于2014年6月开辟建设水产城电子商务产业园区，同步开发O2O电子商务平台，并搭设水产品微商城，实现线上、线下“两个市场”良性互动。2016年，全市场电商产值突破1亿元，并获评浙江省电子商务10强专业市场和电子商务实践基地。

创新商旅融合。依托市场特色海产品资源和浓厚的渔业文化资源，成功创建国家4A级景区，全面打造以海洋渔业文化、海鲜美食文化、海品拍卖文

市场内丰富的水产品

化为载体的海洋文化“风情长廊”。景区通过市场搭台、文化唱戏，相继举办中国水产品品牌大会、舟山（冬至）带鱼文化节、舟山梭子蟹交易会等系列商旅文化活动，年接待各类游客20多万人次，最终形成以水产品交易为主导、商贸会展同步发展的产业新态势。

一种贡献

“弄潮儿”勇立潮头

在舟山国际水产城的创新经营中，有一项内容特别值得注意，那就是“商旅融合”。舟山是全国知名的海洋旅游城市，把水产城这样一个渔品集散地变为旅游点，不能不说是水产城的一大成功创举。

2016年12月27日，经浙江省旅游局评审，全国首家以水产品贸易为依托的产业体验旅游4A级景区——中国舟山国际水产城景区正式挂牌。水产城聚焦“舟山海鲜+文化旅游”新业态，以打造大型旅游文化产业综合体为目标，设有渔文化展示馆、渔港小镇会客厅、空中花园、渔市拍卖体验大厅、海鲜美食广场等渔港特色景区模块。景区里的海鲜大卖场经改造后，拥有活鲜展示区、鲜冻品及半成品展示区和一个约130平方米的海鲜体验区。游客不仅

市场内景

可以看到活的海鲜，摸到冰鲜鱼货，还可以在体验区品尝舟山的特色海鲜。"互联网+水产市场+商贸旅游"的发展模式，成为水产城贸易转型新的起点。景区年接纳游客达75万人次，旅游产值达1.8亿元。旅游成为舟山国际水产城发展新动力。

文创产业是文化创新的重要载体。水产城在转型过程中，充分挖掘当地的特色文化元素，在市场内引进文创园新业态，以吸引游客，做大水产品贸易。2017年6月2日，水产城约1000平方米的文创园区正式开业，填补水产城旅游文化产品的不足。文化创意园区将文化商品组合成人文要素，把舟山传统渔业文化注入商贸旅游发展当中，有助于进一步推动旅游经济的繁荣。目前，文创园已经引入7家文创商家。2017年，文创园区共吸引游客10万人次，开展体验式拍卖100余次，累积实现文旅产值5000万元。

2017年，舟山国际水产城实现交易量75.2万吨、交易额130.3亿元，电商产值达1.5亿元，产品已辐射至国内20多个省份，其中30%左右出口欧盟、北美和韩国、日本等国家或地区。名列国家重点龙头企业、国家级大市场、国家4A级旅游景区、浙江省五星级文明规范市场，获评中国商品市场百强、中国梭子蟹交易中心、2017年全国最具影响力水产批发市场等称号。

时值舟山国际水产城建成30周年之际，市场将继续倾力打造全国一流的水产品物流贸易基地、全国水产品集散中心、物流配送中心、水产品信息中心和价格形成中心，成为城市发展“新地标”。

昨天的奋斗历程已成为历史。2018年是改革开放40周年，这一年的4月，浙江自贸试验区挂牌历时一周年，水产城人又站在新一轮的创业起点上，继续发扬“与时俱进，开拓创新，优质服务，诚信经营”的企业精神，以“开发海洋，振兴舟山”为己任，主动融入中国（浙江）自由贸易试验区建设，全面搭建“互联网+渔场+市场”联动大平台，为建设市场大省和海洋经济强市再立新功，以“弄潮儿”的姿态勇立潮头，水产城人永远向前进！

文：刘腾　陶力

舟山新区水产品交易中心

与新区共舞，立足舟山辐射世界

2011年始，国务院批复《浙江海洋经济发展示范区规划》，把舟山定位为舟山群岛新区。就在这一年，舟山群岛新区水产品交易中心试营业，开创国内水产品交易的新模式。

2015年，舟山国家远洋渔业基地获得农业部七部委命名。也就在这一年，远洋水产品交易市场兴建动议开始萌动。

为了充分利用“两种资源、两个市场”，响应“一带一路”倡议，践行“走出去”战略，舟山新区水产品交易中心创新中国远洋渔业发展模式，打造一个专业、高效、安全、便捷、透明、公正的国际远洋水产品交易市场，立足舟山、面向全国、辐射世界。

舟山新区改革开放的每一步，交易中心都会亦步亦趋，跟着向前迈一步，贴着舟山新区同步起舞。

一个契机

“海洋经济发展示范区”春风化雨，开启一个全天候水产经济数字交易时代

2011年始，国务院正式批复《浙江海洋经济发展示范区规划》，将浙江省定位为海洋经济发展示范区，并同时把舟山定位为舟山群岛新区，这是里程碑式的发展新坐标。

随着浙江海洋与渔业经济蓬勃发展和港口物流、网络信息的迅猛提速，有效运用水产电子商务，深度探索渔业产业化、信息化经营途径已成为必然。据舟山市工商局数据显示，截至2011年3月底，舟山市共有工商注册水产企业558家，已有近50%水产企业以各种方式手段、不同程度涉足电子商务，但大多数企业基本保留传统线下交易方式，真正通过网站实现在线交易的很少。

从传统模式下的水产品流通方式演变为利用先进的信息手段和网络技术整合水产品流通，这是市场经济高度发展的必然趋势，也是转变经济增长方式和政府职能的必然选择。

2011年12月13日上午，位于舟山定海西码头的舟山群岛新区水产品交易中心开始试营业。开业仪式上，首批7家客户现场实时进行电子交易，成交

舟山国家远洋渔业基地商务中心

量约300吨，成交金额200余万元。

舟山群岛新区水产品交易中心水产电子交易平台引入大宗商品电子交易模式，顺利实现大宗水产品网上交易，开创国内水产品交易的新模式。该中心以远洋鱿鱼交易为起步，逐步推出多个上市品种，采用现货挂牌交易、电子竞买竞卖等多元方式进行线上交易，建立规范完善的交易、结算、交割、信息发布体系，引进仓单质押融资等银行服务体系，致力于打造交易模式先进、覆盖面广、服务功能强大的全国大型水产品原产地市场。

舟山群岛新区水产品交易中心负责人告诉记者：“水产电子商务平台作为流通行业的中枢，旨在将信息化的手段引入水产经济生活中，利用电子商务对水产品贸易乃至整个水产经济进程进行颠覆式革新，从而走出原来各自为阵、诸侯分裂的初级网络经营模式困境，达到多方共赢，走上统一规模化的‘中国渔市’良性发展轨道。”

从一落地开始，水产品交易中心就立下宏志，在“十二五”期间，争取上市交易品种达到5～10个，现货交易量200万吨，网上交易500亿元，在舟山形成全国水产品交易中心、结算中心、定价中心、信息中心和资源配送中心，加快推进舟山渔业转型升级。

2012年4月26日，根据舟山市远洋渔业协会的信息，交易公司市场调研，结合阿根廷鱿鱼资源、生产成本等实际情况以及近期市场行情，中心出台阿根廷鱿鱼最低销售价格，以便交易商参考，从而引导整个产业的供销平衡。截至当年4月底，已累计完成交易5122吨，交易金额达2645万元。

到2012年5月，作为全国首个水产品现货交易平台，已在交易中心实际注册的捕捞企业、加工企业、船东、中间商等交易商达78家，其中来自本地的企业占三分之二以上，宁波、杭州、山东、辽宁等外省市交易商也进入市场；交易品种暂为远洋鱿鱼，上线品种27个，主要有“现货挂牌”“现货订单”“现货招标”“现货拍卖”四种交易模式。

电子交易平台的创建，水产品年交易量被放大N倍，开启了一个全天候水产经济数字交易时代。到2012年11月，水产品交易中心已累计签约客户共95家，交易量56602吨，交易总额91819万元。当年12月交易中心被渔业协会评为舟山远洋鱿鱼西南市场品牌授权企业。

得益于舟山新区西码头无可比拟的港口优势，随着进关、靠泊等硬件设施的日渐完善，交易中心吸引众多企业纷至沓来。广东、福建、上海、江苏、山东的水产加工企业纷纷前来，因为这里集聚着全国60%的鱿鱼；韩国、日本冷藏运输船结伴而来，因为这里拥有专业的远洋渔业码头；上海、宁波的一些捕捞企业不约而同地都把鱼货存放在这里，因为这里有配套的冷链物流。

线上，有鱿鱼、金枪鱼、青占鱼、秋刀鱼等各类远洋鱼货，上游的卖方船东公司可以在交易中心签约、开户、挂单，下游工厂涉及贸易公司及原料工厂，可以在线上自由入货；线下，舟远水产有限公司注册成立，10余家连锁加盟店分布全国，浙江海洋大学布局鱿鱼体验馆，冷链物流体系正在形

市场电商产业园

成。2013年11月，交易中心被农业部评为农业部定点市场，被省商务厅列为第一批浙江省重点外贸公共服务平台，被浙江省农产品产销协会评为百名优秀农产品经销商；2014年，被省商务厅列为年度省级农产品流通市场体系建设试点市场，被省商务厅列为2014年度浙江省电子商务实践基地；2015年，被省电子商务促进会认定为首批电子商务3A企业，被省商务厅评为百家百亿元市场；2016年，被省工商局列为网上网下相融合的重点市场。

到2016年年底，交易中心交易量达到28万吨，交易金额26.96亿元。站在舟山群岛新区水产品交易中心大厅，公司常务副总经理高广安带着骄傲地说："世界鱼市，成功迈出了第一步！"

一场涅槃

妙手化解渔民心中块垒，"中国远洋鱿鱼交易中心"稳稳落地

随着舟山远洋渔业的蓬勃发展，舟山成为全国鱿鱼的最大输入口岸和捕捞生产基地，远洋鱿钓产量超过30万吨，占全国总量的70% 以上。可是在这些光环的背后，也隐约浮现着一些危机；鱿鱼销售价格不稳定，市场价格体系不完善，诚信度较低，市场销售风险增大，是渔民胸中的一块心病。同时，鱿鱼积压难售，也威胁着鱿钓产业的良性发展。

2015年，全市鱿钓产量约44.5万吨，库存积压约15万吨，其中13万吨为秘鲁鱿鱼（东南太平洋鱿鱼）。常务副总经理高广安认为，究其原因是多方面的，如出口市场持续低迷、同质产品进口冲进、国内市场开发滞后、行业自律条款缺失、同行企业无序竞争、营养物质影响误判、鱿鱼产品形态单一、销售模式传统低效。若当前的产业态势惯性推进，第一产业有较大可能出现行业洗牌局面，会直接影响到下游行业的生态，使得加工、贸易、仓储、物流等行业也产生剧烈波动。

针对长期以来水产品市场不够规范有序、价格波动大、中间环节多、鱼货质量良莠不齐、以次充好、短斤缺两、缺乏品牌和质量信誉意识等不良现象，舟山群岛新区水产品交易中心一方面打破传统交易模式，以现代电子交

舟字品牌及全国网络

易平台为核心，创新网上网下相融合的商业模式；另一方面通过建设线上交易平台、电商产业园、行业网站、价格指数、微商城、供应链金融等服务平台，融合线下全国直营店、加盟门店、联合贸易、舟字鱿鱼体验馆、远洋码头、冷库等的运营与合作，全力打造“舟字鱿鱼”“舟字水产”品牌。

春华秋实。2016年，交易中心建成舟山国家远洋渔业基地鱿鱼体验中心。2017年伊始，被中国远洋渔业协会授予中国远洋鱿鱼交易中心称号。交易中心融合原来的资源，以远洋鱿鱼为起步，服务全国远洋捕捞、加工、贸易等上下游企业300家以上，全面服务远洋渔业的第一、第二、第三产业，远洋鱼货的进口、冷藏、转运、配送等将逐步实现无缝链接，通过网上网下相融合，以“远洋渔业+互联网”的创新模式，全力打造出一个全国专业化远洋鱿鱼交易中心。

截至2017年年底，舟山全市共有远洋渔业企业35家，远洋渔船546艘，远洋渔船数量占全省90%。2017年，全市远洋渔业产量53.88万吨，占全省的75%、全国的20%以上，尤其是鱿鱼捕捞产量占全国 70%以上；舟山国家远洋渔业基地口岸远洋水产品进关量近31万吨；全市远洋渔业经济总产出超过100 亿元。无论是渔船数量，还是捕捞产量，舟山均占据全省的主导地位，位居全国前列，已成为全国远洋捕捞鱿鱼最大的输入口岸和主要加工基地。2017年，交易中心平台完成交易远洋水产品交易量30.06万吨，交易额30.92亿元，完成国内国际贸易额超4亿元。

一次飞跃

吹响全球深海鱼“集结号” 远洋渔业扬帆驶向深蓝

2018年，在定海西码头舟山国家远洋渔业基地的核心位置矗立起一只巨大的“海螺”。这只“海螺”，实为舟山国际水产城远洋（进口）水产品交易市场（以下简称“远洋水产品交易市场”）。就是这只“海螺”，吹响全球深海鱼的“集结号”。

远洋水产品交易市场的动议始于2015年。就在那一年的4月份，舟山国家远洋渔业基地获得农业部等7部委命名，农业部正式下发《关于舟山市建设国家远洋渔业基地的意见》，同意并支持舟山市规划建设国家远洋渔业基地。

交易中心负责人认为，远洋渔业作为海洋渔业这一传统产业的重要分支，是海洋经济的重要组成部分。在当前国家推进实施“一带一路”倡议构想中，远洋渔业是其中开展投资贸易领域深度合作的一项重要内容。在浙江省实施的“浙江海洋经济发展示范区”“浙江舟山群岛新区”两大国家战略建设中，均把远洋渔业捕捞、水产精深加工和贸易等功能建设，作为浙江打造现代海洋产业体系、构建现代海洋产业基地的重要内容。

舟山市政府专门出台《关于加快国家远洋渔业基地建设的若干意见》，全力支持远洋渔业基地实现打造专业化平台、专业化产业、专业化市场、专业性团队等目标。

远洋水产品交易市场从规划开始，就被人们寄予厚望。交易中心负责人告诉记者，市场从2017年开建，总用地面积45097平方米，总投资3.7亿元。建成后，将成为远洋（进口）水产品现货交易中心、电子交易中心、渔需物资补给中心，并通过有形市场、无形市场双循环体系，打造远洋水产品价格舟山指数，吸引国内外远洋渔船来此交易、休整。该项目的建设，填补了中

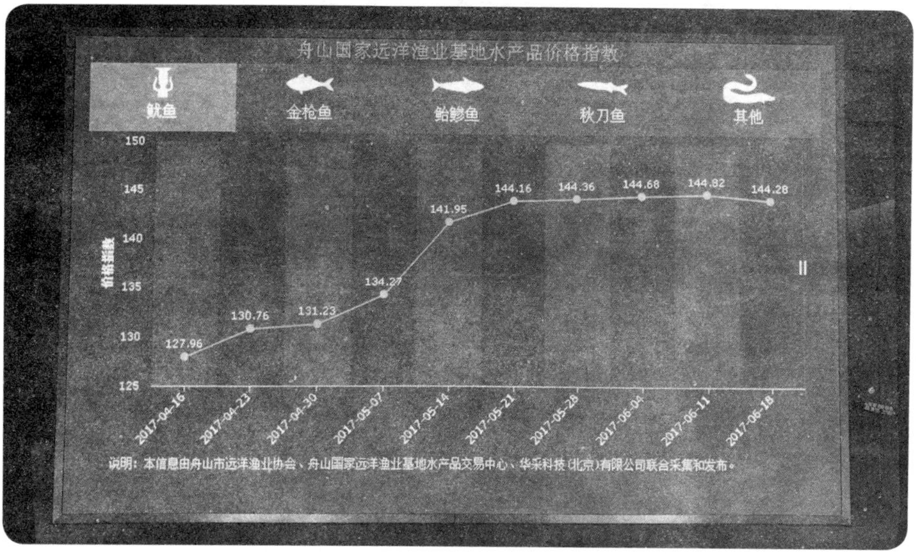

舟山国家远洋渔业基地水产品价格指数

国远洋（进口）水产品市场的空白。“原来远洋水产品交易都是在船上进行，价格信息不对称；以后鱼货都在市场进行交易，价格就透明规范了。”

远洋水产品交易市场开建之时，交易中心开展多项工程，来辅助市场完成使命。

一是大力推进全国销售网络建设。交易中心通过直营和加盟的方式，已陆续在朱家尖蜈蚣峙码头、沈阳、大连、西安、成都等地设立实体门店，并开始运营。交易中心两年内完成在东北、西北、西南等地区的网点建设工作，同时与线上交易平台、门户交易网站和微商城相结合，把交易中心的“舟字鱿鱼”网点铺设到全国市场。

二是以“远洋鱿鱼”为基础，打造水产品价格指数平台，提升行业地位和竞争力。

交易中心以远洋鱿鱼为基础发布水产品价格指数，构建全国远洋水产品价格指数发布平台，目前平台已经基本建设完成，并上线试运行。价格指数系统有价格指数发布、现货挂牌、供求信息、指数分析、渔情预报等功能版块，将市场和线上线下交易相结合，指导行业企业安排生产，为政府宏观决策提供依据，逐步形成全国权威性的定价中心，争夺国际话语权，提升行业竞争力，成为行业的风向标和企业的晴雨表。

三是以独特的远洋水产品为基础，打造舟山国家远洋渔业基地电商产业园。

电商产业园以“远洋渔业+互联网”模式，以“品牌自营+企业开店”方式，充分发挥在远洋渔业基地中集散功能，集“舟字水产”品牌自营、企业电商开店、青年（学生）创业、大众微分销和体验店加盟等为一体，产、学、研相结合，线上线下O2O相融合，打造特色产业园，提供众创空间，促进产业升级发展。电商产业园提供平台入驻、体验店加盟、大宗商品交易、微分销、线下产品销售等系列服务，目前已有大洋世家、华泽、飞润、正龙食品、瀛洲水产等30余家电商企业入驻。

四是注册自有品牌，营造品牌优势。

中心建立优质远洋水产特色品牌，提升行业地位和竞争力。公司已拥有“舟字鱿鱼”“舟字水产”两个公共品牌商标。中心将利用品牌这一最重要的无形资产，在营造强势品牌的基础上，更好地发挥扩张功能，促进产品的生产经营，使品牌资产有形化，实现企业长期成长和企业价值，并以此为主导，来关联、带动、组合其他资源和资本，从而取得最大的经济效益和社会效益。

2017年年初，舟山国家远洋渔业基地电商产业园成立。1月，成功发布中国远洋渔业价格指数。也就在这一年，交易中心荣获浙江省电子商务示范基地、浙江省电子商务创业创新大赛晋级全省30强、浙江省首届电子商务创业创新大赛优胜奖、网上网下相融合市场30强、3A级电子商务产业基地，被省商务厅列为浙江省实体商业转型升级试点，被国家海洋局科技司列为科技重点项目舟山国家远洋渔业基地水产品交易中心平台等。

一种贡献

为“一带一路”搭建海上平台

舟山群岛新区水产品交易中心依托现代智慧化电子交易平台、供应链物流、金融服务体系，以远洋鱿鱼电子交易为起步，实现对水产品集聚、

舟山国际水产城远洋（进口）水产品交易市场设计方案图

集散，中心遵循“公开、公平、公正”和诚实信用原则，应用当前最先进的智慧化技术手段和智慧化经营模式，实行保证金担保履约、交易资金银行托管等交易制度，着力打造制度完善、资金安全、确保履约的智慧化安全高效的市场，为全国水产加工上下游企业提供良好的智慧化一站式电子交易平台,促进我国水产行业整体智慧化、信息化建设和产业升级，助推群岛新区建设，成为舟山新区社会经济发展新的亮点和增长极，促进“一带一路”的建设。

交易中心负责人认为,我国正处在现代化建设的重要时期，工业化、城镇化、市场化进程加快推进，对基础性支撑作用的要求越来越高。作为人口大国，随着社会经济发展和小康社会建设，对蛋白质的需求特别是水产品需求会更高，需要舟山群岛新区水产品交易中心实施中央提出的“走出去”战略，充分利用“两种资源、两个市场”来化解这一矛盾。创新中国远洋渔业发展模式，建设国际远洋渔业服务平台，发展国际远洋渔业产业服务业，从注重自营加工到注重全球加工，从注重自营进口到注重口岸进口，从注重自我服务到注重全球服务，全面建设远洋渔业生产、贸易、服务强国，是中国远洋渔业产业发展的当务之急。

秉承“以服务求合作，以共赢谋发展”的宗旨,舟山群岛新区水产品交易中心奉行“开拓创新，惠泽客户”的经营理念, 立足舟山、面向全国、辐射世界，通过建设一个专业化门户网站，运营一个专业品牌，提供一站式专业服务，打造一个专业、高效、安全、便捷、透明、公正的国际远洋水产品交易市场，集信息流、物流、资金流为一体，成为专业的远洋渔业超级链接器，逐步形成远洋水产品的交易结算中心、价格指数发布中心、行业资讯咨询中心、冷链物流中心、质量检测中心乃至产业科研和会展中心，引导行业走向健康、稳定、有序、持续发展之路。

2018年，舟山群岛新区水产品交易中心被工商局评为守合同重信用企业，获得舟山市电子商务产业发展重点企业、省级服务型制造示范平台、省级电商百强企业等众多荣誉。

文：吴军　鲍晓祎

浙江船舶交易市场
东海之滨的“全国第一”

在市场大省浙江，带“最”字的市场很多，这里有全国最大的小商品市场、最大的轻纺面料市场、最大的皮革市场……而在东海之滨的舟山，则有这样一家特立独行的市场，它矢志围绕船舶交易特色航运服务，以敏锐的眼光抢得先机，以创新的服务提升份额，以良好的声誉巩固领地，它从偏居一隅的千岛之城起步，从无到有，从小到大，披荆斩棘，脱颖而出，目前已成为全国最大的船舶交易市场。这就是荣获全国文明单位、全国诚信示范市场、全国五一劳动奖状等多项国家及省市级荣誉的企业——浙江船舶交易市场。

一个契机

从十余名员工起步

浙江船舶交易市场诞生于20世纪90年代末，是应时而生的产物。那时的舟山，船舶交易的需求量很大，有足够的买方，也有足够的卖方，不过整个交易呈现一片混乱的局面，个人船东是船舶交易的主力。

随着渔民改制，卖船买船的活动更趋活跃，甚至连务农的老妇人都开始找人合伙买船，人人都想要趁着航运复苏的势头，赶在这股热潮中分得一杯羹。不难想象，在这种情况下，船舶交易产生大量纠纷，市场环境异常混乱。

在这种情况下，为了引导、规范市场行为，保障航运市场健康发展，由舟山政府相关部门牵头，提议由舟山港务集团有限公司、舟山市交通投资公司、舟山市市场局和舟山市东方海洋渔业开发公司等4家国有单位共同出资，组建舟山船舶交易市场，也就是浙江船舶交易市场的前身。

1998年6月，这家定位明晰的专业市场在岛城舟山正式开业，注册资金1000万元。成立初期，船舶交易市场以服务本地为主，交易品种多为小型运输船和渔船，规模很小。虽然作为省内唯一一家船舶交易市场，只有十余名员工。

“我是公司第一批招聘的员工，至今仍清楚地记得当初参加入职笔试、面试的场景。”市场的第一批入职员工，曾先后担任信息部翻译、交易部交易员、交易部经理、贸易部经理、业务运营部经理、总经理助理等职务，现任浙江船舶交易市场有限公司副总经理的张凌表示，“那时候公司刚起步，人员少，我们女同志也常常进船厂、上码头，任务急的时候，也要像男同志一样爬软梯上船，现在想来还有点胆战心惊。”

船舶市场成立后，为船东和航运企业提供规范化、标准化的交易服务，越来越多的客户选择进场交易。1999年1月6日，时任浙江省副省长的李长江莅临船舶市场，视察指导工作，赠送市场八个字：规范运作，大有可为。

一次飞跃

抢得先机谋“第一”

为了在省内更快地形成影响力，树立标杆，2003年，舟山船舶交易市场改名为浙江船舶交易市场，就此抢得先机，先后在宁波、湖州、海南、大连设点布局，以良好的声誉巩固领地，船舶年交易额先后突破10亿元、20亿元和30亿元大关。

市场交易内景

20世纪末,互联网开始兴盛，一批全国著名的互联网公司诞生。船舶交易市场敏锐捕捉到这一趋势，意识到互联网对未来生活、业态改变的力量，1999年10月，创建航运信息网，在国内首开以应用互联网进行船舶交易营销的案例。这一平台为市场的发展注入新的活力，船舶交易额逐年提升。

船舶市场还在国内同行业中首创自主开发船舶交易信息管理系统，通过建立基本船舶数据库和客户数据库，对所有业务信息进行电子化管理，通过对数据分析和匹配，支持线下运营，实现精准服务、专业服务。

通过不懈的努力，浙江船舶交易市场在2008年的船舶交易额接近44亿元，不仅再创历史新高，而且占据全国7家船舶交易市场的半壁江山，确立了在国内同行业中的领先地位，引起交通部领导的高度关注。

2008—2009年，时任交通运输部部长李盛霖、副部长徐祖远先后来船舶市场考察，对市场成立10年来所取得的成就表示充分肯定。而在充分征求船舶市场的意见后，交通部于2010年3月5日颁布《船舶交易管理规定》，浙江船舶交易市场及下属的宁波船舶交易市场在7月30日被交通部列为国内第一批符合条件的船舶交易服务机构。

此后，为了改变国内多地纷纷成立船舶交易市场，市场之间各自为政、无序竞争的局面，船舶市场首创组织召开全国市场行业研讨会，邀请包括上海航交所在内的各主要交易服务机构参加会议。会议旨在加强行业自律和规范，促进国内航运业和船舶交易业持续、健康发展，并形成年会机制。

同时，船舶市场还与国际知名航运机构建立经常性联络和互动机制，学习借鉴其国际航运业发展的先进理念和经验。考察对象包括英国波罗的海船舶交易所、克拉克松研究公司和辛普森航运咨询公司等航运服务机构，学习其在船舶交易、指数发布、指数运作以及国际航运经纪会员管理模式上的先进经验。

到了2011年，浙江船舶交易市场的年船舶交易额突破55亿元大关，成为国内同行业规模最大、年交易额最多、交易覆盖面最广、服务功能最为完善的专业市场。

2011年3月，在交通运输部副部长徐祖远与浙江省副省长王建满共同主持下，浙江船舶交易市场在北京正式发布了国内首个“中国船舶交易价格指数”。该指数的编制与发布，填补了中国船舶行业指数的空白，显著提升了中国在国际航运市场上的影响力。

一场涅槃

以创新应对危机

自2008年金融危机后，航运市场遭受重创。为使航运企业和船东减轻负担，交通运输部水运局决定：改革交易收费模式，船舶交易服务费与船舶交易价格脱钩，改为按次定额收取服务费，并限定额度。

“这一政策变化，对船舶交易市场来说是一次致命打击，公司上下都笼罩着忐忑不安的氛围，公司领导班子更是夜不能寐，思考着怎么让企业继续生存下去。”张凌回忆道，“2013—2014年，公司收入严重下降，交易量断崖式下跌。随着员工收入下降，内部管理问题不断暴露，内忧外患。”

2015年，在上级单位的部署下，新一届公司领导班子组建成立，围绕着重新开辟新的业务架构、形成的新的“造血”能力的主要任务，提出“船舶

热闹的竞拍现场

交易+互联网+金融服务”转型战略。

苟日新，日日新。

创新是引领发展的第一动力。迈入21世纪以后，以淘宝网为代表的网购零售平台兴起，深入人们的日常生活，深刻改变市场形态。传统航运业不断受到冲击，那么，是否可以在网上拍卖船舶呢？

带着这一大胆的想法，船舶市场于2012年组建骨干团队，开展网上船舶拍卖平台的自主研发工作，历时两年时间，成立“拍船网”。该平台上线至今，浙江船舶交易市场已成功网拍船舶200艘，成交额近11亿余元。

2017年6月14日，舟山。“1805万元第一次、1805万元第二次、1805万元第三次，好，成交！”随着拍卖师一声清脆的小槌敲击声，船舶交易大厅内，载重为8093吨的“浙海359”尘埃落定，名花有主。

现场发出一片惊叹声，来自辽宁、山东、广东等全国沿海的船东情不自禁地起立鼓掌，179.41%的溢价率，创造了船舶交易的新纪录。消息传出，航运界震动，《中国水运报》等主流媒体纷纷对此进行深度报道。“这个事件，不仅在某种程度上带动国内二手船价格的上涨,也更加坚定我们市场改革转型的决心。”张凌这样说。

创新不止于此。同是在2017年，船舶市场借助互联网平台，通过台州海运系列船舶处置、德勤海运船舶处置、民生租赁船舶处置、“吉祥”轮船舶处置及“好运贷”等项目宣传推广，获得国内多家主流媒体瞩目，在市场业界的影响力显著提升，有效推动了公司相关业务开展。

同时，随着微信深入人们的生活，移动互联网日益兴起，浙江船舶交易市场推出“航运信息网”同名微信公众号，提供航运市场动态、深度市场分析、船舶拍卖公告等信息，吸引国内广大船东、船舶经纪人关注，微信平台平均当天阅读量最高达2万人次。

一次尝试

变则通，通则久

在政策调整和行业震荡之下，原先的行业研讨会已基本结束其历史使命，年会机制不了了之。为改变这一现状，加强全国船舶交易市场合作紧密度，2016年9月，浙江船舶市场组织召开船舶交易服务机构研讨会，邀请有关船舶交易服务机构共8家单位的负责人和代表参加研讨会，希望以“共建、共治、共享”为宗旨，以公平自愿为原则，资本合作为纽带，通过打造全国性船舶信息平台、船舶在线交易平台、船舶交易价格指数等内容，共同构建网上信息大平台，创建船舶交易服务机构品牌。

经过讨论，与会人员达成基本共识，并签订《船舶交易服务机构关于共同组建全国性行业合作组织联盟框架协议》。自此，新的行业联盟正式形成。

借此东风，船舶市场又积极尝试“自营+加盟”平台管理运作模式，积极对外推广船舶处置平台——拍船网，汇聚市场资源，将平台做大做强。之后，福建八方船舶交易中心成功签订拍船网用户合作协议，成为首个入驻拍船网的机构用户，协议明确拍船网为福建八方船舶交易中心船舶在线竞拍业务指定使用平台。

变则通，通则久。

浙江省“三位一体”港航物流服务体系建设推介会

近年来，国际航运市场的低迷及航运服务政策的变化，给浙江船舶交易市场的发展带来较大影响，而浙江船舶交易市场能够顺应市场形势，提出以“船舶交易+互联网+金融服务”为核心战略的发展思路，以船舶产权交易为中心，积极开拓船舶评估、船舶勘验、船舶进出口代理和金融保险等业务领域。

2017年10月13日，船舶市场成功处置民生金融租赁股份有限公司所属“鸿霖浚18”案例，成交价605万元人民币。这是船交市场围绕“船舶交易+互联网+金融服务”核心战略，推进船舶金融延伸服务的首次尝试。

紧接着，市场又与舟山华夏银行达成战略合作，共同推出船舶融资贷款项目“好运贷”，有效地帮助客户解决融资难问题，受到船东客户的一致好评。

随着舟山自贸区建设步伐加快，船舶市场与国际航运机构的联系日益频繁，业务往来显著提升。市场依靠多年经营行业口碑和团队专业能力，以优质的服务积累一定数量的“回头客”，通过大力提升市场开发力度，最终取得业务量的突破性发展。

通过三年转型，浙江船舶交易市场正逐步摆脱对传统交易业务的绝对依赖，船舶拍卖、船舶评估、勘验、船舶进出口代理等新业务，逐步形成船交市场新的核心业务,市场正在生成新的“造血能力”。

2018年，时值改革开放四十周年之际，浙江船舶交易市场站上一个又一个高点：

全年完成船舶国际业务近1.5亿美元；

拍船网手机端正式上线运营，至此实现线下、线上全覆盖的船舶交易模式；

国际影响力不断提升，成为克拉克拉、罗伦胜等国际知名机构的合作伙伴，对外合作交流的脚步正有序推进……

2018年，也是浙江船舶市场成立20周年。20年风雨逐梦，船舶市场在成长中壮大，在创新中发展。未来，船舶市场更将以“务实、专业、开拓、进取”的姿态不断前行，用行动演绎新的精彩！

文：柯岚　陶力

路桥中国日用品商城
传统商贸“凤凰涅槃”

2016年9月28日，一座用地面积228亩、建筑面积50万平方米、总投资21亿元的中国日用品商城在台州路桥重新开业，这是台州目前最大单体建筑体，也是浙东南最大新一代功能复合型专业市场，更是传统商贸的华丽转身新商城。

“两年多来，市场整体招商率达98%，批发零售7：3，日均人流量4万～5万人次，最高日人流量达20万人次。”2018年9月28日，中国日用品商城股份有限公司董事长陈冰接受记者采访时说，今后，商城将通过高质量和创新发展，发挥市场集聚和规模效应，一定会成就不一样的辉煌。

一次契机

商都开创　浙东南第一大市

自南宋以来，台州路桥商贸繁盛，厚重历史传承塑造路桥大气、包容和重商的地域文化，成就以勤为路、以诚为桥、敢闯善为和商行四海的“路桥精神”。

改革开放以来，路桥小商品市场从小到大，迅速走上发展和繁荣之路，并与义乌、柯桥等地称为浙江市场“三雄”。全国各地慕名参观学习者络绎不绝，平均每年接待客人上百批，一时间成为市场的“大哥大”，被称为浙东南第一大市。

正当路桥人陶醉在一片赞扬声中时，短短几年间，起步比路桥较晚的义乌小商品市场以令人瞩目的速度迅速赶上，更尴尬的是，1991年年底，由国家工商总局发起的全国十大市场评比结果揭晓，义乌小商品市场位居榜首，绍兴柯桥轻纺市场名列其中，而曾声名远播的路桥小商品市场却置身于十强之外。

“如何提升市场层次？”不甘落后的台州人迅速寻差距找原因。当地政府投资4亿元就兴建一座占地88亩建筑面积10.7万平方米的6个交易区商城，也一度成为全省乃至全国领军和标志的市场之一。

1996年，市场管办分离后，路桥区投资10956.6万元，成立路桥中国日用品商城股份有限公司。尽管商城获得更大的“市场自由身”，当国内专业市场迅速发展，商城先发的优势不再明显，面临越来越大的竞争压力。

2003年，商城投入1亿多元资金改造市场环境，并盘活闲置3万多平方米面积，吸引一批新型商贸业态进入。

中国日用品商城与时俱进，凭借企业化运作，见招拆招，实现传统集贸市场向现代专业市场转变，让昔日“三雄之一”再度焕发朝气。

会展经济，促进产业杠杆效应。

中国日用品商城办展会早已超出专业市场框架，俯瞰台州乃至浙江支柱产业，以此为基础，支撑台州产业击水中流，浪遏飞舟。

从2001年起，中国塑料交易会（下简称塑交会）已走过18年历程，从当初一个默默无闻的区域性展会逐渐发展成为中国塑料行业三大展会之一，也让台州塑料产业迈出家门。

发展会展业是商城创新发展模式的一个重点。1999年，开始涉足展览业；2003年，台州国际会展中心投入运行来，平均每年举办18场次展览会，特别是中国塑料交易会经过18年培育，被商务部列为重点支持展会。

作为路桥市场龙头企业，中国日用品商城搭起会展与信息平台，组建中国日用品商城展览有限公司，专注发展会展经济。

"首届塑交会举办困难的确许多，不仅缺乏办展经验，当出去招商时，许多人不知道台州，更不知道台州塑料产业。"中国日用品商城股份有限公司副总经理俞森对记者说。尽管如此，台州人第一次尝到展会经济的甜头，也就是这一年，台州国际会展中心为后来每年的塑交会创立品牌和实现提升，奠定了可靠的硬件基础。

近几年来，台州塑料制品企业不满足国内市场，积极开拓国际市场。看到企业需求，中国日用品商城也将海外采购商及专业观众组织作为重点，让越来越多海外客商走进台州、走进塑交会。

"产业依托专业展会才有可持续性，更具强大的生命力。"俞森说道，塑交会发展离不开台州塑料产业不断提升，从另一方面来讲，塑交会为台州塑料产业提升品牌和影响力。

会展经济拉动产业集聚与升级，激活各种生产要素，塑造产业整体形象，而塑交会成为行业发展平台，提高台州塑料产业世界影响力，更推动了产业大发展。

市场俯瞰

一次飞跃

多元谋局，国有市场新作为

近几年来，中国日用品商城在突围之旅，走出一条多元化独特之路。

“一个成熟现代市场应具备交易展示、信息汇聚和现代物流等条件。”中国日用品商城总经理林波说道。大力拓展运输、仓储、理货和信息功能，提高物流服务的便捷性和高效性，成为影响专业市场竞争力的一个标准。

于是，中国日用品商城和台州联通国际联运有限公司合作，开展以国际贸易和货运代理第三方物流服务，注册台州国际物流中心有限公司，规划用地面积达300亩，实现仓储日用品一体化管理，让传统商贸转型现代商贸，并以现代物流配送体系支撑传统商贸转型。如今，商城打造台州首个内陆口岸，成为现代商贸崭新的里程碑。

在许多人眼中，商城之所以成为市场“龙头”，与其国企背景不无关系。“国有企业和民营经济在经济发展中有着很大的互补性，商城在确保国有资产增值基础上，更应努力服务民营经济的发展，这也是商城可持续发展的根本保证。”林波说道，商城在实践中显现国企“高风亮节”。

一直以来，台州节日灯以出口为主，但近年来欧美市场对节日灯标准和安全性能越来越高，要求节日灯电线外塑料明确阻燃率，中国日用品商城就与浙大合作完成聚丙烯阻燃设计。“项目研发成本较低阻燃剂，并在节日灯行业和塑料改性料企业技术转让，差不多节省3000万元成本。”林波介绍，商城科技服务公司与浙大联盟技术合作，为塑料行业、大中企业及各类企业，提供技术交易、成果推广、技术咨询和人才交流服务。同时，商城还投资建设江南名苑、河畔人家、碧波家园（南区块）、南洋小区等四个安置小区，成为路桥建区以来最大的安置工程，充分发挥了国企的社会责任，并持之以恒。

走出去是一块试金石。中国日用品商城积极开展自身的创新和转型，以外贸公司为代表的一批分公司应运而生。2000年，商城取得自营出口权；2001年，商城正式组建对外贸易有限公司，将一批外贸精英招至旗下，实现

市场正门

出口额1650万美元。这一年，又在阿联酋租用一家五金市场，开设市场分拨中心，开始将台州和温州等地塑料原料及制品、机电、化工产品、轻工产品、五金矿产等特色产品销往国外市场。同时，与世界几十个国家建立贸易关系，还通过ISO9001国际质量认证体系和英国UKAS认证。

继成功站稳中东市场之后，商城又牵头组织迪拜台州商会，海外拓市"龙头"作用再次彰显。在加强知名度推广、寻求和外贸相关行业企业客户资源共享、打造学习型团队的同时，商城通过电子商务平台，针对南美、非洲、中东等重点区域市场进行相应推广。至此，凭借自身成功经验，商城先后在黑龙江绥芬河、四川广元、江苏常州等地兴办分市场或商贸实业，实现商城市场品牌输出扩张。

在商城人看来，品牌地域延伸带来浙商精神、经营理念和营销网络延伸，带动商品流、资金流和信息流，而商城目标就是让浙商理念遍布全国。

事实上，这些走出路桥和利用地域品牌优势，开拓新发展空间，在有限空间里创造了无限可能。

一次延伸

有形与无形联动，打造网上市场

中国塑料交易会红火展开，网上塑交会也准备就绪，并实现365天常年交易，这个由中国日用品商城和中国塑料制品交易网共同打造的网上塑交会“把所有参展和采购商信息在网络平台发布，拓展交易会功能，让网上市场成为商城发展又一个推手。”俞淼说。中国塑料制品交易网是为了配合举办塑交会，整合台州塑料产业资源。

单一市场交易模式，让商城人看到危机。商城充分利用互联网资源，与知名网络公司和权威专业媒体合作，于是，浙东商品交易网、中国塑料制品交易网、中国汽摩配交易网无形市场也应运而生。

1999年，商城投入大笔资金，组建有十多名专业技术人员的经济信息中心，专门从事信息化和电子商务网络开发研究，探索专业批发市场信息化管理模式和网上商城建设模式。俞淼告诉导报记者，中国塑料制品交易网采用B2B业务模式，引入网上虚拟市场理念，为塑料制品及相关企业提供电子商务解决方案和增值服务。

市场内景

商城还利用技术与中国塑料加工工业协会、中国塑料机械网、中国塑料化工网、中国开门化工商务网、慧聪塑料网、搜狐商机、义乌小商品网等建立合作关系，也为商城塑料经营户提供为期半年免费服务，包括网上产品展示、信息发布和贸易洽谈。经过多年的努力，中国塑料制品交易网成为全国知名专业网站，也为台州塑料企业搭建了全新的网络交易平台；商城还利用企业信誉和实力，与大型石化企业建立战略同盟，作为区域总代理，统一采购原料，低利润配送企业，为塑料企业的产品研发设计、检测及科技信息搜集服务。

另外，商城还开启路桥电商产业园建设，成为台州首个批发市场网商中心，打造一个综合性电子商务服务产业集群，为各类电商企业提供创业孵化、资金支持、技术服务、运营管理等一站式电子商务服务。

据了解，该电商产业园拥有电商人才培训、电商服务外包、电商企业孵化、电商物流仓储、电商技术研发及电商金融增值等六大基地。

一种特质

厚积薄发，扯起商业文明旗帜

“哪里有商业，哪里就有文明。”孟德斯鸠这样描述商业文明。中国日用品商场以改变经营者陈腐观念、扭转不良风气和塑造健康市场环境为出发点，不断修正台州市场商业文明构架，已成为台州商业文明的一面旗帜。

“商城现在成为台州最大市场，我们一直探索市场商业文明。”陈冰说，尽管前有义乌小商品市场，后有各色专业市场追赶，但商城在“铸造商业文明”中一丝不苟，如果市场没有商业文明，就没有商城超百亿元大型市场，一个现代化市场不仅需要经济指标，更需要现代商业文明的支撑。

企业文化成为中国日用品商城打造商业文明的抓手。商城确立“学习、拼搏、超越、共创、共进、共享”的企业理念，对市场发展的深刻洞察以及对未来发展的超前把握，同时清醒地认识到，缔造中国实力强劲商业市场是一项艰巨任务。

2003年，商城诞生《商城商报》，成为促进商城两个文明共同发展，提高商城的知名度、美誉度和企业形象的媒体。这份以党报宗旨、晚报风格和企业特色为定位的企业报，成为商城商业文明中不可或缺的一部分。2005年，商城组织对ISO9001质量认证体系的《质量手册》《制度汇编》《工作流程》讨论，将商城打造成学习型现代大型企业。1994年成立至今，一直把关注社

外商组团采购

会公益事业，支持和参与慈善工作，当作企业文化和精神文明建设的重要组成部分，在创造企业价值的同时，积极开展各项社会公益活动，做到取之社会、回馈社会。

发达的商业文明底蕴，恰是厚重文化与现代文明接壤的商业文化，完善商业文明也对商城有了反哺的作用。据《中国商品专业市场竞争力报告》分析认为，中国日用品商城突破传统市场经营模式，把市场管理与企业文化相结合，实现商业市场与现代企业文化统一。

一种贡献

新坐标新活力，在新起点中创优

二十五载光阴，弹指一挥间。中国日用品商城坚持在新坐标锐于创业，在新活力善于创新，在新起点勇于创优，耕好改革“试验田”，当好开放“弄潮儿”，致力打造台州商贸产业发展的新典范。

2016年，新商城在老商城服装业态基础上，引进家电、家纺、酒店用品、日用百货、电影院和进口超市等各类商家入驻，彻底改变单一商贸业态，深度融合日用消费品的展示批零、品牌加盟及孵化、电子商务、仓储物流、旅游购物、商务酒店及办公、娱乐休闲、现代金融和公共服务功能，成功转型升级为新一代功能复合型专业批发市场，实现传统商贸华丽转身，成为路桥商贸产业一艘“航空母舰”，成为台州服装走向全国、走向世界重要窗口之一。

为加快省级现代服务业集聚示范区创建，中国日用品商城将发展定位为全国一流商贸市场，通过商城优化整合及物流园区等项目建设，实现量扩大与质提升；补齐物流仓储、人才和基础设施短板，加快商贸市场和电子商务融合，发展新零售模式辐射浙东南；根据国内商贸综合体发展趋势，大力强化百货零售、餐饮、娱乐等多种服务功能于一体的市场综合体，力争成为台州最具吸引力的“一站式”消费中心，以建设数字贸易核心、智能技术支撑，以“数字化仓储物流+数字化办公园区+新零售店铺”为重点，以发展总部经济目标，打造涵盖服装、日用百货、服装原辅料为特色的，集商流、物流、信息流、资金流和渠道流“五流合一”的创新型商贸综合体。

“中国日用品商城是台州商贸的一张金名片。新商场不仅是地域上的改变，更多是思路上的改变。”陈冰说，新商场将整合市场各类业态，积极发展新零售、新业态和新模式，引导市场主体从低端向中高端延伸，通过深化工贸联动，融合“互联网+”理念，大力发展电子商务、创意创新、休闲社交等产业，引导商户向个性化、品牌化和产业化发展，致力打造浙江现代商贸样板和典范。

“通过管理理念提升、购物环境优化、总部经济拓展、服务平台完善、电商发展融合，努力跻身全国一流商贸市场行列。”陈冰再次表态。

文：陈余玉

浙江松门水产品批发市场
在得失之间中寻找“核聚变”

浙江松门水产品批发市场周围拥有渔村70多个和渔船3000多艘，年捕捞量达几十万吨。可以说，市场带动温岭市乃至台州渔业经济发展。

2014年12月2日，一个耗资3.6亿元的新浙江松门水产品批发市场开业，极大地提升和改善了规模、档次、功能和设施，被称为“华东一流、全国领先”的水产品批发市场。

一个契机

市场规模，促进滨海经济的发展

浙江松门水产品批发市场建成于1987年，经历三次的提升和发展，市场业态从开始的开放式、低散小、交易功能单一和配套服务简单，逐步发展成为交易功能完善、配套设施齐全、市场规模较大、管理服务到位和市场业态丰富的现代化交易市场。

地处温岭市的松门镇，享有中国海虾和鱼鲞之乡的美誉。松门鱼鲞加工

老的松门水产品市场

技艺，被列入浙江非物质文化遗产保护名录；海捕虾交易量达全省的40%，虾类产量居全国县市之首。市场水产品种类齐全，带鱼、墨鱼、黄鱼、梭子蟹、白鲞、墨鱼干、虾米和紫菜等百余种；水产品辐射北京、天津、河北、江苏、湖北等全国28个省份，部分水产品出口韩国、日本和欧美市场。

市场兴旺，带动周边加工企业500多家、冷冻加工生产企业600多家，解决当地就业2万余人，鱼鲞与冰鲜水产品加工成为当地渔户重要的经济来源。

“新浙江松门水产品批发市场占地面积138亩，建筑面积92022平方米，内设活品、鲜品、干品交易区和物流中心冷链系统，形成市场商铺176个、交易铺位264个和干品市场铺位70个。”浙江松门水产品批发市场总经理陈祥勇向《市场导报》记者介绍，结算中心、检测中心、商业服务中心、市场综合大楼、车辆智能系统等功能设施齐全，日均交易达几千人次。

市场发展促进渔业生产发展，为开发和发展海洋经济奠定了基础；市场信誉好、销路旺、吞吐量大和集散功能强，给温岭海洋捕捞、海水养殖和水产品加工业带来生机和活力，引导近海作业向远洋作业发展，并推动滩涂养殖向深水养殖的发展，为温岭市提出“科技兴海、建设海上新温岭”战略发挥了积极作用。同时，带动水产加工业从粗放型向科技型转变，并向精加工和品种系列化发展；推进第三产业飞速发展，水产品的运输、配送、信息、经纪和渔需物资等得到迅速发展。

据统计，目前，依托市场直接从事运输和配送1300户、贩运户5500户，为市场配套服务饭店和宾馆85家，推进松门虎山新区开发和渔港码头建设，加快了现代化滨海城镇建设步伐。

随着经济发展，松门水产品批发市场在华东地区形成规模，累积了良好口碑。

从腌制品、干品、冻品、冰鲜品到活品，满足消费者需求，松门水产品批发市场转变传统生产模式，海洋捕捞有专门冰鲜船，提供捕捞船渔需用具，并收购水产品；另一个市场开设活品交易区，以梭子蟹、虾和虾蛄等活品为主。同时，为加工户的新技术引进和品种提供信息，引导企业深加入、精加工和小包装发展，还为加工户、养殖户和渔民等提供新产品和新品种试销地，并将产品推销到国内国际市场，进一步提高经济效益。

近年来，随着渔业日益枯竭，禁渔期间，松门水产品批发市场严格落实休渔政策，在市场各区域拉横幅和张贴禁渔期宣传资料；入户走访、逐门逐户宣传普及禁渔期间相关知识和法律法规；建立禁渔期网络平台，实时发布禁渔期整治动态和温馨提示；建立追溯制度，集中约谈市场经营户，签订禁渔责任书，落实主体责任。同时，协同海洋渔业部门实行“巡查制+驻场制”，加强实时监控。

2018年伏季休渔期，该市场还与相关部门联合行动，打击非法渔获物销售。特别是在“猎狐收网”行动中，查获违禁非法渔获物868公斤，涉鱼类品种11种，对市场伏季休渔管理起到良好的推进作用，也为市场可持续发展奠定了基础。

一次提升

硬软件结合，市场可持续发展大有作为

“我们围绕当地政府‘美丽渔港、工业名镇、水产名城和服务基地’发展目标，结合市场实际，发挥市场功能和带动效应，寻求提升发展的空间。”陈祥勇说，建成集水产品交易和展示于一场，融旅游观光、购物尝鲜和休闲体验于一体，产供销一条龙和服务多功能服务面向全国接轨国际大型市场，助力“水产名城”建设。

松门水产品批发市场建立水产品产销和区域性品牌培育平台，形成水产品价格中心、信息中心、检验检测中心、交流中心和会展中心等功能；创新在传统交易基础上发展电子交易方式；通过生产、供求、市场交易等信息采集和发布，构筑产业信息汇集、交换和传播平台，推进现代信息技术电子商务平台；通过水产品生产和流通相关研究、推广、展示和交流活动，为市场和产业服务；通过举办或参与各类展会，展示水产品品牌和促进销售，通过品牌注册、标识设计、标准控制和使用授权等措施，强化品牌保护。

同时，松门水产品批发市场完善产品产销平台，在现有市场交易功能的基础上，拓展市场交易的功能和品种，向产供销一体发展；大力推进“互联网+市场”，做好网上网下联动，一方面市场牵头建设电子商务交易中心，与商务网站合作，通过阿里巴巴建立天猫电子水产市场，将实体松门水产市场搬入互联网，并提供与市场相关信息服务；另一方面鼓励市场经营户做大做强电子商务交易，实现有形市场与无形市场的良性互动和发展。

另外，松门水产品批发市场完善物流配送功能，建成数条满足市场水产

松门水产品批发市场

品物流配送专线，形成一个通畅高效的物流配送体系，提高水产品流通的速度；完善市场冷藏功能，充分考虑交易市场冷库建设及服务准则，主动对接重点冷藏企业，建立场企合作关系，共同发展以场带企和以企促场；建立产品展示功能，设立产品展示区，将产品编码，便于客户现场采购及网购，开展网上展示拓展交易空间，促成国内外大宗水产品贸易；完善商务服务功能，考虑水产品市场交易特点，完善超市、饭店和住宿等，提供接收电子邮件、传真、车船飞机票预订及和贴身商务服务；完善检验检测功能，建立第三方食品检验机构，定期抽检和申请检测业务，使进出市场水产品货物有质量保证，吸引周边及国内水产品聚集市场，带动市场的发展。

"当然，要落实具体情况，必须创新管理的机制。"陈祥勇对导报记者说，由于水产品市场规模和布局提升，管理模式越发重要。因此，市场严格"一办、五部和两中心"工作职能，严格执行场内规章，做好市场安保、卫生保洁、车辆停放和设备维护等工作，理顺市场内部管理。市场投入3000万元建立门禁、安保、消防、电子公示与音响广播、产品检验与检测、信息价格发布和冷链物流系统，以及住宿餐饮（健身）配套商业系统功能设施。

据了解，松门水产品批发市场还大力推进"互联网+市场"，先后与阿里巴巴温岭产业带、当地个体互联网交易商户、盒马鲜生以及山海协作等合作，通过新业态经营模式，创新市场整个经营状态。同时，实施"市场牵万户、市场联渔船、市场兴基地"的战略，发挥中心市场核心地位和优势，推出有效链接机制，挖掘即时产品行业信息，将源头水产品向中心市场流动与集聚，形成人流、物流、信息流、商贸流和资金流的"五合一"模式。

该市场还积极与渔港码头、一线渔船、接鲜船（运输船）对接，推出帮扶政策与奖励措施，在第一时间将市场交易信息、产品滞销情况与捕捞一线互动，帮助解决一线渔船（接鲜船）渔需后勤补等配套服务；与一线水产经营户、水产加工企业、水产冷冻企业对接，积极引导企业、经营户品牌经营，创造便利优惠条件对接市场；与海鲜活品养殖基地对接，科学合理安排活品区，及时将供需信息提供给养殖基地，让市场成为养殖户商品展示的窗口和销售点，有利于养殖户销售，又有利于市场的繁荣发展。

一次飞跃

更新换代，成就水产市场风向标

松门水产品批发市场作为省级重点市场和全国水产品价格形成定点单位，是如何成为水产品价格指数的风向标和晴雨表的呢？

对于这个疑问，陈祥勇解释，除硬件设施等功能建设到位外，市场还创办“松门水产”报刊，成为企业文化建设的关键点，提高“松门水产”品牌形象在同行业的影响力。同时，加快市场体制营运，从市场开发服务中心变成市场集团下属单位，市场往后发展将有新突破，在合资和上市会有实质性变化。

在松门水产品批发市场进行二次改革和产业转型升级的过程中，当地政府起到强有力推动作用，并给予市场政策和财政的支持，规划引领、利益引导、监管约束市场向大规模、集约型升级。诚然，在市场经济中，靠市场机制这只“看不见的手”发挥主导作用，但对于市场这种社会公共资源，单单靠市场机制手段去配置资源，显然缺乏足够力度，“实现市场更新换代，政府调控力度十分必要，调控有利于市场创新、协调、绿色、开放和共享发展。总的来说，市场发展稳定及繁荣，不仅需要市场管理的有形之手，也需要政府调控无形之手，只有合力，才能举起重物。”陈祥勇说。

松门水产品批发市场的效益主要体现在两方面：一是社会效益。市场发展结合当地资源，带动周边相关产业发展，使影响力辐射周边区域。有利于当地税收增加，提高周边地区相关连带产业从业人员提高经济收入，稳定社会，提高人民的生活幸福感，如此循环往复，形成一个良性环境氛围。二是企业效益。市场作为地方企业，经济效益逐年稳定增加，也会为市场长期发展、规划战略、升级转型夯实经济基础。同时，也能留住人才，引进人才，才能使市场在瞬息万变中保持领先地位和竞争力。

松门水产品批发市场的发展，至少具有四大优点：一是快速成规模，提升竞争力；二是有效降低商户成本，提高现代物流水平；三是有效便捷地提升消费效率，降低采购成本；四是有效整合市场资源，提升增值效益和品牌形象。

“理由？这不需要理由。”面对导报记者的好奇，陈祥勇一笑而过。

文：陈余玉

浙江方林二手车市场
“方林模式”扬帆起航全国

如今，地处台州市路桥区的浙江方林二手车市场扩建总面积达150余亩，总营业面积10万平方米，商铺240家，成为全国中高端二手车集散地，是台州市首家破百亿元的市场，也是台州首家省五星级文明规范市场。

“目前，二手车市场已步入行业拐点，交易首次实现千万级规模，市场认可度达到历史新高。”日前，浙江方林二手车市场总经理方崇奇接受记者采访时说道。思路决定出路，该市场做到经营理念诚信化、服务体系生态化、产业结构互联网化和运营模式商场化。

一个契机

方林二手车形成“买全国卖全国”市场

方林二手车市场的前身为台州市路桥旧机动车交易中心。2009年，更名为浙江方林二手车市场。

12 年前的方林二手车市场

2013年9月16日，经浙江省人民政府批准，方林汽车产业服务集聚区荣膺“第三批浙江省现代服务业集聚示范区”称号。十年前，台州市路桥区还只有方林汽车城一家市场，十年后的今天，已形成台州汽车的“曼哈顿”。可以说，方林汽车产业服务集聚示范区是取决于决策者铁肩担道义和妙笔写春秋的结果。

据介绍，浙江方林二手车市场是目前国内规模最大、设施最完备的二手车交易市场之一。六年来，依托路桥商贸中心人流、物流、信息流及路桥独特的商贸历史和浓厚的市场氛围，浙江方林二手车市场逐渐成长为周边二手车服务产业链的核心环节，“买全国卖全国”“卖车更卖服务”“买卖车去浙江方林二手车市场”的理念，得到广大消费者的深度认同。

目前，浙江方林二手车市场成为集二手车交易、车贷融资、检测评估、维修服务、高端二手车展示、二手车文化发展等于一体的二手车产业集群，市场年交易量达4万多辆、年交易额超100亿元，集散功能遍布全国，是国内最具影响力的中高端二手车集散地之一。

一次飞跃

高端定位，发展特色找准突破点

据悉，浙江方林二手车市场销售车辆均价达32万元，最高单辆销售价格达到700多万元，在国内中高端二手车同类市场属于较高端市场，也是为数不多采取全室内展厅经营模式的市场之一。该市场统一采用展厅设计，强化市场建筑立面效果，从装饰标准、市场结构等突出现代化二手车市场的高水准和高品味。

该市场专门成立电子商务平台，创立独立域名“方林二手车市场网站”，引进先进车型数据系统，及时发布车源信息并每天更新数据，同时，市场设立车辆信息采集中心，每辆待售车辆都必须在网上发布交易信息，实现网上与实体店同步销售，网站完全立足实体市场，打破区域局限性，真正实现二手车“买全国、卖全国”的销售模式。

该市场多元对接，优化和细化全程服务，方便买卖双方，直接引进市车管所登记服务站，摆脱传统二手车市场转户和过户两地跑的困境，使评估、过户、登记等交易程序均在市场内同步完成；同时，提供二手车信息、咨询、信贷等增值服务。

2015年9月30日，该市场二期工程竣工对外营业后，新增用地60多亩和建筑面积3万平方米，新增商铺60多家，且着重发展大型城市展厅销售模式，引入专业品牌营销模式，注重服务质量和消费者体验，实现市场区域延伸和市场份额双丰收，拉动当地汽车产业发展。

一次创新

“四化模式”，走活行业竞争的一盘棋

“二手车市场经过不断的探索和实践，走出一条经营理念诚信化、服务体系生态化、产业结构互联网化和运营模式商场化等独特的‘方林模式’。”方崇奇很自信地说道。

一是经营理念诚信化。该市场紧紧立足诚信经营理念，引导商户诚信经

营，引导企业增强自律，以诚信赢客户，以信誉拓市场，并通过引入第三方国标检测认证体系、车况查询系统、打造诚信经营示范店等举措，来完善诚信体系建设；构建二手车检验屏障，通过落地检测“行认证”，为商户车辆统一检测，对二手车标准化认证，为商户提供诚信认证，增加消费者对二手车的认可度；对接汽车主机厂车况查询系统，消费者和商户可以通过市场设置触摸式显示屏，或微信公众号内嵌功能，实时查询车辆在4S店的维修保养记录；优选诚实守信、严格自律、广受消费者信赖和赞誉的商户代表，授予诚信经营示范店称号，以点带面，以示范促规范，在诚信经营示范店率先实行市场先行赔付机制，对示范店在售车辆，入库前均经过认证检测，承诺七天无理由换车和重大事故车、泡水车、火烧车和非法车辆无理由退车。

二是服务体系生态化。无论是汽车上下游产业链，还是横向交易环节，为商户和消费者提供完善服务，给消费者和商户带来高满意度，同时也为市场本身带来更大商机，实现良性可持续发展；金融助力二手车消费，市场和商户互助互利相处模式，双赢达到共存。2011年，市场搭建融资平台，以实体优势通过与金融服务，为商户提供较高优惠资金贷款，打造更具二手车业务特点且风险可控创新性金融产品，包括消费者贷款和延长质保等。同时，市场从传统单一盈利模式转换增加衍生保险、个贷和延保等收益服务，颠覆传统盈利模式，创造新盈利点，提升商户对市场的黏性；市场综合办证大厅，为消费者提供上牌、过户、交税费、年检、处理违章等一站式购车服务，提供无忧售后保障服务体系。

方林二手车市场

三是产业结构互联网化。通过二手车线上线下（O2O）完美融合，带来消费者、商户和市场三方共赢；线上平台集群化，目前80%二手车交易在市场完成，通过互联网高传播性、便利性和多元性，丰富市场职能体系。通过与大型二手车电商平台深度合作，以线上集客和线下体验形式，为商户扩展客源，让消费者足不出户，就能实时动态掌握在售优质车源，为消费者选车提供最大化便利，打造一个方林二手车线上市场；开发市场商户版方林APP，帮助商户管理自有库存，商户只要在方林APP上传车源照片及完善车辆信息后，即将该台车信息同步到方林二手车网、公众号及各大二手车电商平台，方便商户实时准确了解车源所有数据。并通过CRM（客户信息管理软件）系统，在商户卖车能有效匹配客户做售前跟踪和售后回访；通过市场ERP系统，打通方林APP、交易和检测认证系统后台接口，对场内车源数据、客户信息、检测认证结果等数据专业系统化采集，通过数据分析帮助商户更好销售，发布方林中高端二手车价格指数，为车商收车和消费者买车提供参考。

四是运营模式商场化。当车源周转量越来越大，车源品质越来越好，运营能力与服务意识越来越强时，交易市场原有的服务能力满足不了驻扎二手车交易市场商户的需求，可能会选择去场外开设独立展厅,这成为大型二手车

方林二手车市场内景

商家普遍的发展轨迹；创建相对独立城市展厅，主动完善服务体系，培养并扶持重点商户发展，帮助商户区域内打造影响力的同时，为市场核心商户竞争提供有力砝码，打造客户休闲区、体验区和购车区一体化，让消费者拥有直观而强烈的购车体验，制定一口价，统一销售、经营和收银，建立二手车的采购、整备、销售和售后标准；探索连锁经营，通过提升服务塑造品牌。

一幅蓝图

一路同行，市场未来五年规划

二手车市场的繁荣程度，是判断一个国家汽车流通领域发达和成熟的标志。

方崇奇告诉记者，目前台州新车与二手车交易比为1：0.65，远高于全国1：0.37的平均水平，二手车市场发展对整个汽车消费市场起到良好的推动作用。

在未来五年内，方林二手车市场将全国布局，着力提升品牌影响力，在不断完善并提升原有服务的同时，寻求新的发展机遇，谋划开拓东部、中部和西南等地新市场，计划三至五年内在全国市场成功模式复制。

“我们还将以高档二手车销售为基础，整合汽车相关配套产业服务，同时打造具备汽车俱乐部、汽车旅馆、汽车回转餐厅等生活时尚元素，给消费者更多汽车本身延伸服务。”方崇奇说，一方面在汽车文化综合体中打造汽车后市场，引入线上与线下服务相结合的完整系统，形成自身已有客户信息+整合零散卖方客户信息，形成独一无二庞大的信息数据库，为二手车经销商提供真正具备市场竞争力的行业环境。“同时，把汽车文化综合体打造成华东最大O2O汽车电商市场，做到以事实呈现、以真实数据说话和以真诚服务，为二手车经销商提供一个安全、健康、活力的市场环境，真正实现建一个市场，带一批产业，活一方经济和富一方群众的宏伟蓝图。”

在信息化时代，方林二手车市场一定会创造出品牌价值。

文：陈余玉

庆元香菇市场

传承千年香菇文化 续写“菇粮时代”风华

地处浙西南的丽水庆元，山水环抱，群峰绵延，森林覆盖率86%，是中国生态环境第一县。藏在深山里的不只有美景，还有山珍。800年前，庆元百山祖一位名叫吴三公的农民发明人工栽培香菇“剁花法”和“惊蕈术”，让庆元成为“香菇开史之地”。

过去，因为受限于群山阻隔，庆元香菇品质俱佳，却难以走出大山，少人问津。如今，随着一条条通天之衢的打开，庆元香菇先后搭乘互联网、电商的东风，搭建香菇节的平台，从绿水青山间“捧出”金山银山。

2018年，全县从事食用菌及相关企业(合作社)380多家，从业人员7万多人，全县食用菌生产规模1.15亿袋，食用菌产量9万吨（鲜），食用菌产业总产值35.5亿元，产品主要出口欧美、东南亚等国家和地区。

“庆元香菇”以品牌价值49.26亿元，连续8年蝉联中国食用菌第一品牌。庆元香菇市场就在这样的背景下，这样强有力的产业依托下，在从无到有，由小变大，发展壮大成为中国食用菌的风向标。

一个契机

菇乡发源地 香菇市场由此而生

庆元有着“中国香菇第一城”的美誉，有着丰厚绵长的香菇文化底蕴。

20世纪80年代，随着改革开放的大潮，趁着国家第一个依靠科学技术促进农村经济发展的“星火计划”的实施，具有悠久栽培历史的香菇发源地庆元县紧抓发展机遇，大力发展并推广代料香菇新型栽培技术，实现香菇产量的跨越式提升。庆元本地由此逐渐兴起了一批香菇贸易商贩，从乡下菇农手上收购香菇回城，再组织人手将香菇进行等级分选，然后辗转销往杭州、宁波、广州等地，实现盈收。

夏富根就是这批商贩的代表人物之一，至今他还珍藏着由当时的县税务机关发放的“个体经营税务登记证”小红本，证件登记时间显示为：1988年1月11日。夏富根说：“正因为庆元有着坚实的香菇栽培历史基础，以及历届县政府对食用菌产业的重视与支持，才能使我们这一批商贩抓住发展机遇，脱颖而出。”

老香菇市场

早前鲜菇交易场景

时间到了20世纪90年代，庆元香菇产量出现井喷式增长，贸易从业人数连年暴增，集中在新建路一带的场外交易越来越热闹。因场地限制，秩序较为混乱，已不能满足商客们正常的流通贸易需要。以夏富根为代表的经营大户们开始向政府建言献策，得到县委、县政府的重视，并决定筹建香菇市场。

1991年年底，庆元县香菇市场建成；1992年1月11日，正式开业。市场总占地面积3万平方米，建筑面积4.1万平方米，总投资1200万元。当时，拥有230间交易店面，1.25万平方米的低温冷库和各类大小标准仓库，满足菇农收菇、卖菇的交易需求，可以说是县城里最完善的市场之一。

随着庆元香菇的名声越来越大，品牌逐步走向世界，当初只是个体户的菇农，开始转型企业化生产经营，原有的庆元香菇市场已不能适应现代物流发展需要及不断壮大的香菇市场需求。为此，庆元县委、县政府审时度势，将香菇市场迁建项目列入庆元“十二五”发展规划，拉开庆元香菇市场迁建及物流中心建设的序幕。

一次飞跃

新市场新风貌，香菇农有了个好市场

2009年年底，浙江省供销社主任诸葛彩华到庆元调研，了解到庆元县委、县政府迁建香菇市场的规划，认为“庆元香菇”及“庆元香菇市场”知名度高，打造全国领先的香菇专业市场切实可行，省供销社在市场流通及资金方面均有优势，表示愿共同参与开发庆元香菇市场。

在省供销社的牵线搭桥下，2010年3月19日，国家供销总社下属的中国供销农产品批发市场控股有限公司（简称中农发）副总张登涛会同省供销社业务处劳锡铭处长，到庆元进行考察。根据考察意见，庆元县提出香菇市场的构想方案，开启积极谋求全国供销总社、省供销社与庆元县合作投资香菇市场迁建的系列招商工作。

2011年6月，庆元县人民政府联合中国供销农产品批发市场控股有限公司、浙江省兴合集团有限责任公司、庆元县国有资产营运有限公司、庆元县新合资产运营管理有限公司在北京签订合作协议，共同出资5100万元，在庆元建设香菇市场迁建及物流中心建设项目。

2012年9月，项目公司庆元香菇市场有限公司注册成立。

新香菇市场涵盖庆元香菇交易市场、物流冷链、市场配套区、小镇大客厅（庆元香菇特色小镇区块）等开发项目。2015年1月20日，新市场一经投入运行，商铺、仓库出租率达100%，老市场顺利搬迁，得到社会各界和各级政府的高度认可。

市场正面全景

目前，庆元香菇市场位于庆元县松源街道香蕈大道中国香菇城东侧，以巾石大道为中轴线，与其他区块隔街对望。市场交易物流区占地面积122亩，建筑面积为142080.16平方米，整体分为南、中、北三区块，区块各四层，区块间有阳光连廊连接；内设交易区、物流区、冷库区、仓储区；市场按业态分为：干菇交易区、鲜菇交易区、黑木耳交易区、仓储区、加工区、冷库区、检测检验中心、第三方物流区、沿街商业，并配有2个拍卖大厅（黑木耳、干菇拍卖大厅）、屋顶晒场、加工车间等配套设施。市场交流区中间区块配备的1200平方米恢宏中庭——拍卖中心，兼具食用菌公开拍卖交易、公众活动和信息咨询功能。

这些年来，庆元市场的香菇交易呈逐年上升的良好趋势。2015年，总成交额首次突破20亿元，达20.15多亿元，总成交量近2.8万吨。2016年，总成交额达23.67亿元，总成交量近3.5万吨。2017年，总成交量突破25亿元，达25.78亿元，交易量4万吨左右，占全国食用菌市场交易量的25%左右，已形成“买全国，卖全国”“全国买不到的香菇可以在庆元香菇市场买到，全国卖不出去的香菇可以在庆元香菇市场卖出”的良好市场口碑，成为全国名副其实的食用菌集散中心。

整体项目鸟瞰图

一份贡献

现代化交易中心 助力香菇现代化

“一朵小香菇，香飘海内外”，这是所有菇农的希望，也是现代化香菇市场的追求。

庆元香菇市场自投入运行以来，华夏菇品有限公司、万成菇业等300余户新老经营户陆续入驻市场，迎来全新发展机遇。如今市场的掌舵人，庆元香菇市场有限公司董事、总经理陈翔，来自江西婺源，是庆元县政协常委、浙江省食用菌协会第六届理事会副会长、中国食用菌协会第六届理事会常务理事。

庆元县香菇市场有限公司董事陈翔

在陈翔的带领下，市场在衔接产需、带动产业、增加农民收入和财政收入等方面，都起到积极作用。产品辐射全国各地及出口美、日、韩、新等30多个国家和地区。一定程度上，市场的发展还有效带动庆元及周边县市的交通运输、邮电、道路、住宿和饮食服务等相关行业的快速发展。

为改善庆元地产鲜菇的经营环境，陈翔在征得董事会的批准同意后，带领管理团队，将市场物流区东广场整理改造成鲜菇交易区。2014年，鲜菇交易区建成后，不但改善原有鲜菇交易占道经营及交易场地脏、乱、差现象，更吸引周边县市鲜菇种植户及收购商进场经营。由于交易规模的提升，直接拉升种植户的鲜菇销售价格。据统计，仅此一项，种植户增收达2600万元以上。

为长远扶持和发展庆元香菇产业，市场联合庆元当地农信社，投资130多万元，搭建食用菌食品安全溯源体系，为经营户、商户系统提供食品安全溯源查询、仓储查询、市场活动查询、IC交易管理等服务。此举既方便经营户进行商品交易，更提高市场所交易商品的安全度。同时，在庆元县市场监督管理局的指导和配合下，市场还投资约35万元，自建建筑面积约120平方米的快速检验检测中心，免费为市场商户提供食用菌农药残留、含水量、重金属含量等检验检测和定量分析服务。

为扩大庆元香菇的影响力，自项目筹建开始，庆元香菇市场有限公司积极投入到关联庆元香菇的农事节庆当中，积极协办庆元香菇文化节，主办2015年度的中国食用菌产业高峰论坛及2017年度的庆元食用菌产业农超对接会。

随着市场的知名度、交易量逐年提升，庆元县香菇市场获得2016年全国诚信兴商双优示范单位、中国商品市场百强——引领产业市场30强、2017年度全国干货调味品批发市场10强、浙江商品（食用菌）国际采购中心等称号。

文：潘玮琳

浙南茶叶市场
中国绿茶第一市，飘香全国

浙江茶文化历史悠久，北有西湖龙井，南有丽水香茶，东有舟山佛茶，西有开化龙顶，几乎每个地区都有一款茶品。茶文化带动一方市场，同样也带富一方经济。

如果说茶叶是“金叶子”，那么，市场便是“聚宝盆”。浙南茶叶市场充分发挥集聚效应，吸引全国的茶农、茶商汇聚于此，带动当地茶产业的发展。连续多年，浙南茶叶市场被誉为中国绿茶第一市，市场交易额连续11年、交易量连续15年居全省第一，是全国最大的绿茶产地市场、全国绿茶价格指数发布地，连续3届位列全国商品市场百强。

一个契机

天时地利　缘定松阳

“十年磨一剑，茶醇香悠远。”松阳是地处浙西南一隅的山区小县，桑叶、烟叶、茶叶曾是松阳人民引以为豪的“三张叶子”。如今，唯有茶叶一

浙商茶叶市场总经理（右） 洪建明

枝独秀，愈发鲜艳。

松阳与传统的皖、浙、赣绿茶金三角接壤，又与闽北的绿茶产区相邻。在这片绿茶产区中，除计划经济年代的少数几个产茶大县外，大部分县、市的茶叶种植规模偏小，更别提市场建设。针对浙南地区茶叶市场建设空白的现状，松阳率先兴建松阳茶叶交易市场，占得先机。

浙南茶叶市场总经理洪建明回忆，松阳作为一个传统农业县，工业基础相对薄弱，种茶历史悠久，随着茶产业种植面积的扩大，浙南茶叶市场应运而生。市场在2002年规划时，本想建成一个为本县及周边县市茶农服务的区域性市场，首要任务就是如何更好地把松阳茶叶销售出去。但随着市场的发展，市场的集散功能不断显现，外地茶叶逐渐成为市场交易的主角，本地茶叶占比约为1/7，成为绿茶交易的集散中心，让他感到意外。

一次飞跃

精心培植，浙南茶叶四溢飘香

浙南茶叶市场香飘在外，看似偶然，实则是整个松阳县努力的结果。

松阳县政府非常重视茶产业的发展。20多年来，松阳县历届县委、县政府都把发展茶产业作为促进农业增效、农民增收、脱贫致富的重要民生产业，提出“用抓工业的力度来抓茶叶产业，用市场的观念抓茶叶产业的发展，把市场体系建设作为产业发展的重要抓手”,精心谋划市场建设蓝图。

市场1～3期工程建设及金融中心、物流中心、电子商务中心等配套项目建设，县政府在政策、土地、资金等方面给予全方位的支持。为拓宽松阳茶叶的影响力，连续十届“中国茶商大会·松阳银猴茶叶节”的成功举办，为松阳茶产业的一二三产融合发展增添了活力，也带动了茶叶市场销售业绩的提升。

其次，重视亲商环境，规范交易秩序。为吸引外地茶商，形成茶叶市场的集聚功能，松阳在服务上做“加法”。在茶产业发展初期，外地茶商来松阳后可领取交易绿卡，在交易方面获得便利，使茶商进得来、留得住、见效快、发展好。市场监管等部门进行驻场管理，定人定岗，责任到人，对茶叶质量安全实行零距离监管，并开展市场环境卫生规范提升工作。在处理交易纠纷方面，建立绿色通道，做到交易纠纷第一时间发现，茶商投诉第一时间处理，及时保障外地茶商的权益，营造公平交易环境。

从2009年开始，市场监管部门根据茶叶市场经营户的基本情况、安全管理状况、经营管理信用、社会形象信用，以及有关部门和媒体对经营户信用状况的评价意见和表彰处罚决定等因素，每年开展经营户信用等级评定工作，并在市场发布评价结果，接受社会监督。市场先后两次被国家工商总局授予全国诚信示范市场称号。

当地政府部门还非常重视市场茶叶品质建设，在全国首开溯源先河。2013年，推出的茶叶溯源卡解决了“谁加工”“销给谁”的问题。2016年，

旧市场

推出“茶青溯源卡”，解决“谁种植”“谁收购”的问题，至今已办理茶青溯源卡0.7万张、茶叶溯源卡1.3万张。两张卡结合，有效破解“问题茶叶”责任不清、来源不明的问题，实现松阳茶叶从种植到销售环节的全程可追溯。

与此同时，强化茶叶安全保障，实行平时抽查和突击检查相结合，每年从市场抽取500余个批次检测。2012年，松阳县投资1600多万元，在市场设立茶叶质量检测中心。根据上市茶叶的情况，不断调整检测范围、批次、品种，高效快捷检测茶叶质量，就近加强茶叶质量把控。

2014年，第七届茶商大会上线浙南茶叶市场网上商城，市场举办方免费为茶叶经营户开通网上商铺，拓展销售渠道，实现“松阳茶网上卖天下、网上网下融合发展”的目标。目前，网上商城入驻商家140家。

一种贡献

全国最大的绿茶产地市场

经过多次扩建,浙商茶叶市场目前占地面积9.32万平方米，建筑面积6.65万平方米，其中交易区占地面积4.6万平方米，有营业商铺306间，交易摊位1万多个，成为涵盖交易、仓储、运输、金融服务、电子商务等多功能的综合交易市场。

进入21世纪，市场茶叶交易量从2000年的0.5万吨，增至2017年的7.68万吨，交易额相应从1亿元人民币飙升至57亿元人民币。浙南茶叶市场与浙东（新昌）、浙西（安吉）三大市场形成三角关系，是浙江茶叶交易的支柱市场，其集聚力、辐射力和带动能力不断增强，茶商群体的范围逐步从山东、北京、苏州、上海等传统销区，发展到东北、两广以及西北等新兴销区，茶商的构成也从单纯的茶叶批发商，发展到零售商、茶楼经营者等。

在市场上，已形成一套成熟交易模式，交易灵活顺畅。春茶期间，一般从青叶采摘到茶叶批发完成，在24小时内即可完成。从浙南茶叶市场批发茶叶，再到茶叶出现在销地市场，能在24小时内完成。

随着市场的发展，交易品种逐步多样化，白茶、香茶、龙井、碧螺春、龙顶、毛峰等绿茶品种，本县红茶及外省的大红袍、铁观音等红茶及江西的菊花茶等种类齐全，从十几元的大众茶到上千元的高档茶，一应俱全。茶叶的产地也从周边县市扩展到福建、江西、贵州、湖北、云南等外省。一般茶商只需在浙南茶叶市场，就可采购到全国各地多个品种的茶叶，满足全年的销售，而不必跑多个市场采购。

浙南茶叶市场的经营销售优势，吸引着县外、省外的茶商赴松经商，并由小老板向大老板转变。2009年，经过连续3年考察，从事茶叶销售近20年的萧山茶商郑建标把杭州狮峰苑实业有限公司收购点落户在松阳。来自金华的茶商叶建林在松阳的新兴乡上安村成立大自然茶业有限公司，参与松阳茶的生产和销售，并把产品销售到青岛，2008年一年，销售松阳茶的产值就达1000万元。和他一样，还有来自义乌的朱小勇、福建的叶云金、翁国峰等外地茶商近40余人，一起在松阳至青岛之间建起一座“交易大桥”。近两年来，松阳茶仅销售到青岛地区的产值，一年就超过1亿元。

浙南茶叶市场现已成为农业部定点市场、浙江省重点市场、浙江省骨干

市场热闹的场景

茶商选茶

农业龙头企业、浙江省重点农副产品批发市场以及浙江省四星级文明规范市场，是浙江省最大的绿茶集散中心、全国最大的绿茶产地市场，被中国茶叶流通协会授予“中国绿茶第一市”称号。

一个目标

浙南再出发　力争世界级茶市

在“十三五”规划中，松阳县对当地茶产业提出“基地设施化、管理生态化、加工园区化、产品品牌化、销售市场化”的发展目标。

2018年年初，松阳县制定了《关于加快推进松阳县茶产业转型升级 打造全国茶产业强县的若干意见》，提出将浙南茶叶市场建成“世界级茶叶市场”的目标。

一是加快提升，打造优质市场。围绕“世界级茶叶市场”的目标，及时破解当前茶叶市场空间不足的问题，在浙南茶叶市场停车区域新建交易区，实现交易、打包、物流区域分离，在建设过程中充分考虑市场的公益性及与茶产业的关联性，增加政府性资金投入。在条件成熟后，实施茶叶市场整体迁建，以整体迁建为契机，通过科学设计、合理规划，构建一个集“品牌展示、电子商务、文化展示、国际贸易、特色旅游、农残检测、金融服务”等功能于一体的综合性、高层次的茶叶贸易综合体，建成辐射带动能力强、技术和理念先进、管理现代化的全世界最先进的绿茶交易中心。

二是积极推广，拓展品牌销售。加大扶持力度，通过鼓励企业使用“公用品牌+自有品牌”包装茶叶销售，鼓励茶叶市场经营户在为外地茶商打包茶叶时，使用印有“浙南茶叶市场”等标识的包装箱。在茶叶市场开设精品茶销售专区等手段，拓展松阳茶零售市场，增加品牌使用率，提高产品附加值，提升浙南茶叶市场及松阳银猴、松阳香茶的品牌价值。大力助推浙南茶叶市场与现代会展业的有机融合，拓展已连续成功举办十届的中国茶商大会——松阳银猴茶叶节的会展功能，提升展品档次。坚持国际化、信息化、市场化和专业化办展理念，借助各种媒介资源，加强“松阳银猴”品牌对外宣传推介和营销推广，招揽全国乃至全球的生产企业、采购商、经销商、网络平台开发商前来参展，扩大浙南茶叶市场辐射影响力。

三是引导茶商，做精做强茶叶品牌。2008年，来自云和的范正荣投资7500万元，把浙江振通宏茶业有限公司落户在松阳生态茶叶加工园区内，向茶叶深加工领域进军。2018年下半年，该公司投入3000余万元，建设速溶茶生产线，年产量达6000吨。茶商经营领域的拓展，经营模式的转变，为松阳茶产业发展开辟了更加广阔的空间。松阳借此提出在稳定以“松阳银猴”为主的名优茶生产的基础上，以增值、健康和多样化为目标，拓展茶叶的功能，延长茶叶产业链，提高产品附加值，做精做强茶叶品牌的发展思路。

文：潘玮琳

编后

本书是“之江崛起——纪念改革开放40周年系列丛书”之一，由浙江省市场协会与市场导报社共同编纂出版。目的就是为了全面展示改革开放40年来浙江专业市场所取得的成就，服务“四个强省”“六个浙江”建设。由浙江省市场协会从浙江商品市场群中挑选出最具代表性、典型性、先进性的40个专业市场，由市场导报社派出采编团队深入调查采访，撰写成稿。

在事前的策划中，我们想通过“五个一”——一个契机（源起、成立背景等）、一次飞跃(发展壮大、脱颖而出的因由和事件、影响)、一场涅槃（发展中遇到巨大障碍，克服并转型升级）、一个人物（现任掌门的管理事迹与管理思路）、一种贡献（规模、地位、市场旋涡效应）来统一整本书的格局，做到规整划一又重点突显。但我们的采编团队在深入一线采访中，却发现浙江市场八仙过海，各显神通，它们的转型升级之路各有千秋。如果硬要去统一，不仅是编者勉为其难，也会让市场各自的风采特色难以彰显。所以，最后我们决定，40个浙江市场，体例大致统一，但允许保持各自的风格。这就像在堂堂之阵中偶尔奇兵突出，不觉让人眼界大开。

我们也想按大多数书籍编纂的体例那样，合并同类项，进行分门别类论述。但无论是按市场的产地、销地，网上、网下，还是按市场产品特性进行分类，都难免失之偏颇，出现头重脚轻的尴尬。最后，还是按浙江省各市的行政区划顺序进行排列，一气呵成。

我们不可能通过这40个浙江市场的典型样本，来全景展现浙江市场在改革开放40年中的纵横捭阖、风云激荡的动人画卷，却可以通过它们来书写浙江人民解放思想、实事求是、与时俱进的好故事，传递这个时代的好声音。记录它们，就是记录来时路，重温改革开放的初心，砥砺我们继续前驱。

在此书的编纂中，一是要感谢市场导报社采编团队的扎实采访报道，二是要感谢浙江省市场监管局市场处、浙江省市场协会在成书前后及时到位的建议和帮助，三是要感谢中国市场出版社编辑团队最后的把关与润色。

编者

2018年12月

图书在版编目（CIP）数据

中国MALL ： 浙商市场崛起之路 / “之江崛起”丛书编委会著. -- 北京 ： 中国市场出版社，2018.12
（之江崛起 ： 纪念改革开放40周年系列丛书）
ISBN 978-7-5092-1774-0

Ⅰ. ①中… Ⅱ. ①之… Ⅲ. ①区域经济发展－研究－浙江 Ⅳ. ①F127.55

中国版本图书馆CIP数据核字(2018)第279710号

中国MALL——浙商市场崛起之路
ZHONGGUO MALL——ZHESHANG SHICHANG JUEQI ZHI LU

编　　著：“之江崛起”丛书编委会
责任编辑：张再青
装帧设计：林智广告
出版发行：中国市场出版社
社　　址：北京市西城区月坛北小街2号院3号楼（100837）
电　　话：（010）68024335/68034118/68022950/68020336
经　　销：新华书店
印　　刷：新华通讯社浙江分社印刷厂
规　　格：170mm×240mm　　16开本
印　　张：24.5　　**字　　数：**39千字
版　　次：2018年12月第1版　　**印　　次：**2018年12月第1次印刷
书　　号：ISBN 978-7-5092-1774-0
定　　价：88.00元
